**Pessoa Humana e
Singularidade em Edith Stein**

Coleção Estudos
Dirigida por J. Guinsburg

Equipe de realização – Edição de texto: Clio Francesca Tricarico e Dimas Gomez;
Revisão de provas: Adriano A.C. e Sousa; Sobrecapa: Sergio Kon; Produção textual:
Luiz Henrique Soares e Elen Durando; Produção: Ricardo W. Neves e Sergio Kon.

Francesco Alfieri

PESSOA HUMANA E SINGULARIDADE EM EDITH STEIN

UMA NOVA FUNDAÇÃO DA ANTROPOLOGIA FILOSÓFICA

Organização e Tradução: Clio Francesca Tricarico
Prefácio e Revisão Técnica: Juvenal Savian Filho

PERSPECTIVA

CIP-Brasil. Catalogação na Publicação
Sindicato Nacional dos Editores de Livros, RJ

A377p

Alfieri, Francesco
Pessoa humana e singularidade em Edith Stein: uma nova
fundação da antropologia filosófica / Francesco Alfieri; organização
e tradução de Clio Tricarico; prefácio e revisão técnica de Juvenal
Savian Filho. – 1. ed. – São Paulo : Perspectiva, 2014.
248 p. ; 23 cm. (Estudos ; 328)

Inclui bibliografia
Inclui anexos
ISBN 978-85-273-1010-9

1. Antropologia filosófica. I. Tricarico, Clio. II. Título. III. Série.

14-14426

CDD: 128
CDU: 128

25/07/2014   30/07/2014

1ª edição
[PPD]

Direitos reservados em língua portuguesa à
EDITORA PERSPECTIVA LTDA.

Av. Brigadeiro Luís Antônio, 3025
01401-000 São Paulo SP Brasil
Telefax: (011) 3885-8388
www.editoraperspectiva.com.br
2019

Sumário

Prefácio:
Fenomenologia, Antropologia e Releitura da Tradição
Filosófica em Edith Stein – *Juvenal Savian Filho* XIII

Breve Cronologia de Edith Stein LXI

O ESTUDO DO PENSAMENTO DE EDITH STEIN
NA ATUALIDADE 1

I. TOMADA DE CONSCIÊNCIA DE SI 15

   1. Singularidade e Núcleo da Personalidade 15

   2. A Pessoa Como Fenômeno 18

   3. A Orientação Fenomenológica Como Alternativa
      à Postura Positivista 19

   4. Retenção do Juízo e Mundo-da-Vida 21

   5. Objeto e Experiência Antepredicativa 29

II. O PRINCÍPIO DE INDIVIDUAÇÃO DA PESSOA EM EDITH STEIN. 31

1. Realidade da Pessoa em Edith Stein: Natureza e Espírito. 31

2. O Encontro entre Fenomenologia e Filosofia Medieval 35

2.1. Matéria-Prima e Matéria Formada. 36
2.2. O Princípio de Individuação na Escola Tomista . . .39
2.3. O Princípio de Individuação Escotista. 41
2.4. Tomismo *versus* Escotismo: A Solução de Edith Stein. 51

3. O Princípio de Individuação segundo Edith Stein . . . 52

3.1. Preenchimento Qualitativo e Quantitativo 52
3.2. Forma Vazia e Princípio de Individuação no Ser Humano. 53

III. SINGULARIDADE E SÍNTESE HARMÔNICA DO SER HUMANO 63

1. Os Estratos da Pessoa Humana 63

1.1. O Corpo. 63
1.2. A Psique 65
1.3. O Espírito. 68

2. Singularidade e Autonomia 72

2.1. As Vivências Específicas da Singularidade 75
2.2. O Núcleo da Personalidade: A Marca Pessoal Imutável 77
2.3. O Sentir a Si Mesmo. 82

3. Intropatia e Fluxo de Vivências 85

4. A Comunidade. 89

4.1. A Relação Qualitativa com o Outro: Intropatia e Liberdade. 90

5. A Plenitude da Pessoa e a Harmonia do Ser 93

6. Projeto Educacional Centrado na Singularidade..... 94

DEBATE.. 103

ANEXO I

  Glossário.................................... 117

ANEXO II

  Termos Latinos e Partículas Alemãs.............. 151

ANEXO III

  Obras de e Sobre Edith Stein Publicadas no Brasil.. 159

Bibliografia.......................................171

*À professora Hanna-Barbara Gerl-Falkovitz
por seus incansáveis esforços para promover
o pensamento de Edith Stein.*

PREFÁCIO:

Fenomenologia, Antropologia e Releitura da Tradição Filosófica em Edith Stein

O livro que se tem em mãos é uma das heranças deixadas pela passagem de Francesco Alfieri pelo Brasil, em 2013, e por seu intenso trabalho junto aos pesquisadores e estudantes que participaram do II Simpósio Internacional Edith Stein, na cidade de Salvador (BA), em agosto daquele ano. É um registro da experiência vivida pela comunidade steiniana reunida no simpósio sob o influxo da vitalidade de Alfieri, que chegou discreto, porém pronto a partilhar um mundo de reflexão com os brasileiros, num ritmo e numa generosidade fora do comum.

Francesco Alfieri dialogou com professores, tirou dúvidas de pós-graduandos, orientou iniciantes e, acima de tudo, ministrou uma conferência e um minicurso que marcaram profundamente os presentes. Sempre pedindo que as pessoas se sentissem à vontade e que todos contribuíssem para criar um ambiente de amizade, Francesco abriu o simpósio com a conferência "O Estudo do Pensamento de Edith Stein na Atualidade", bem como ofereceu o minicurso "O Problema da Individuação em Edith Stein". O texto de sua conferência está na Introdução deste livro. Por sua vez, as aulas de seu minicurso constituem a maior parte do que temos aqui diante de nós, dando inclusive o título a esta obra: *Pessoa Humana e*

Singularidade em Edith Stein: Uma Nova Fundação da Antropologia Filosófica.

Neste Prefácio, que escrevo a título de introdução e a pedido do próprio autor, procurarei destacar alguns dados que permitirão ao leitor visualizar melhor a estrutura do minicurso ministrado por Alfieri. Na sequência, oferecerei alguns elementos de caráter histórico-filosófico, a fim de contribuir para que se perceba com mais intensidade o que subjaz ao percurso de Francesco Alfieri, na esperança de que esses elementos, mesmo resumidos e introdutórios, façam brilhar ainda mais o sentido do itinerário percorrido pelo professor. Esses elementos correspondem ao que se chama tradicionalmente, em história da filosofia, de método fenomenológico, de controvérsia realismo *versus* idealismo e de problema do princípio de individuação. O próprio leitor perceberá que, embora a individuação tenha sido o tema central do minicurso, Alfieri foi muito além e ampliou seu horizonte para o de uma antropologia filosófica fundamentada na singularidade.

Os textos do minicurso de Francesco Alfieri falam certamente por si sós. Não precisariam de uma introdução extensa como esta que concebi. Se aceitei o convite, foi pela insistência do próprio Francesco, que me convenceu por dois motivos. Em primeiro lugar, porque Edith Stein tem atraído cada vez mais leitores brasileiros, mas nem sempre habituados ao caminho filosófico da fenomenologia, menos ainda ao seu vocabulário técnico. Além disso, o próprio Alfieri, em Salvador, viu que muitos dos participantes de seu minicurso eram totalmente iniciantes, o que o fez insistir ainda mais para que um clima de amizade se estabelecesse, a fim de ninguém se sentir inibido ou excluído por questões de rigor conceitual. Esse clima de amizade e de preocupação pedagógica fez que Alfieri adotasse uma postura de pensador em ação mais do que de professor em aula solene. Naquele ambiente caloroso e acolhedor de reflexão viva – quando não apenas os argumentos falavam, mas também as emoções, ou, se se quiser, quando a comunicação envolvia muitos outros elementos além dos da fala e da escrita –, Alfieri conseguiu fazer-se compreender, debater e aprofundar os aspectos que despertavam mais atenção. Porém, transpostas para o papel, suas aulas perdem inevitavelmente a energia que circulou no ambiente da oralidade. Daí a minha tentativa de oferecer alguns instrumentais para tornar mais didático e proveitoso o trabalho do leitor.

Essas duas razões permitem-me dizer que os textos de Francesco Alfieri aqui registrados são transcrições de sua conferência e de seu minicurso. Nas transcrições, alguns arranjos foram feitos, sobretudo pela inserção de citações, comentários especializados e referências bibliográficas. O trabalho vigoroso de transcrever as falas de Alfieri, traduzi-las para o português, editá-las e publicá-las foi obra de Clio Francesca Tricarico, que já havia traduzido ao vivo não apenas a conferência de Alfieri, mas também cada uma das aulas do minicurso. Clio Tricarico recebeu a ajuda de alguns colegas e, principalmente, de sua mãe, Myrian de Almeida Tricarico, que colaborou em muitos momentos, sobretudo na transcrição das gravações em italiano (pois, em vez de traduzir diretamente as aulas para o português, ambas preferiram primeiro transcrever, para depois traduzir, o que aumentou a excelência deste livro, mesmo triplicando a quantidade de trabalho). Dito isso, insisto que devemos a Clio Tricarico a transformação das gravações, em estado bruto, neste belo livro, obra burilada.

Nos Anexos, o leitor encontrará um precioso Glossário, organizado também com muita generosidade por Maria Cecília Isatto Parise, que coordenou a redação dos verbetes. O auxílio que esse vocabulário prestará aos leitores de Edith Stein em língua portuguesa é inestimável, sobretudo por fundamentar cada uma das entradas com textos da própria Edith. Os colaboradores do Glossário foram Clio Tricarico, Gilfranco Lucena, Juvenal Savian Filho, Mariana Bar Kusano e Maria Cecília Isatto Parise. Daiana Priscila da Silva também contribuiu com seus fichamentos da obra de Edith Stein e Edmund Husserl, além de ter elaborado a cronologia de Edith Stein. Acacia Maria Dias Pereira, por sua vez, colaborou também generosamente com este livro, levantando a bibliografia steiniana já publicada no Brasil. Todos esses colegas fazem parte de um grupo que se tem fortalecido em nosso país nos últimos anos e prestado um pequeno, porém significativo serviço à comunidade filosófica, testemunhando, com pesquisas academicamente consistentes, a importância de Edith Stein para a história da fenomenologia não só por sua contribuição como assistente de Husserl, mas também pelo pensamento que ela desenvolveu autonomamente. A contraprova desse fato é o crescente interesse que sua obra tem despertado não somente entre estudiosos de filosofia, mas também de psicologia, pedagogia, antropologia e direito, entre outras áreas do saber. Juntou-se a esse grupo, no trabalho de edição desta obra, Dimas Munhoz Gomez, que muito nos auxiliou com sua expertise no mundo editorial.

A mim só resta, então, passar ao trabalho de prefaciador do livro e agradecer sinceramente a todos os que se envolveram na sua elaboração, principalmente Clio Tricarico, que deu vida às gravações e as registrou por escrito. Agradeço também à CAPES, sem cujo auxílio não teria sido possível realizar o II Simpósio Internacional Edith Stein. Por fim, mas não por último, agradeço ao professor Francesco Alfieri, dizendo *ex corde*: Muito obrigado! Sua presença entre os colegas brasileiros deixou marcas fortes e enriqueceu a formação de todos.

DA PESSOA À CONSCIÊNCIA E DE VOLTA À PESSOA

A reflexão de Francesco Alfieri, neste livro, inicia pela experiência que podemos ter de nós mesmos como pessoas. O uso desse termo, bastante frequente nas línguas modernas, nem sempre explicita toda a extensão de seu significado. Para nos darmos conta dessa extensão, precisamos refletir cuidadosamente sobre o que significa ser pessoa. Por que não dizemos simplesmente que somos indivíduos? Ou cidadãos? Não o fazemos porque esses termos reduzem muito a experiência daquilo que somos. Chamar-nos a nós mesmos de cidadãos significa dar ênfase à nossa dependência para com um grupo sociopolítico. Falar de indivíduos, embora pareça individualista no mau sentido (evocando algo como um egoísmo ou um egocentrismo), já seria mais amplo do que falar de cidadãos, pois um indivíduo implica referência a uma espécie, a uma natureza comum. Nesse sentido, para designar o que experimentamos de nós mesmos, considerar-nos indivíduos seria melhor do que simplesmente cidadãos. Mas indivíduos também são as pedras, nas espécies minerais; as plantas, nas espécies vegetais; os animais, nas espécies animais. Quanto a nós, somos indivíduos como membros da espécie humana. O problema é que, ao dizer apenas isso, não enfatizamos o que nos distingue dos outros animais, ou seja, nossa capacidade de reflexão, autorreflexão e comunicação. Em outras palavras, não pomos em destaque nossa natureza racional, que, para o bem e para o mal, é nossa característica distintiva em meio ao gênero animal.

Falar, em vez disso, de pessoa é reservar um destaque para a dignidade humana, como já faziam pensadores greco-latinos quando transpunham o termo *prósopon* do mundo do teatro (*prósopon* era o nome das máscaras na tragédia grega) para o mundo da reflexão filosófica, indicando o papel de cada personagem no palco da existência. Edith Stein, na esteira de uma longa tradição que remonta aos primeiros séculos da Era Cristã, fala de indivíduo, mas fala também de pessoa, seguindo a definição dada por Boécio de Roma (475-525): pessoa é a substância individual de natureza racional (*persona est naturae rationalis indiuidua substantia*[1]). Essa definição é o que leva os autores, entre eles Edith Stein, a distinguir pessoa humana de pessoa divina. Assim, falar de pessoa humana não é um pleonasmo, pois é possível falar de pessoa divina, uma vez que, em filosofia e teologia, é costume referir-se ao mistério cristão da Trindade como uma realidade una por essência, realizada em três pessoas. Não é à toa que hoje, em alguns contextos anticristãos e antirreligiosos ou que buscam edificar valores independentemente de colorações religiosas, evita-se simplesmente o vocabulário da pessoa. Prefere-se falar de cidadãos, de seres humanos, ou, ainda, simplesmente de indivíduos (sem nenhuma dignidade específica). Se essa é uma tarefa factível (dado o enraizamento bimilenar da noção de pessoa na experiência ocidental, permeando mesmo alguns fenômenos inteiramente laicos como, por exemplo, a ideia histórica de direitos humanos), isso é outro debate. Seja como for, a noção de pessoa compõe nosso modo de pensar, falar e agir, mesmo quando evitamos seu vocabulário.

Considerando esses elementos, não parece possível dizer que, quando alguém se refere à pessoa, sempre tem em vista

---

1 Boécio, Contra Êutiques e Nestório III [170], *Escritos (Opuscula sacra)*, p. 165.

o arcabouço conceitual contido nesse termo. Numa atitude, digamos, distraída, empregamos *pessoa* como sinônimo direto dos termos *indivíduo* e *cidadão*. Para concentrar a atenção nas diversas camadas de sentido de *pessoa*, é preciso um cuidado e um trabalho de reflexão, um debruçar-se sobre si mesmo. Foi exatamente isso que Francesco Alfieri procurou fazer no Capítulo I: sair da experiência bruta do ser pessoa para chegar a uma experiência mais polida, mais consciente, do que significa ser pessoa e falar e agir como tal.

Para esse trabalho de polimento, Alfieri recorre ao método da fenomenologia, pois sua intenção é aprofundar o sentido da concepção de pessoa humana na obra de Edith Stein. Em outras palavras, a tomada de consciência de si mesmo proposta por Alfieri é feita com o auxílio daquilo a que se costuma chamar de método fenomenológico, que não deve ser interpretado segundo uma concepção mecanicista, como se se tratasse de um mero instrumental, mas como uma orientação, um modo de agir; no caso do presente livro, como uma postura que se concretiza pela investigação de tudo o que é envolvido em nossa capacidade de ter consciência do mundo e de nós mesmos. Aliás, dessa perspectiva, o que chamamos de mundo é a consciência que temos do mundo, ou, ainda, é tudo o que se revela para nossa consciência. Sem exagero, poderíamos dizer que nós somos o mundo; ele não é algo simplesmente posto à nossa frente e do qual fazemos parte. Somos o mundo porque somos consciência.

Esse método fenomenológico consiste justamente em não conceber o ser humano como um ser dotado de consciência e situado em contraposição com o mundo. Seu criador, Edmund Husserl (1859-1938), saiu do esquema compreensivo forjado na filosofia moderna (para a qual, *grosso modo*, a consciência humana era um polo que tomava o mundo como oposto a si e como um objeto de análise), para conceber a consciência como nosso modo de ser no mundo. A consciência, para ele, passa a ser o nome de nossa relação com tudo e não apenas o nome de uma faculdade interna para analisar o que é externo (o mundo, as outras pessoas etc.). Aliás, a oposição clássica entre uma dimensão interna e uma dimensão externa fica antiquada no contexto fenomenológico para falar da consciência e do mundo. O mundo sou eu; o mundo é minha consciência do mundo.

Daí a insistência de Husserl, que foi professor de Edith Stein, em falar do retorno às coisas mesmas, ou seja, de abrir mão do projeto irrealizável de saber se podemos ou não conhecer o mundo tal como ele é ou se o conhecemos só como ele aparece para nós ou só como pensamos que ele é. Essa problemática, nascida no século XVII e fortalecida sobretudo por pensadores alemães (principalmente Immanuel Kant – 1724-1804), deu corpo à filosofia moderna do sujeito ou da subjetividade. Comprometida em maior ou menor grau (em função de cada filósofo) com a afirmação de um polo interior que analisa um polo exterior, essa filosofia consagrou um modo de falar da consciência como faculdade do indivíduo. Mesmo no caso de alguns pensadores empiristas, que evitavam falar do ser humano como sujeito, mas preferiam falar dele como alguém que acumula experiências sensíveis e cria hábitos, manteve-se, de certo modo, o esquema da separação de um dentro (o que se passa na mente do indivíduo) e um fora (o que se passa no mundo). Esses modelos compreensivos do conhecimento humano são simbolizados pelo que se chama tradicionalmente de racionalismo e de empirismo como correntes filosóficas da Modernidade. O racionalismo defenderia que, para conhecer, os indivíduos humanos são dotados de condições subjetivas que antecedem à experiência dos cinco sentidos e permitem distinguir os dados encontrados pelos sentidos. Costuma-se considerar René Descartes (1596-1650) o maior representante do racionalismo. O empirismo, por sua vez, defendendo que não há motivos para comprometer-se com nada do que não possa ser observado pelos cinco sentidos, punha sob desconfiança a afirmação de condições subjetivas preexistentes à experiência sensível, empírica, e preferia dizer que só tem sentido fazer afirmações e negações com base nos dados constatáveis pela sensibilidade. Seria uma ilusão algo como um sujeito ou uma instância interna ao ser humano que lhe permite conhecer. Seríamos aptos a criar hábitos, com base em nossa experiência sensível, e o que chamamos de conhecimento seria o conjunto mais ou menos eficaz desses hábitos. O nome que em geral mais rapidamente se associa ao empirismo é o do filósofo inglês David Hume (1711-1776).

Da perspectiva da oposição entre racionalismo e empirismo compreende-se o projeto filosófico de Immanuel Kant, que via razões tanto em um como em outro. No dizer de Kant, é preciso concordar com Hume na direção de que os dados de nosso conhecimento são extraídos do mundo por meio dos cinco sentidos. Mas os cinco sentidos, sozinhos, seriam "cegos", ou seja, incapacitados para elaborar as sínteses com que operamos mentalmente. Em outras palavras, os cinco sentidos fornecem dados, mas não se percebem a si mesmos (por exemplo, a visão vê, mas não vê que vê) nem elaboram os dados que captam, transformando-os em conhecimento. Nisso seria preciso concordar com Descartes e ver que temos uma dimensão interna apropriada para transformar os dados da sensibilidade em representação cognitiva. Orientado dessa maneira, Kant afirma que o conhecimento inicia pelos dados apreendidos segundo as formas da sensibilidade, ou seja, os dados sensíveis captados sempre segundo a forma do tempo (sentido interno) e a forma do espaço (sentido externo), e realiza-se como a síntese feita por meio de categorias universalmente presentes em todos os seres humanos (as categorias do entendimento, como a de causalidade, realidade, unidade, possibilidade etc.). A prova disso é que sempre estabelecemos as mesmas relações entre as informações sensíveis, como relações de causa e efeito, por exemplo. Essa estrutura dada pelas formas da sensibilidade e as categorias do entendimento comporia o sujeito transcendental; tratar-se-ia de uma estrutura que, independentemente de cada indivíduo, é sempre implicada em cada ato de conhecimento e o possibilita. Não se trata de algo transcendente no sentido de superior ao mundo sensível, mas de algo transcendental, que atravessa e possibilita cada ato de conhecimento[2].

Um caso que pode clarear essa breve apresentação do sujeito transcendental é a análise do modo como, segundo Kant, identificamos relações de causalidade no mundo. Já Hume havia criticado a noção de causa, considerando-a metafísica (portanto, dispensável de um ponto de vista empirista) e dizendo que ela não corresponde a nada de efetivo no mundo. Por exemplo, no bilhar, dizemos que a bola A é causa do movimento da bola B, porque A bate em B e a faz mover-se. De um ponto de

---

2   Para uma apresentação do sujeito transcendental, escrita pelo próprio Kant e de maneira sucinta, ver: I. Kant, *Prolegómenos a Toda Metafísica Futura que Queira Apresentar-se como Ciência*.

vista empírico, não observamos nada (nem um influxo, nem uma transmissão de força ou algo que o valha) ao qual poderíamos chamar de causa. Só dizemos que o impacto da bola A causa o movimento da bola B porque, dado esse impacto, ocorre o movimento. Nada além disso. Falar de relação de causalidade, segundo Hume, seria um hábito ao qual estamos acostumados; nós é que falamos, por costume, de causa entre as coisas, mas nada nos garante que haja realmente algo a que poderíamos chamar de causa. Com isso, Hume pretendia escapar à pretensão racionalista de dizer que o nosso pensamento e o nosso discurso correspondem ao modo de ser do mundo. Kant dá razão a Hume, mas pretende corrigi-lo, pois considera que não faz sentido perguntar se o que chamamos de causa corresponde ou não a algo que está na Natureza; afinal, se há uma certeza que podemos ter, ela se refere ao fato de que não conseguimos conhecer sem estabelecer relações de causalidade (a qual seria uma das categorias do entendimento). Assim, nós é que concebemos as coisas segundo relações de causa e efeito, de modo que podemos dizer, no mínimo, que a causalidade está no sujeito, sem nos comprometermos com dizer que ela também está no mundo. Dessa perspectiva, assumiríamos que o ser da Natureza não pode ser conhecido cientificamente; ele é do âmbito da coisa-em-si, impossível de ser captada segundo as formas da sensibilidade. Teríamos acesso apenas aos fenômenos, ou seja, ao modo como tudo aparece para nós. Tal acesso seria possibilitado por certas condições *a priori*, ou seja, prévias à atividade dos sentidos, e dizer isso significa ver razão também, de certa maneira, no racionalismo. Assim, não há por que se perguntar se a Natureza, em si, tem causalidade ou não; mas podemos nos dar conta de que, sem estabelecer relações de causalidade (condição prévia ao conhecimento empírico), não conseguimos entender o mundo nem falar cientificamente sobre ele. Isso não depende de um ou outro indivíduo, mas constitui o modo de operar de nosso entendimento; daí a transcendentalidade do sujeito.

A perspectiva kantiana recebeu diferentes e variadas interpretações. Algumas em continuidade com ela; outras, em contraposição. Pode-se dizer, de modo esquemático, que a orientação que ficará conhecida como fenomenologia,

XXII PESSOA HUMANA E SINGULARIDADE EM EDITH STEIN

especialmente a filosofia fenomenológica de Edmund Husserl, não se sentirá satisfeita com a concepção kantiana de sujeito transcendental nem com a resposta de Kant à problemática do hábito levantada por Hume. Atendo-nos ao exemplo das relações de causalidade, podemos evocar aqui o modo como Edith Stein, discípula de Husserl, afirma que Kant, embora tenha chegado a uma posição difícil de ser refutada, não deu uma solução às questões levantadas por Hume. Na Introdução de sua obra *Contribuições para a Fundamentação Filosófica da Psicologia e das Ciências do Espírito*[3], Edith Stein mostra como Kant parte da impossibilidade de mostrar a causalidade e deduz daí ser necessário prosseguir a investigação em um terreno inteiramente distinto do de Hume, considerando a causalidade como uma das condições de possibilidade da ciência natural exata e fazendo ver que a Natureza, no sentido em que a entende a ciência natural, não é concebível sem a causalidade. Ocorre, porém, que Hume precisaria ser superado no seu próprio terreno. Se ele parte da Natureza, tal como se oferece aos olhos do observador ingênuo, então é preciso explicar como se pode falar de vinculação causal nessa mesma Natureza, ou seja, de uma sequência necessária do devir. Um detalhe fundamental, sobre o qual se baseará Edith Stein, é que Hume, com sua problematização da Natureza, pretendia investigar a índole da consciência da vinculação causal e saber se essa vinculação é racional. Mas, no dizer de Edith, Hume produziu uma teoria precipitada da natureza da consciência e especialmente da experiência, o que o impediu de encontrar as conexões demonstráveis que ele buscava e o seduziu, no fim das contas, para a eliminação da interpretação dos fenômenos que ele havia tomado como ponto de partida, sem os quais seria incompreensível a própria formulação do problema. Em outras palavras, Hume não teria sido capaz de desenvolver sua reflexão nem de consolidá-la suficientemente de uma perspectiva metodológica. Com relação a Kant, que recorre a uma *natura formaliter spectata*, quer dizer, uma Natureza vista formalmente, é preciso dizer que ele também não manteve coerência metodológica, pois levou a investigação para

---

3 Cf. E. Stein, Beiträge zur philosophischen Begründung der Psychologie und der Geisteswissenschaften, em *Jahrbuch für Philosophie und phänomenologische Forschung*, p. 3-4.

outro terreno, não se preocupando com os fenômenos propriamente ditos, mas deduzindo transcendentalmente a causalidade como uma forma que permite uma multiplicidade de usos, sem esclarecer, no limite, a índole da vinculação causal. Na contrapartida, Edith Stein defende a necessidade de um método de análise e de uma descrição dos fenômenos mesmos, ou seja, dos objetos em toda a plenitude e concreção com que eles se oferecem a nós, bem como da consciência que corresponde a eles. Esse método, que finalmente enfrenta a problemática humeana e conduz a uma melhor compreensão de Hume, seria a contribuição da fenomenologia de Husserl.

Edmund Husserl, influenciado sobretudo por Franz Brentano (1838-1917), partirá de uma experiência dificilmente refutável: não temos pensamentos puros (no sentido de pensamentos sem conteúdo, cujo objeto seria o próprio pensamento), mas, sempre que pensamos, pensamos em algo. Daí sua insistência em falar mais de consciência do que de razão, entendimento e pensamento. Falar de consciência é sempre uma fala transitiva, pois consciência é sempre *consciência de*; é consciência de algo: tenho consciência de uma coisa, como a árvore que vejo pela minha janela; tenho uma emoção, como a alegria por ter recebido a visita de um amigo; tenho consciência do que meu amigo está vivendo agora; tenho consciência de um problema de matemática ou de física; tenho consciência de um som; de um gosto; enfim, minha consciência está sempre fixada em algo, num fluxo cheio de unidades, como um rio em que as gotas são indiscerníveis do fluir total e compõem um movimento único. A consciência está sempre tensionada em torno de algo, como o retesamento de uma corda de violão: bem tensionada, bem retesada, essa corda produz sons. Nosso retesamento ou tensionamento é o que chamamos de consciência. Se é assim, não faz sentido querer analisar a consciência como se ela fosse uma estrutura interna, composta de categorias, pois ela é uma tensão positiva do ser humano, ou, como dizia Husserl, servindo-se de uma expressão proveniente do pensamento medieval, ela é uma *intenção* (do latim *intentio*, que aqui não tem o sentido de intenção moral, mas de retesamento e vibração); trata-se da tensão que caracteriza o modo de ser consciente de cada indivíduo.

Dessa perspectiva, a investigação da consciência humana só é possível pela investigação do *modo* como cada indivíduo se tensiona em virtude dos conteúdos conhecidos, ou seja, o modo como ele é consciente em função de cada conteúdo. Analogamente com o que dizia Kant, conhecemos os fenômenos, mas não como mera aparição das coisas para nossa consciência, e, sim, como o oferecimento que elas dão de si mesmas para nossa consciência. Esse oferecimento significa que elas se mostram e que nós as vemos; não se trata de dizer que só sabemos das coisas aquilo que podemos ver nelas. Além disso, em vez de falar de uma estrutura universal da qual todos os seres humanos seriam dotados internamente, Husserl prefere falar da atividade pela qual somos conscientes. Essa atividade pressuporia essências, ou seja, unidades de significação que nos permitem exercer os atos da consciência, mas tais essências não corresponderiam a ideias inatas (como para alguns racionalistas), nem a algo determinado por categorias do entendimento (como para Kant), e, sim, a uma legalidade da consciência, a um modo de ser da consciência, que independe dos indivíduos e é revelado pelo modo como as coisas oferecem-se para nós. Os fenômenos sempre aparecem segundo um modo determinado que vem deles mesmos; só podemos descrever esse modo, não produzi-lo. Vê-lo e captar sua legalidade é ver as essências.

Isso se torna mais compreensível se acompanharmos, ainda que de maneira rudimentar, o modo como Husserl fala das essências em dois momentos: em *Investigações Lógicas*, de 1901; e em *Ideias Para uma Fenomenologia Pura e uma Filosofia Fenomenológica*, de 1913.

Interessado pela experiência da certeza subjetiva que temos em algumas situações e sobre a qual não temos dúvida, Husserl preocupava-se também com o risco de cair no ceticismo com relação à matemática. Se a matemática não passasse, segundo alguns filósofos, de um sistema formal de símbolos definidos por convenção e de axiomas sem conteúdo que permitiriam livre ação à nossa fantasia, a verdade matemática seria sempre definida segundo o referencial de axiomas inicialmente escolhidos, abrindo, pois, espaço para o questionamento cético segundo o qual não é possível falar de verdade (a verdade da matemática seria mero fruto de convenção). Nas *Investigações*

Lógicas e no volume I de *Ideias*, Husserl mostra que esse risco de ceticismo está baseado numa orientação fundamentalmente empirista, mas que também, por isso mesmo, o ceticismo se dissolve porque se contradiz. Afinal, o empirismo não pode provar empiricamente que a experiência sensível é a única fonte de conhecimento seguro, pois a experiência só fornece dados singulares e passageiros, nunca o princípio que rege o conhecimento. Ora, se o empirismo defende um princípio verdadeiro (a experiência sensível é a única fonte de conhecimento seguro), esse princípio deve ser posto à prova pela própria experiência, mas a experiência não pode confirmar nem negar esse princípio, pois, exatamente como princípio, ele não é algo observável diretamente. O empirismo, então, não é compreensível nem para os próprios empiristas e, portanto, é contraditório. Por conseguinte, se essa é a base do ceticismo ao qual se expunha a matemática, então também o ceticismo se dissolve, pois sua base é contraditória. Analisando casos matemáticos, Husserl se dá conta de que há um fluxo de estados subjetivos no matemático que não podem ser confundidos com aquilo em que ele pensa. Em outras palavras, há atos de raciocinar, de um lado, e há os raciocínios correspondentes, de outro: o matemático só faz um raciocínio preciso quando vive um fluxo subjetivo que lhe permite chegar à verdade do raciocínio em questão; mas esse raciocínio, para ser compreendido, não precisa evocar o fluxo subjetivo do qual depende. Na contrapartida, ao analisar um triângulo retângulo, o matemático percebe que pode não concentrar-se nas características particulares do triângulo azul que está desenhado em seu livro, mas pode falar da triangularidade, pois se dá conta de que o triângulo azul que está à sua frente depende de uma objetividade ideal, ou seja, comporta-se segundo um modo de ser (uma legalidade) que antecede cada representação particular de triângulo. Essa objetividade determina que todo triângulo é o sujeito de uma série específica de predicados sem os quais um triângulo deixaria de ser um triângulo. Se imaginamos, por hipótese, a supressão desses predicados, suprimimos o próprio triângulo (passaremos a pensar em um quadrado ou em outra coisa que nada tem a ver com um triângulo). Por exemplo, todo triângulo é convexo. Se retirarmos a convexidade, não falaremos mais de triângulo. Assim, pouco importa se analiso um triângulo verde ou um triângulo azul, um triângulo isósceles ou um triângulo escaleno, mas não posso deixar de considerar que todo triângulo é convexo. Essa objetividade ideal do triângulo é um exemplo de como se dá a experiência do matemático: independentemente do raciocínio que ele esteja desenvolvendo num momento preciso (ato de raciocínio), ele segue um fluxo subjetivo que não provém dele individualmente, mas que possibilita a existência de seu ato específico. Esse possibilitar é dado por essências que são implicadas em cada ato de consciência preciso.

Porém, nesse nível dos objetos matemáticos, alguém ainda poderia retrucar que tudo resulta aí de convenção e que as características essenciais dos objetos matemáticos são dedutíveis com base em axiomas. Por essa razão, Husserl, no volume II de *Ideias*, amplia a investigação da essência para o campo favorito do empirismo: a percepção. Husserl mostra que nos juízos que emitimos sobre nossa percepção há limites que impedem a livre ação de nossa fantasia. Por exemplo, quando digo "a parede é amarela", há uma série de essências implicadas nessa afirmação, pois não posso conceber a cor como separada da parede; afinal, é impensável uma cor sem a base na qual ela está dada. A cor é um objeto, no sentido de algo do qual temos consciência, e, como tal, posso fazê-la variar pela imaginação. Mas, se nessa variação retiramos o fato de que uma cor sempre está dada em alguma superfície, simplesmente deixamos de pensar em uma cor. Como diz Husserl, chegamos a uma consciência de impossibilidade relativa à cor (impossibilidade de não estar dada em alguma superfície). Esse procedimento de variação revela a essência da cor. Aliás, a variação é que revela a essência, não só no caso da cor. Ela revela a essência ou o ser do objeto, procedendo arbitrariamente e constatando as impossibilidades de variar (tratando de um triângulo, não posso imaginá-lo não convexo; tratando de uma cor, não posso imaginá-la não ligada a uma superfície; tratando de um som, não posso imaginá-lo sem uma duração). Quando obtenho dados invariáveis de um objeto, obtenho sua essência ou ideia (não ideia ao modo de mero constructo mental, mas de legalidade ideal). As essências, portanto, são vistas, são intuídas num vivido, numa vivência. É a esse vivido ou vivência que Husserl remete quando fala de experiência (*Erfahrung*) e não mais àquela concepção artificial de experiência, típica tanto dos racionalistas como dos empiristas, que estabeleciam uma cisão entre a dimensão sensível e a dimensão inteligível e chamavam de experiência, em geral, à operação que se daria no âmbito dos cinco sentidos e resultaria numa representação mental. A visão das essências defendida por Husserl, sua crítica ao ceticismo e sua concepção de consciência-vivência, ainda que sejam uma crítica radical a todo projeto empirista, não têm nada de racionalista ou metafísico, pois a fenomenologia não se compromete com uma afirmação sobre o ser do mundo, como se o ser do mundo fosse separado da consciência que temos do mundo. Mas também não se trata de dizer que, para ele, conhecer é algo subjetivo (no sentido de relativo a cada sujeito individualmente), pois isso é contrariado pela experiência; nem é o resultado da ação de uma estrutura transcendental estável que vê o que pode ver nos fenômenos (pois isso manteria a separação entre a coisa- -em-si do mundo e a ação da consciência). As essências de que fala Husserl revelam-se como a legalidade do modo de comportar-se daquilo que se oferece para a consciência (portanto, rigorosamente como fenômeno). Tais essências são descobertas pela variação; não são construídas. Donde o projeto de uma fenomenologia ou uma investigação dos fenômenos como volta às coisas mesmas (*zu den Sachen selbst*).

De certo modo, Husserl devolvia ao empirismo a acusação de uma deriva metafísica, pois os empiristas confundem a exigência de ir às coisas com a exigência de fundar todo conhecimento na experiência das coisas; consideravam como estabelecido que a experiência dá as coisas mesmas, o que equivale a assumir sem crítica um princípio empirista, num círculo vicioso. Para Husserl, o que dá as coisas mesmas é o "ver", é a consciência vivida em primeira pessoa e doadora de sentido. O empirismo, ao falar da formação de algo no conhecimento, pressupõe a compreensão desse algo. Essa compreensão, de fato, é condição de toda ciência empírica, e a essência que ela produz é somente uma pura possibilidade, mas há uma anterioridade dessa possibilidade sobre a realidade da qual a ciência empírica trata. É dessa anterioridade que a fenomenologia se ocupa. O mesmo vale para o psicologismo, tão combatido por Husserl, que concebia as essências como resultados formados por uma gênese psicológica individual e empírica. Segundo Husserl, um conceito até pode ser formado com base na experiência empírica, mas, porque obtenho por variação uma essência desse conceito, vejo que essa essência é anterior, é condição para toda e qualquer teoria sobre ele. Toda explicação genética (psicologista e empirista) baseia-se sempre no saber atual sobre algo particular; a fenomenologia investiga a legalidade essencial que permite a esse algo particular ser o que ele é para a consciência, mas não o faz como se o sujeito pusesse essa legalidade na coisa, nem como se essa legalidade correspondesse ao modo de ser da coisa em si, e, sim, como o modo de ser da coisa em sua aparição ou mostração (*Erscheinung*) à consciência; em seu auto-oferecimento.

Essa brevíssima e esquemática apresentação do modo como Husserl fala de essências permite perceber como sua concepção de consciência escapa aos esquemas da dualidade sujeito-objeto típica do racionalismo e, de certo modo, mesmo do empirismo, ainda quando este dá outro nome ao sujeito, atribuindo ao indivíduo um mero acúmulo de hábitos. Nesse sentido, Husserl mantém semelhanças com Georg W.F. Hegel (1770-1831), que foi o responsável por dar cidadania filosófica definitiva ao termo *fenomenologia*: consciência da consciência. Para Hegel, também não fazia sentido o projeto kantiano de uma razão que se investiga e se julga a si mesma, sem contraposição a nada de outro que ela mesma, como se ela fosse juíza e ré em um mesmo tribunal. No prefácio de sua *Fenomenologia do Espírito*, Hegel afirma que o ser imediato do espírito, a consciência, possui dois momentos, o do saber e o da objetividade que é o negativo com relação ao saber, mas mesmo essa oposição desaparece em cada momento particular do desenvolvimento do espírito, pois cada momento se mostra como figura da consciência. No entanto, uma diferença central entre a concepção de fenomenologia de Hegel e de Husserl parece residir no projeto hegeliano de construir um sistema, isto é, de conceber a fenomenologia como a retomada total da realidade total em um saber absoluto, ao passo que o projeto husserliano inaugura a consideração da coisa mesma antes de toda predicação, o que deixa aberta a fenomenologia como um embate da linguagem com si mesma para chegar ao que é originário na experiência. Nesse embate, dá-se a falência da pretensão sistemática da filosofia, pois o originário descrito não é mais originário. Em Hegel, ao contrário, o ser imediato, originário, é já razão, sentido, e não é o ponto de chegada de uma análise regressiva, como era para Husserl[4].

A referência a Hegel permite ainda abordar outra questão: se Husserl não foi empirista nem racionalista, teria sido ele um idealista? Quer dizer, um não realista? Com base no que foi dito nos parágrafos anteriores, seria praticamente dispensável enfrentar essa questão, mas aqui, com intuito didático, vale a pena enfatizar que Husserl e Edith Stein partilharam com Hegel esta outra constatação: é um falso problema aquele que pretende saber se a filosofia deve partir do objeto ou do eu. Em outras palavras, o problema de saber se a filosofia adota um realismo ou um idealismo. Por realismo entende-se, em geral, uma orientação filosófica que afirma a existência dos objetos independentemente da consciência; a ênfase é posta do lado daquilo que é conhecido, pois seria ele a determinar o conhecimento. Por idealismo entende-se, em geral, uma orientação filosófica que dá ênfase à consciência dos objetos, àquele que conhece e às ideias das coisas, não propriamente às coisas mesmas. Rios de tinta já correram para defender uma ou outra posição. No caso dos autores idealistas que historicamente existiram, eles não foram tão caricaturais como a etiqueta geral de idealismo costuma classificá-los. Quanto ao realismo, o tema é ainda mais complexo, porque, no modo como em geral é descrito, talvez ele não tenha nunca existido historicamente; talvez não passe de uma ficção histórica criada nos séculos XVII e XVIII para referir-se aos períodos anteriores da história do pensamento. Que tenha havido pensadores que deram ênfase ao objeto conhecido, considerando-o real e independente da consciência, isso é certo. Mas que esses pensadores tenham feito isso sem nenhum tipo de crítica do conhecimento, ou seja, sem nenhuma preocupação com as condições subjetivas do conhecimento, isso é muito difícil de afirmar. No entanto, essa é a caricatura realista que começou a ser pintada no século XVII e que perdura até hoje na historiografia filosófica hegemônica. Pretende-se que, antes

---

4   Nessa interpretação seguimos J.-F. Lyotard, *La Phénoménologie*, p. 40-44.

do século XVII, os pensadores preocupavam-se em entender apenas como se dá o conhecimento de tudo o que se apresenta ao intelecto humano, mas não se dedicavam a questões crítico--analíticas, como, por exemplo, a pergunta pela possibilidade de conhecer, a garantia da existência do mundo exterior, a correspondência entre coisa e representação etc.

Essa caricatura do realismo anterior ao século XVII (que poderíamos chamar aqui de realismo ingênuo) é bastante presente no modo como se atribui aos pensadores antigos e medievais uma teoria correspondentista da verdade, ou seja, uma concepção segundo a qual a verdade seria a correspondência adequada entre o intelecto e a coisa conhecida. A verdade, dessa maneira, residiria nas próprias coisas e na boa reprodução dessa verdade pelo intelecto. Se se diz que "as flores são amarelas", a verdade se dá se, de fato, as flores são amarelas. No realismo ingênuo que muitos filósofos modernos e contemporâneos atribuem aos pensadores antigos e medievais (em certa medida, o próprio Husserl adotará esse tipo de historiografia filosófica), conhecer é preocupar-se apenas em fazer juízos corretos desse tipo. Isso seria expresso pelo adágio que circulou na Idade Média, qual seja, a verdade é a adequação do intelecto à coisa (*veritas est adaequatio rei et intellectus*). Isso significaria que os filósofos antigos e medievais, segundo a generalização do realismo ingênuo, partiam acriticamente do princípio de que o intelecto pode conhecer com segurança todo tipo de coisa, desde que se comporte como um retratista adequado das coisas (um correspondentista). Só no século XVII a filosofia ter-se-ia debruçado sobre uma análise das condições subjetivas do conhecimento. Hoje, todavia, graças aos estudos sempre mais especializados e desenvolvidos de historiografia filosófica, sabe-se que tal realismo ingênuo, matriz da teoria correspondentista da verdade, praticamente não existiu, mas é uma construção resultante da compreensão equivocada de muitos filósofos modernos em suas leituras dos antigos e medievais.[5]

5   Esse debate historiográfico não é novo. Para dar somente um exemplo de obra recente que põe em xeque a historiografia que afirma o realismo ingênuo anterior ao século XVII, podem mencionar-se os volumes da *Archéologie du sujet*, de Alain de Libera. De Libera já publicou três dos cinco volumes planejados para essa obra. No Brasil, só foi traduzido e publicado até agora o volume I (*Arqueologia do Sujeito*, v. 1: *Nascimento do Sujeito*).

FENOMENOLOGIA, ANTROPOLOGIA E RELEITURA... XXXI

Apenas para citar dois textos paradigmáticos que mostram o equívoco dessa construção, podem mencionar-se um trecho da *Consolação da Filosofia*, de Boécio de Roma, e um da *Suma Contra os Gentios*, de Tomás de Aquino. Na *Consolação*, Boécio, analisando o problema dos futuros contingentes, afirma:

Dizer que os devires que são incertos são previstos como se fossem certos é a obscuridade da opinião, não a verdade da ciência. Afinal, aceitas que diverge da integridade da ciência avaliar algo diferentemente de como esse algo é. A causa desse erro está em considerar que tudo aquilo que alguém conhece é conhecido somente com base na propriedade e na natureza daquilo que é conhecido. Mas é bem o contrário que ocorre: tudo o que é conhecido não é captado segundo uma propriedade sua, mas, antes, é conhecido segundo a capacidade daqueles que conhecem.[6]

No caso de Tomás de Aquino, todo o capítulo IV da *Suma Contra os Gentios* mereceria ser citado. Nesse texto, Tomás de Aquino afirma que o conhecimento, mais do que um voltar-se do intelecto para a coisa conhecida, é um voltar-se do intelecto para si mesmo, o que mostra como, segundo Tomás de Aquino, conhecer não é apenas abstrair das coisas suas características essenciais, mas, acima de tudo, um debruçar-se do intelecto sobre o modo como ele contém as coisas que ele conhece[7]. Aliás, no capítulo IV da *Suma Contra os Gentios*, há uma parte, digamos, epistemológica e uma parte teológica (sobre a Trindade, tratando, por exemplo, da presença do Verbo no intelecto do Pai). Se formos afobados na leitura, desconsideraremos a parte teológica,

6   Boécio, Consolação da filosofia V, 4, 23, *De consolatione philosophiae & Opuscula theologica*, p. 149.
7   Cf. Tomás de Aquino, *Suma Contra os Gentios*. Vale lembrar aqui que o teólogo alemão Karl Rahner (1904-1984) é um dos autores que mais exploraram esse retorno tomasiano do intelecto sobre si mesmo, inclusive e principalmente no conhecimento do mundo natural ou físico. Sua obra clássica, a esse respeito, é sua tese doutoral: *Geist in Welt*, de 1957 (a primeira edição é de 1939; há uma tradução espanhola: *Espíritu en el Mundo*). Uma síntese de sua leitura de Tomás de Aquino pode ser encontrada na obra *Hörer des Wortes*, de 1941 (há uma tradução espanhola: *Oyentes de la Palabra*). Mais recentemente, porém por outros caminhos, Roger Pouivet, professor na Université de Lorraine, chega a conclusões semelhantes, embora sem afirmar um transcendentalismo tomasiano ao modo de Rahner. Ele as concentrou no pequeno livro *Après Wittgenstein, saint Thomas*. Ainda que essas abordagens do pensamento tomasiano contenham elementos discutíveis, elas mostram que, de todo modo, Tomás de Aquino não foi um realista ingênuo.

mas isso é uma perda inestimável para a compreensão, pois justamente pelo estudo de problemas teológicos é que Tomás de Aquino oferece, com riqueza de detalhes, modelos de análise da presença da coisa conhecida no intelecto cognoscente.

Essa digressão pelas dificuldades da historiografia filosófica do realismo permite voltar a Husserl e Edith Stein, pois, muitas vezes, alguns estudiosos do pensamento de Edith insistem que ela se distanciou do mestre e se tornou ela mesma realista[8]. Cede-se à tentação de pensar que talvez a fenomenologia, por mais convincente que seja, ainda assim se separa do mundo natural e não retorna a ele; torna-se ciência absolutamente subjetiva (*grosso modo*, idealista) e não consegue voltar para o mundo efetivo, o qual importa conhecer mais do que apenas os equivalentes de consciência. Assim, como que para salvar a reputação de Edith, costuma-se enfatizar que ela migrou para o realismo. Isso merece atenção especial.

Historicamente, houve de fato um debate entre Edith Stein e Husserl, a respeito da possibilidade de escolher entre realismo e idealismo. Na carta que Edith escreve a Roman Ingarden, em 03 de fevereiro de 1917, diz ela que, em um passeio com Husserl até Haslach (vilarejo a alguns quilômetros de Friburgo), conversando sobre filosofia, ela teve uma intuição repentina, a de saber muito bem o que é a constituição, mas em ruptura com o idealismo[9]. A constituição é o tema central do volume II de *Ideias* de Husserl. Ela corresponde ao problema do estabelecimento do objeto na consciência; no limite, trata-se do estabelecimento da realidade. Husserl havia, digamos, incluído o mundo na consciência (pois a consciência não é somente o polo do eu, mas também o polo do que é conhecido), sem porém pretender que essa inclusão fosse real, mas intencional, pois é o fenômeno que está na consciência, não a coisa mesma. Surge daí a necessidade de mostrar que o mundo é percebido como o sentido que dou a ele. O risco de idealismo aqui é imenso, pois o conhecimento do mundo pode parecer simplesmente uma projeção que o sujeito faria sobre o mundo. Na contrapartida, uma

---

8 Para uma análise mais detalhada dessa problemática, cf. J. Savian Filho, Idealismo e Realismo em Edith Stein, *Revista de Filosofia São Boaventura*, v. 6, n. 2.

9 Cf. E. Stein, *Correspondance. Vol. 1 (1917-1933)*, p. 72.

FENOMENOLOGIA, ANTROPOLOGIA E RELEITURA... XXXIII

postura realista também é tentadora. Não por acaso, na mesma carta a Roman Ingarden, diz Edith que, para poder constituir uma natureza claramente cognoscível, ela se via mais propensa a romper com o idealismo e a retomar o esquema dualista que afirma, por um lado, a existência de um polo autônomo, o de uma natureza física e existente de maneira absoluta, e, por outro lado, a existência de outro polo autônomo, o de uma subjetividade de legalidade determinada. Após assumir sua propensão, Edith diz a Roman Ingarden que ainda não tivera tido a ocasião de "confessar essa heresia ao mestre"[10]. O próprio Husserl, numa conversa com a monja beneditina Adelgundis Jaegerschmidt, considerará de fato uma heresia essa posição de Edith: "Ninguém me seguiu [...] Mesmo Edith Stein só me acompanhou até 1917."[11] Essa aparente discordância entre ambos, porém, não impediu Husserl de confiar a Edith Stein, em 1918, outros manuscritos para serem incluídos na edição do volume II de *Ideias*. Com efeito, desde 1913 ela trabalhava sobre um conjunto de manuscritos estenografados por Husserl e preparava uma primeira versão do volume II de *Ideias*. Mas, em 1918, Husserl ofereceu a Edith outros manuscritos e deu a ela a possibilidade de escolher aqueles que achasse mais convenientes[12]. Certamente o trabalho com esse conjunto de textos permitiu a Edith Stein relativizar sua primeira associação de Husserl com o idealismo. Ela não podia pensar que, para Husserl, a subjetividade fosse criadora do mundo, porque, em si mesma, a subjetividade não passa de polo do eu (*Ichpol*), enquanto o campo dos objetos sensíveis (*Gegenständlichkeit*) só existe como polo da visão intencional que lhe dá um sentido de objetividade. Se eu não descobrisse um sentido no mundo, vivendo esse sentido como objetivo, tal sentido sequer poderia ser o sentido que o mundo tem para mim. Não haveria, portanto, idealismo estrito, pois a análise intencional descreve o que há de imanente à consciência do mundo. Mas também não há realismo ingênuo, pois tal análise também não pretende esgotar o mundo como se ele

---

10 Ibidem, p. 73.

11 A. Jaegerschmidt, Gespräche mit Edmund Husserl (1931-1936), *Stimmen der Zeit*, v. 199, p. 55.

12 Cf. a introdução de Marly Biemel, que fez a edição de 1952, em: E. Husserl, *Ideen zu einer reinen Phänomenologie und phänomenologischen Philosophie*.

fosse um objeto passivo. A análise intencional faz aparecer o modo como o sentido do ser do objeto é constituído. Dessa perspectiva, ou seja, tomando a intencionalidade como um olhar, uma visada, a doação de sentido coincide com uma extração de sentido. Husserl mostra-o, no volume II de *Ideias*, estudando a constituição da natureza material, da natureza animada e da natureza espiritual (natureza capaz de voltar-se conscientemente sobre si mesma). Isso não impedirá Edith Stein de insistir, em 1929, num texto publicado em homenagem a Husserl[13] pelos seus 70 anos, que o risco da fenomenologia de Husserl é não voltar à realidade, no que é acompanhada por Hedwig Conrad-Martius, para quem Husserl sequer se perguntava se ao ser do noema correspondia um ser fático, o que termina por suprimir a questão fundamental da teoria do conhecimento[14]. Essa leitura da obra do mestre caracterizará, de modo geral, os discípulos que com ele viveram em Munique, e certamente estimulará Husserl, mas o filósofo, em 1936, no texto *A Crise das Ciências Europeias e a Fenomenologia Transcendental*, permanecerá firme em dizer que se pode afirmar, de uma árvore pura e simples, que ela queima, mas uma árvore percebida enquanto tal não pode queimar. Estudar essas idas e vindas entre desconfianças quanto a um idealismo contraditório em Husserl e insistências talvez exageradas dos discípulos seria objeto de um estudo muito mais exigente do que aqui se pode delinear[15]. O que não parece possível é imaginar que Edith Stein, Conrad-Martius e outros não entenderam o mestre ou romperam com ele. Os discípulos não podiam pretender que a fenomenologia se transformasse em um discurso sobre o mundo (ao modo de um realismo ingênuo), pois isso poderia significar a introdução de uma contradição na fenomenologia, qual seja, a de afirmar uma identidade entre o sentido objetivo e o que seria um objeto puro e simples.

13 Cf. E. Stein, Husserls Phänomenologie und die Philosophie des hl. Thomas von Aquino, em *Jahrbuch für Philosophie und phänomenologischer Forschung*, p. 326.

14 Cf. H. Conrad-Martius, Die transzendentale und die ontologische Phänomenologie, em *Edmund Husserl 1859-1959*, p. 180-181.

15 Uma síntese das direções que um estudo desse tipo mereceria tomar é dada na conclusão de C.A.R. de Moura, *Crítica da Razão na Fenomenologia*, p. 249-256.

Trabalhando sobre o volume II de *Ideias* e mantendo um debate razoavelmente intenso com Husserl[16], Edith elabora uma série de notas para uso pessoal (tudo indica que ela se servia dessas notas em aulas particulares de filosofia para grupos) que só será publicada em 1991 com o título *Introdução à Filosofia*. Na Parte 1, Capítulo 3, item 7, Edith reflete sobre a oposição idealismo *versus* realismo. Lá ela define o realismo como a consideração do mundo externo como real e independente no seu ser, ao passo que o idealismo defenderia a dependência do mundo com relação à consciência. Dito dessa maneira, Edith considera Husserl um idealista, mas não como adepto de um idealismo que só se preocupa com os conteúdos ideais, e, sim, como quem afirma que todo ser deve ser visto como experienciável e cognoscível necessariamente. Em outras palavras, para todo ser corresponderia idealmente uma consciência, por meio da qual tal ser se constitui. Isso equivaleria a dizer que é impensável um mundo natural ao qual não corresponda uma consciência. Sem proclamar-se em favor do realismo, Edith mostra-se, na verdade, instigada pela seguinte situação: as sensações possuem algo de absolutamente subjetivo, pois pertencem a um sujeito e não podem ser divididas com nenhum outro; porém, aquilo que essas sensações "representam" é algo comum a todos os que o experienciam (é, portanto, objeto de experiência, independentemente das sensações que cada indivíduo tem). Sua investigação debruçar-se-á em duas evidências: a experiência do mundo externo compreende o ser dado de outros sujeitos cognoscentes; o conteúdo da experiência é idêntico para diversos sujeitos cognoscentes. Aliás, com base nessas evidências, evita-se o solipsismo, pois é a intersubjetividade que permitirá a qualquer visão de mundo ser construída e testada. Edith lembra que mesmo um idealista admite que há um ser que ultrapassa a consciência cognoscente e é independente dela. O que falta ao idealista é admitir que, pela intersubjetividade, podemos nos comprometer com a existência dos objetos conhecidos independentemente de nossa consciência. Isso significaria dizer que o mundo natural existiria por si mesmo, quer haja, quer não haja uma consciência que o perceba. Ora, como isso é afirmado com base na

---

16 Cf. A.U. Müller e M.A. Neyer, *Edith Stein, une femme dans le siècle*, p. 98-100.

intersubjetividade, não caímos num realismo puro e simples. Realismo, dessa perspectiva, será a afirmação do objeto com base na relação intersubjetiva; não será uma crença acrítica na independência do objeto. A própria Edith, no mesmo texto, dedica um parágrafo inteiro à importância da intencionalidade como fato fundamental. É certo que, no modo como Edith insiste na independência das coisas com relação à consciência, ela parece ir além do projeto husserliano, mas isso não significa ruptura com tal projeto em benefício de um realismo. Aliás, Edith não escreve uma linha sequer para dizer explicitamente que se tornou realista. Quando, por exemplo, fala sobre verdade, essência, ato e potência, na síntese entre método fenomenológico e pensamento escolástico que elabora na obra *Ser Finito e Ser Eterno*, ela não penderá para a metafísica tradicional (ou pelo menos tradicionalmente retratada), como se fosse possível buscar, nas coisas, as suas essências, o seu suporte material etc. Ela tratará das noções escolásticas como distinções que permitem ver aspectos complementares aos da variação fenomenológica. É essa orientação que, por exemplo, permite-lhe afirmar, ao mesmo tempo, duas teses (entre outras) aparentemente antagônicas: 1. os estados de coisas que fundamentam a verdade das proposições sobre o mundo são conhecidos progressivamente pelo espírito, sem que seja necessário pressupor que esses estados são gerados pelo espírito que conhece; ao contrário, são esses estados de coisas que prescrevem ao espírito a regra a seguir (orientação realista); 2. parece possível e necessário falar de diferentes graus de tensão vital do eu, pois cada conteúdo recebe vida do eu e é o eu que vive em todas as experiências, de modo que as unidades de experiência não se alinham como elos de uma corrente, um ao lado do outro, mas, tomando uma expressão de Husserl, alinham-se no fluxo da experiência vital; o eu sempre vivo circula de um conteúdo a outro, de uma experiência a outra, porque sua vida é uma vida fluida (orientação idealista)[17].

O caminho aqui percorrido, partindo da noção de pessoa e passando à análise do método fenomenológico, é o mesmo que estrutura o primeiro capítulo deste livro. Se o leitor tiver em mente os elementos introdutórios ao tema da consciência

---

17 Para as duas passagens, conferir respectivamente: E. Stein, *Endliches und ewiges Sein*, Parte I, Capítulo 4 e Parte II, Capítulo 6.

de si e da consciência em geral, como procurei apresentar aqui, então lerá com maior proveito a apresentação de Husserl e Stein feita por Alfieri no Capítulo I.

No Capítulo II, Francesco Alfieri aborda um tema de extrema importância para a síntese entre fenomenologia e pensamento cristão, realizada por Edith Stein na última fase de sua vida, o tema do princípio de individuação. Assim como ofereci alguns elementos ao leitor para compreender mais intensamente o tema da consciência, também apresentarei alguns dados específicos sobre o princípio de individuação na segunda parte deste prefácio. Antes de fazê-lo, chamo a atenção para alguns elementos do Capítulo III que se relacionam diretamente ao tema da consciência.

No Capítulo III, Francesco Alfieri reconstrói a antropologia elaborada por Edith Stein. Partindo das análises feitas por Edith a respeito do que constitui a pessoa humana, o autor passa pela ênfase na singularidade da pessoa, com seu núcleo, o centro da alma, e chega às investigações steinianas sobre o ser comunitário, tirando conclusões preciosas para uma concepção pedagógica segundo o pensamento de Edith Stein.

O leitor lerá com grande proveito as distinções entre corpo, alma e espírito se considerar o que foi dito anteriormente a respeito da constituição dos objetos na consciência. Seguindo o método fenomenológico, perceberá que a experiência que temos de nós mesmos leva a distinguir, em todo ser humano, três dimensões: uma, na qual comungamos com a realidade física o mesmo modo de ser (nosso corpo no aspecto material); outra, na qual observamos o princípio de vitalidade do corpo, com suas funções metabólicas e sensoriais, permitindo-nos viver de maneira qualificada, ou seja, emotivo-consciente (a psique ou a alma); e uma dimensão em que tomamos consciência de nós mesmos, conhecemos e agimos livremente, podendo inclusive analisar o modo de ser da consciência mesma (o espírito). A dimensão espiritual permite ver que não vivemos nossa corporeidade como os seres irracionais vivem a deles. Talvez mesmo os seres irracionais não vivam de maneira totalmente inconsciente sua corporeidade. Seja como for, Alfieri apresenta o modo como, segundo a fenomenologia, vivemos de maneira específica nosso corpo, ou seja, vivemos nossa corporeidade já em relação com o que nos cerca (minerais, vegetais, animais irracionais e outros seres humanos). Assim, os outros fazem parte da constituição de meu próprio corpo, pois quando falo de meu corpo, sempre o faço em contraponto com os seres e coisas que me circundam; há um raio de percepção sensível que é o raio por mim incluído na minha referência ao meu próprio corpo. Daí, em alemão, a diferença entre corpo físico (*Körper*), palavra que designa a unidade material do meu corpo, e corpo próprio/vivenciado (*Leib*), palavra que designa meu corpo percebido num raio maior de percepção, meu corpo vivenciado, próprio a mim e distinguido por contraposição com outros corpos.

Se comparamos essa diferença entre corpo, psique e espírito com o que anteriormente falamos sobre a constituição (no momento em que mencionamos a "heresia" anti-idealista de Edith), veremos muita semelhança com o modo como Husserl, ao falar de como constituímos a realidade na consciência, também fala de uma realidade material, uma realidade psíquica ou animada e uma realidade espiritual. A rigor, a razão só apareceria na realidade espiritual. Nisso, Edith segue Husserl. Ao falar do ser humano, ela insiste que mesmo sua materialidade (*Körper*) é vivida de maneira espiritual, ou seja, aderente ao mundo do conhecimento e dos valores. Para compreender melhor, podemos fazer um exercício aqui e pensar em certas concepções antropológico-pedagógicas atuais que, em nome de uma realização humana mais natural e menos poluída pelo que consideram a influência da civilização, defendem que o indivíduo deveria, em certos aspectos, agir como animal (por exemplo, liberando seus desejos físicos, seus instintos e forças naturais reprimidas pela sociedade), ou, em casos de aprendizagem, deixar-se guiar mais pelas emoções do que pela razão (por exemplo, seguindo sua inteligência emocional e não necessariamente os raciocínios). Essas propostas partem de uma experiência que muitas vezes é verdadeira, qual seja, a de que, em alguns casos, somos acostumados a não dar atenção a nosso corpo e nossas emoções ou a abafarmos nossos instintos com a razão e as imposições sociais. Ocorre que, segundo a antropologia de Edith Stein, mesmo quando queremos abrir mão da razão, para deixar sair nossa animalidade ou nossas emoções, fazemos isso racionalmente, ou seja, segundo a condição de seres racionais. Isso termina por impossibilitar uma pureza de nossa animalidade ou emotividade; afinal, é por uma atitude racional que decidimos isolar nossa razão; a razão permanece como critério mesmo da pretensa irracionalidade. Numa palavra, não temos meios para viver nosso caráter material e animal sem a razão, pois todas essas dimensões estão imiscuídas em nós. Na realidade, elas não são mais do que nomes distintos para designar possibilidades distintas (porém não separadas) de nosso ser uno e indiviso. O exercício proposto aqui, embora seja um pouco banal, aponta para a maior coerência de uma concepção do ser humano não apenas como ser integrado, mas como ser em que as três dimensões interpenetram-se necessariamente. Só em uma atitude analítica é que podemos distingui-las; na realidade, elas são inseparáveis.

É da perspectiva dessa inseparabilidade de corpo, psique e espírito que Edith enfrenta um problema bastante preciso: como posso ter acesso ao que outra pessoa vivencia? Se cada ser humano tem a sua experiência do mundo, o que me permite compreender o que se passa no interior de outro ser humano? De saída, Edith Stein afirma que nunca poderemos saber, com total certeza, o que outro ser humano vive, mas, com base em suas expressões corporais e, sobretudo, pela linguagem que ele emprega, podemos compreender o que ele manifesta porque conhecemos, em primeira pessoa, a essência do que ele exprime ou diz viver. Trata-se do tema da empatia, que o leitor poderá analisar melhor se considerar a intersubjetividade que está na base do "realismo" de Edith Stein. A empatia não tem nada a ver com simpatia, compreensão do próximo, benevolência etc. Nesse sentido, ela não corresponde ao que, em geral, se entende por esse termo. Nas definições de Edith, a empatia é a experiência da experiência alheia; é o ato preciso pelo qual eu posso compreender o que o outro vive em seu ato preciso de consciência atual. Com base na análise da empatia, Francesco Alfieri apresenta o que, para Edith, constituiria o centro de cada pessoa, o recôndito em que cada um é único e irrepetível, a partir de onde cada indivíduo pode abrir-se a vivências comuns, à dimensão comunitária, social, da vida humana.

O sentido da análise steiniana da pessoa e de sua composição de fenomenologia e pensamento escolástico poderá ser visto com maior coesão e clareza se analisarmos o modo como Edith Stein propõe uma interpretação para o que, na história da filosofia, ficou conhecido como problema do princípio de individuação e ao qual me dedico na sequência.

O PRINCÍPIO DE INDIVIDUAÇÃO EM EDITH STEIN

No Capítulo II, Francesco Alfieri, interessado em estudar os fundamentos da antropologia madura de Edith Stein, investiga o que torna a pessoa humana um indivíduo. De maneira simples e inicial, poder-se-ia perguntar: O que torna único um indivíduo, se ele é igual aos outros indivíduos da mesma espécie? É o corpo que faz um indivíduo? Mas nossas características corporais não são parecidas? Não são, aliás, as mesmas no caso de alguns gêmeos e alguns sósias? Ou seria a alma? Mas, se chamamos de alma a nossa dimensão psíquico-espiritual, cada alma também é semelhante à alma de outros indivíduos. Seria, então, o composto de corpo e alma? Como dizer isso se todos os indivíduos são compostos?

É preciso dizer, de saída, que essa problemática não pode ser entendida ao modo do realismo ingênuo, como se Edith Stein, ao falar de essência dos indivíduos, pensasse num componente que está dentro de cada indivíduo, assim como o retrato caricaturado do realismo, construído na Modernidade, atribui à metafísica clássica. Quando Edith Stein fala de essência, ela o faz em continuidade com a filosofia fenomenológica, ou seja, em uma investigação da consciência, e não ao modo de um discurso direto sobre as coisas. A essência é algo que se oferece para a consciência quando esta investiga seu próprio modo de ser (a fenomenologia é a consciência da consciência). Mesmo no tocante à alma, ela não pode ser concebida como uma coisa que está dentro do corpo, pois, nesse caso, ela também seria física, corporal. Ela não pode ser vista como um ser ectoplasmático contido pelo corpo. Ela tem de ser associada ao princípio de vitalidade do corpo, mas sem ser reduzida a aspectos físicos.

Para bem avaliar o alcance do trabalho steiniano e do Capítulo II de Francesco Alfieri, convém retraçar, ainda que de maneira sumária e introdutória, a história dessa problemática, a controvérsia em torno do princípio de individuação.

As raízes desse debate remontam ao modo como Aristóteles interpreta e recusa a teoria platônica das Ideias ou Formas, defendendo que, em vez de as Ideias serem independentes das coisas individuais, elas seriam ligadas a cada indivíduo aos quais elas dão identidade. Desde o início do século XX, as pesquisas sobre o pensamento de Platão têm mostrado que sua teoria das Ideias não corresponde exatamente à afirmação de um mundo inteligível separado do sensível ou suprassensível, onde reinariam as Ideias eternas que seriam copiadas pelas coisas do mundo sensível. As Ideias corresponderiam, antes, à estrutura inteligível do mundo. Assim como se dirá, com a ciência moderna, que o mundo está escrito em caracteres matemáticos, assim se poderia dizer que, segundo Platão, o mundo está escrito em caracteres inteligíveis eternos (inteligíveis porque decifráveis pelo pensamento e porque não materiais, embora deem a estrutura discreta de tudo o que é material). Na contrapartida, a teoria platônica da reminiscência consistiria mais numa explicação mítico-conceitual, com o fim de esclarecer as Ideias implicadas *a priori* pela experiência cognitiva, do que numa afirmação de que as almas carregam consigo, em múltiplas encarnações, a lembrança das Ideias contempladas no mundo do além, por onde elas passariam antes de encarnar-se. Todavia, a imagem mais conhecida de Platão é a de um idealista que despreza a experiência e que cinde a realidade em duas partes: uma parte sensível, reino do tempo e da opinião, e uma parte inteligível, reino da eternidade e do conhecimento verdadeiro. Em grande medida, o responsável por essa imagem de Platão foi seu discípulo Aristóteles, que interpretou a linha do conhecimento, elaborada pelo mestre no livro VI da *República*, como uma linha de divisão dos seres em categorias ontológicas e não como uma apresentação dos modos de conhecer a realidade visando à educação (tal como os melhores platonistas dizem hoje ter sido a intenção de Platão[18]).

18 O contraponto entre Platão e Aristóteles mereceria, obviamente, um estudo mais acurado, inclusive para melhor avaliar se a crítica de Aristóteles a Platão é de fato procedente e se Platão realmente foi o idealista que sua caricatura diz ter sido. Mas aqui não é o local para fazer isso. Apenas para dar uma referência

Por conseguinte, na compreensão do ser das coisas, Aristóteles prefere não falar de Ideias existentes por si mesmas, mas de essências ligadas a cada coisa individual. Em vez das unidades inteligíveis, ensinadas por Platão, Aristóteles prefere falar de uma unidade distributiva, ou seja, a unidade de uma forma que se dá na realização individual de cada substância (cada ente, cada coisa).

Justamente nesse ponto surge o problema da individuação. Independentemente de saber se as Ideias, Formas ou essências são transcendentes aos indivíduos ou imanentes a eles, é facilmente aceitável que a identidade de cada indivíduo depende da essência de sua espécie. Mas, fixando a atenção apenas na espécie e no que constitui a identidade da espécie, não se chega aos indivíduos, pois se para no nível da essência. Por exemplo, no gênero animal identificam-se as espécies racional e irracional. A essência da espécie racional é o ser dotado de razão. Essa é a forma da espécie. O que permite, então, distinguir Sócrates de Cálias? O que individua a forma, produzindo Sócrates diferentemente de Cálias e vice-versa? Pode-se dizer *grosso modo* que, para Aristóteles, o que individua a substância Sócrates diferentemente da substância Cálias é o conjunto de características particulares, inteiramente acidentais, que os distinguem entre si. São características acidentais porque nem um nem outro têm necessariamente suas características individuais. Eles poderiam ter outras características e, ainda assim, continuar a ser distintos. Por exemplo, é completamente casual o fato de Sócrates ter ou não nariz adunco, ser ou não grego, branco ou não, jovem ou idoso etc. O que ele não pode deixar de ser, ou seja, o que ele deve ter necessariamente é a essência de sua espécie (animal racional), pois, se isso for alterado, Sócrates deixa de ser humano e passará a ser outra coisa (mudará de espécie). Embora sem falar de princípio de individuação,

bibliográfica sobre essa historiografia filosófica de Platão, uma obra em português de grande clareza e utilidade é *Contemplação e Dialética nos Diálogos Platônicos*. Trata-se da tese de doutorado, escrita e defendida em latim, do jesuíta brasileiro Henrique Cláudio de Lima Vaz. Embora elaborada na década de 1950, essa obra é de plena atualidade, pois já aventava uma tese que hoje é confirmada pelos melhores platonistas contemporâneos e tem a vantagem de recobrir a melhor bibliografia sobre Platão do século XIX e primeira metade do século XX, sendo uma excelente visão de conjunto da obra platônica.

expressão típica da terminologia medieval, Aristóteles afirma que as características diferenciais dos indivíduos são acidentais para a forma específica, pois a peculiaridade de cada um não é essencial; o que lhes é essencial é seu pertencimento à forma da espécie[19]. Essas características individuais dar-se-iam por causa da porção de matéria que compõe cada indivíduo. Assim, pode-se dizer que, de modo geral, para Aristóteles, o princípio de individuação é a matéria.

Um estudo mais detalhado dos textos aristotélicos perceberia que as respostas de Aristóteles são mais nuançadas[20], mas, aqui, basta enfatizar o papel da matéria na individuação. Os acidentes provêm da matéria, donde se dizer que ela é o que individua o ser, pois ele possui uma porção da matéria geral (indeterminada, da qual falamos apenas por abstração e dedução, uma vez que não a experimentamos empiricamente) e uma forma dada pela espécie (comungada com outros indivíduos). Seja como for, esse é o sentido geral que, na Idade Média, será atribuído ao pensamento aristotélico. É por isso que, por exemplo, Tomás de Aquino (1225-1275) dirá que a matéria limita a forma: a forma, considerada em si, é comum a uma multiplicidade de indivíduos, mas, pelo fato de ela ser recebida em uma matéria determinada (uma porção da matéria-prima geral), ela se torna de maneira também determinada a forma dessa matéria[21]. Vem daqui a razão de a maior parte dos historiadores do pensamento tomasiano dizer que, para o Doutor Angélico, em continuidade com Aristóteles, o princípio de individuação é a matéria: não a matéria-prima em geral, mas a matéria assinalada pela quantidade, quer dizer, pela marca da divisibilidade, típica de tudo o que é material (*materia signata quantitate*). Essa será também, de maneira geral, a leitura que Edith Stein fará de Tomás de Aquino. Hoje, porém, com os avanços dos estudos sobre o pensamento tomasiano, pode-se relativizar a afirmação

---

19 Cf. Aristóteles, *Metafísica*, 1034a5-8 e 1058b8-12.

20 Por exemplo, seria necessário investigar com atenção o que Aristóteles diz em *Metafísica* 1039b20-31, onde se lê que a essência do particular é o composto de matéria e forma, que vem a ser e perece. Além disso, de acordo com o texto já citado de 1058b8-12, vê-se que, para um particular, sua distinção com outro particular não pode ser acidental; a diferença entre as formas realizadas nos particulares deve ser essencial para elas.

21 Cf. Tomás de Aquino, *Suma de Teologia I*, q. 5, a. 1.

XLIV   PESSOA HUMANA E SINGULARIDADE EM EDITH STEIN

de que, para Tomás de Aquino, é a matéria assinalada que individua as espécies, pois há um debate a respeito da possibilidade de ele também ter concebido uma individuação pela forma ou essência. Esse debate nutre-se de textos em que o Doutor Angélico acentua o ato de existir como distintivo do ente, de modo que o ato é dado pela forma, não pela potencialidade da matéria; esta seria apenas um requisito para a ação da forma[22].

Curiosamente, é uma posição desse tipo que Edith Stein procurará para esclarecer a maneira humana de ser individual. Mas ela não a encontrará em Tomás de Aquino, como veremos na sequência. No subcapítulo 5 do § 2 da Parte VIII de *Ser Finito e Ser Eterno*[23], Edith dedica várias páginas à crítica da resposta

---

22 Cf., por exemplo: Tomás de Aquino, *Comentário às Sentenças de Pedro Lombardo*, IV, 12, 1, 1, 3, ad 3m: "no constitutivo inteligível (*ratio*) do indivíduo há dois aspectos: que ele seja em ato, ou em si ou em outro, e que seja divisível" (*de ratione individui duo sunt, scilicet quod sit ens actu vel in se vel in alio, et quod sit divisum*). A divisibilidade significa que o indivíduo deve ser visto como constituído por uma quantidade, condição material. Outro texto estratégico de Tomás de Aquino é o *Comentário ao Tratado da Trindade de Boécio* 4, 2, Resp., onde se diz: "Os acidentes não são o princípio de individuação, mas são princípio de conhecimento da distinção dos indivíduos" (*Alia vero accidentia non sunt principium individuationis, sed sunt principium cognoscendi distinctionem individuorum*). Note-se que, em forte semelhança com Platão e – por que não? – com uma orientação fenomenológica, Tomás de Aquino, neste último trecho citado, transfere o centro da investigação, tirando-o da coisa para o conhecimento da coisa. Aqui não é o lugar para aprofundar o sentido dessa transferência, mas, sem querer defender nenhum anacronismo, pode-se dizer que ela guarda grandes semelhanças com a orientação da "consciência da consciência". Sobre o debate em torno do princípio de individuação para Tomás de Aquino, considerando a possibilidade de que ele seja dado pela forma, ver basicamente o artigo de J. Owens, "Thomas Aquinas", em J. Gracia (ed.), *Individuation in Scholasticism*, p. 173-194. Uma observação útil aqui consiste em lembrar que, embora Edith Stein tivesse contato com os trabalhos incipientes que iam na direção da interpretação histórica do pensamento de Tomás de Aquino, e embora ela tenha estudado algumas obras do Aquinate no texto original (sobretudo o *De veritate* e o *De ente et essentia*), a maior parte de sua formação tomista se deu ainda em um clima neotomista. Haja vista suas constantes referências aos manuais de Joseph Gredt, *Elementa philosophiae aristotelico-thomisticae* (lido por ela também na versão alemã: *Die aristotelich-tomistische Philosophie*) e Gallus Manser, *Das Wesen des Thomismus*. Um autor decisivo para Stein, na sua interpretação de Tomás de Aquino, e situado na fronteira entre o neotomismo e os estudos históricos sobre Tomás de Aquino, foi o jesuíta Erich Przywara, frequentado pessoalmente por Edith e por Husserl. Aliás, o primeiro volume da *Analogia entis*, de Przywara, foi escrito praticamente ao mesmo tempo em que Edith escrevia *Ser Finito e Ser Eterno*. Tudo indica que ela debateu com Przywara os manuscritos do primeiro volume da obra do jesuíta.

23 Cf. E. Stein, *Endliches und ewiges Sein*, p. 403-409.

tomista que atribui à matéria assinalada o papel de princípio de individuação. O exemplo do cristal, dado por Edith, procura inviabilizar a matéria individual como resposta (sendo que a matéria-prima geral, "metafísica", sequer entra no horizonte de respostas, como nunca entrou nem para Aristóteles nem para Tomás de Aquino). Diz Edith que um cristal é um ente individual, dotado de sentido unitário, algo que se compõe de uma quantidade de partes ligadas umas às outras. Quando ele é cortado em pedaços, já não é o mesmo cristal; dá origem a uma multiplicidade de coisas novas, outros cristais. Quando está inteiro, é inteiramente informado de dentro como ente individual. Quando se fragmenta e dá origem a novos cristais, a origem dessa fragmentação pode provir de fatores externos (materiais, quantitativos), pois, sozinho, o cristal não se quebraria. Mas Edith insiste que esse princípio (os fatores externos) é parcial, pois, quando se quebra, o cristal segue um modo de ser, uma possibilidade de ser quebrado, a qual não vem de fora dele, mas de seu íntimo mesmo. Em outras palavras, o modo dessa produção está determinado pela natureza do próprio cristal. Se é assim, Edith tira uma conclusão que vai na linha daquela hesitação que mencionamos acima quando falamos de Aristóteles: o Estagirita, embora atribua majoritariamente à matéria individual (aos acidentes) a individuação, também considera que essa individuação, a produção do ente individual, talvez provenha do composto de matéria e forma. Como Edith observa, se o cristal se quebra não apenas em função de fatores materiais, externos à sua unidade intrínseca, mas, sobretudo, em função de sua natureza íntima, então é só como matéria informada que ele é capaz de quebrar-se, ou seja, como matéria existente graças a uma forma. Assim, o composto também não se apresenta como a melhor resposta para o princípio de individuação, pois se observa que ele só é um composto graças à forma que dá seu sentido unitário. A precedência explicativa, portanto, é da forma, não da matéria nem do composto. Em apoio a essa constatação vem a revelação bíblica, falando de um caos que só permitiu a origem da criação quando as formas foram nele impressas. Isso permite a Edith Stein afirmar que o sentido existencial da matéria é o de ser um estofo, ou seja, de servir como base para a construção de produtos espaçotemporais, nos quais o espírito exprime-se. As coisas formadas ou informadas seriam a linguagem do espírito. Ora, a linguagem do espírito são as formas ou essências, donde o privilégio da forma como resposta para o princípio de individuação. Mas essa forma não poderia ser a forma da espécie, pois, como vimos, no nível da espécie os indivíduos não se distinguem. No entanto, como também mencionamos ao falar de Aristóteles, é preciso admitir, para o bem da clareza, que um particular não vive sua distinção com outro particular de maneira acidental ou casual; a diferença entre as maneiras de as formas realizarem-se individualmente deve ser essencial para elas. Isso exige que se restrinja a compreensão da forma específica, a fim de chegar a uma nova concepção da forma, a forma do indivíduo, ou seja, a forma da espécie realizada particularmente. Nessa realização particular da forma da espécie, a série de preenchimentos que entra na identificação do indivíduo só ganha sentido unitário graças ao modo de esse indivíduo hipostasiar tais preenchimentos, quer dizer, de realizar formas universais e específicas. Em outras palavras, graças à sua forma individual. Por exemplo, a brancura de Sócrates é a mesma comungada por Cálias, mas o modo como Sócrates vive sua brancura é único, irrepetível, inteiramente distinto do modo como Cálias vive a sua. Isso permite dizer que as formas são realizadas de modo individual em cada ente. No caso das coisas materiais não animadas, a individuação é um pouco diferente da dos indivíduos animados, especialmente humanos. Porém, Edith faz uma afirmação estratégica: o ser individual de um ente é dado pelo modo de ser desse ente; não pode ser dado com referência ao conteúdo de outro ente. Em síntese, o ser individual é dado pelo modo de ser do indivíduo, pois, no aspecto formal, ele coincide com outros indivíduos.

Essa afirmação de Edith permite ver que ela desloca a problemática da individuação: sai de uma perspectiva realista (ingênua), que procuraria no interior dos entes algo que os distinguiria entre si, para falar do princípio de individuação como modo de ser, como ato ou atividade de realizar formas universais. Nesse sentido, ela reencontra a fenomenologia, pois o interesse lógico dessa abordagem é evidente: ele deixa de ser um discurso direto sobre as coisas, para ser um discurso sobre a percepção consciente das coisas. O mesmo deslocamento foi operado por um autor medieval diferente de Tomás de Aquino:

Duns Escoto (1266-1308). Aliás, a formulação segundo a qual o ser individual de um ente não pode ser definido com referência ao conteúdo de outro ente é uma formulação *ipsis litteris* escotista. Não é à toa que, numa breve passagem da abertura de *Ser Finito e Ser Eterno*, Edith Stein declara ter-se baseado, para alguns aspectos, em Platão, Agostinho e Duns Escoto, e não em Tomás de Aquino e Aristóteles, que foram os grandes mestres de sua composição entre fenomenologia e pensamento escolástico. É, então, no pensamento escotista que ela encontra elementos para compreender o modo individual de ser próprio a cada ente humano. A explicação dada por Edith na abertura de *Ser Finito e Ser Eterno* deve-se ao fato de que Platão, Agostinho e Duns Escoto, em contraponto com o Tomás de Aquino do neotomismo, seriam autores cujo pensamento ofereceria mais naturalmente a possibilidade de ênfase na forma e não na matéria. Esse esclarecimento aumenta a percepção da importância da busca de inspiração em Duns Escoto, como Edith assume abertamente na nota de rodapé 42, aposta ao subcapítulo 5 do § 2 da Parte VIII de *Ser Finito e Ser Eterno*: "Se compreendo corretamente, essa é a mesma posição de Duns Escoto: ele considera o princípio de individuação como algo positivo do ser, aquilo que distingue entre a forma individual da essência (*die individuelle Wesensform*) e a forma essencial geral."[24]

O fato de Edith tomar como ponto de partida o realismo ou o empirismo de Tomás de Aquino e de Aristóteles e assumir um referencial escotista ao final de seu percurso mostra como o realismo que ela adota em oposição a um mero idealismo não equivale exatamente a uma pretensão de transformar a fenomenologia em discurso sobre o ser dos objetos, pois, no limite, seu registro continua o da consciência da consciência. Assim, as distinções escolásticas não são tomadas como distinções rigorosamente atribuídas à estrutura do mundo, mas como instrumentos para iluminar ainda mais o auto-oferecimento

---

24 E. Stein, *Endliches und ewiges Sein*, p. 408-409, n. 42. Edith baseia-se em um artigo de Reinhold Messner, Das Individualprinzip in skotistischer Schau, *Wissenschaft und Weisheit 1*, Jahrgang 1, Heft 1, p. 8s. Atualmente, o melhor trabalho sobre as relações entre Edith Stein e Duns Escoto é a obra de F. Alfieri, *La presenza di Duns Scoto nel pensiero di Edith Stein*. Em uma direção diferente das conclusões obtidas por Alfieri a respeito do princípio de individuação em Edith Stein vai o trabalho de S.B. Sharkey, *Thine Own Self*.

XLVIII   PESSOA HUMANA E SINGULARIDADE EM EDITH STEIN

dos fenômenos e a análise fenomenológica. Não é à toa que o pensamento de Duns Escoto, pelo seu cruzamento entre lógica e metafísica, atrairá a simpatia de Edith (como de muitos outros fenomenólogos, mais inclusive do que o do Tomás de Aquino construído pelo neotomismo)[25].

Para bem avaliar o sentido da referência de Edith Stein a Duns Escoto, vale fazer aqui uma breve exposição do tratamento dado pelo autor franciscano ao tema do princípio de individuação. Na obra *Ordinatio*, distinção 3, Duns Escoto cruza o vocabulário lógico com o vocabulário metafísico, a fim de proceder a uma revisão crítica das interpretações tradicionais (de matriz, digamos, aristotélica) e apresentar a sua própria posição[26]. Em linhas gerais, pode-se resumir a análise crítica de Duns Escoto em quatro passos, correspondentes às questões 2 a 5 da distinção 3 da *Ordinatio*. Das posições criticadas por Duns Escoto, depreende-se que:

1. o princípio de individuação seria uma dupla negação, ou seja, corresponderia ao fato de que:
    1.1   por um lado, o indivíduo, para permanecer como indivíduo, não comporta divisão[27];

---

25 Tem-se dito, aliás, que, historicamente e em sentido contrário ao das aparências, Duns Escoto tem mais sucesso no pensamento contemporâneo do que Tomás de Aquino. Talvez a comparação seja irrelevante. De todo modo, Duns Escoto, São Boaventura e outros franciscanos nunca viveram totalmente à sombra de Tomás de Aquino. A esse respeito, ver os artigos clássicos de Olivier Boulnois, *Quand commence l'ontothéologie?* Aristote, Thomas d'Aquin et Duns Scot, *Revue Thomiste*, 1, p. 85-108; Heidegger, l'ontothéologie et les structures médiévales de la métaphysique, *Quaestio*, p. 379-406; La Destruction de l'analogie et l'instauration de la métaphysique, *Duns Scot sur la connaissance de Dieu et l'univocité de l'étant*, p. 11-81. Cf. também M. Roessner, Duns Scot et la phénoménologie, em M. Dreyer et al. (orgs.), *La Réception de Duns Scot*, p. 221-232. Encontra-se disponível na Internet a tese de doutoramento de E. Mariani cuja leitura, aqui, seria de grande interesse: *Nient'altro che l'essere*.

26 Uma versão mais desenvolvida desse meu estudo do princípio de individuação em Duns Escoto pode ser encontrada no artigo: J. Savian Filho, A Metafísica de Boécio e a Noção de *Haecceitas* em Duns Escoto, *Signum*, v. 11, p. 1-19.

27 Essa negação traduz bem o sentido geral em que, na Idade Média, se fala de indivíduo. A primeira camada desse sentido corresponde à da simples tradução do termo grego *atoma* como *individuum*, ou seja, unidade inseparável. Porém, o debate a respeito de saber se na Idade Média já circulava uma visão do indivíduo como sujeito agente e livre é muito intenso. Não se pode negar que essa visão já apareça, de certo modo, em Santo Agostinho, com a noção de vontade livre, e em Abelardo, com a ética da intenção. Mas também não se pode, sem

FENOMENOLOGIA, ANTROPOLOGIA E RELEITURA...

1.2 por outro lado, o indivíduo não é idêntico a outro indivíduo;

2. o princípio de individuação seria a existência real, porque é o fato de ser ou existir que distingue um indivíduo de outro;

3. o princípio de individuação seria a quantidade (a porção de matéria que cabe a cada indivíduo), que pode ser:

3.1 discreta, ou seja, o fato de os indivíduos serem individuais porque são muitos;

3.2 contínua, ou seja, o fato de um indivíduo distinguir-se de outro por certa quantidade que é a sua, e que o faz, por exemplo, ocupar este lugar e não outro;

4. o princípio de individuação seria simplesmente material, como se dois indivíduos, tendo a mesma forma, se distinguissem pela matéria.

A crítica de Duns Escoto a essas posições consistirá respectivamente em:

1. apontar para o equívoco de se definir negativamente ou extrinsecamente a individualidade de um ente, pois isso, no limite, significa querer dizer o que ele é dizendo o que ele não é. Ora, tal procedimento seria válido tanto para Sócrates como para João, de maneira que não se obtém aquilo que faz do indivíduo o que ele é;

2. dizer que a existência só pode distinguir entre um indivíduo existente e um não existente, mas não entre dois existentes. Além disso, nenhuma noção inclui a existência;

3. mostrar que o lugar é naturalmente posterior à quantidade, e o equívoco da tese está em supor que o lugar individue a quantidade, individuando, por conseguinte, a substância. Além disso, tratando-se da noção mesma de quantidade, é

---

as devidas mediações, dizer simplesmente que na Idade Média já circulava uma concepção do indivíduo tal e qual a da Modernidade. Apenas para mencionar duas referências introdutórias ao debate, citem-se: Marie-Dominique Chenu, *O Despertar da Consciência na Civilização Medieval*, e Brigitte Miriam Bedos-Rezak e Dominique Iogna-Prat (orgs.), *L´Individu au Moyen-Âge*. Para um debate de maior fôlego, investigando o surgimento da noção de sujeito do conhecimento já na Patrística, ver Alain de Libera, *Arqueologia do Sujeito, v. 1: Nascimento do Sujeito* (os outros tomos já publicados dessa obra na França ainda não foram traduzidos em português).

preciso lembrar que uma espécie ou natureza não se divide em partes subjetivas ou acidentes, mas individua-se neles. Assim, não é o fato de um homem ser alto e outro baixo que os faz distintos; a altura ou sua falta é uma "ocasião" para a existência do ente, que se individua nela e não por ela. É preciso encontrar aquilo mesmo que faz um ser alto e outro baixo;

4. mostrar que o que individua a substância material, que é composta, não pode ser parte do composto, pois uma parte não pode causar aquilo de que ela mesma é parte e do qual ela depende. É o caso da matéria no composto material.

Esse trabalho de crítica de Duns Escoto é seguido por um momento mais afirmativo, no qual ele procura explicar a individuação da substância material por uma entidade (*entitas*) ou uma "condição de ente" que determina a natureza à singularidade, ou, se se quiser, que faz a natureza passar à singularidade.

A natureza, em termos metafísicos, corresponde à espécie em termos lógicos. Isso permite entender um texto de Duns Escoto como o que segue:

À questão [de saber se a substância material é individual por uma entidade que determina por si a natureza à singularidade], respondo [pela afirmativa]. Para fundamentar essa posição, acrescento a seguinte razão: como a unidade, no que é comum, decorre da entidade do que é comum, assim toda unidade decorre por si de alguma entidade. Por conseguinte, a unidade simples (como é o caso da unidade do indivíduo, já bastante descrita, como, por exemplo, dizendo-se que ela é incompatível com a divisão em múltiplas partes subjetivas e com o não ser este indivíduo indicado), se existe entre os entes (como toda opinião há de supor), decorre por si de alguma entidade por si. Não decorre por si, porém, da entidade da natureza, porque a unidade desta é própria e, por si, real [...], mas decorre de alguma outra entidade que determina a natureza, a qual [ou seja, esta outra entidade] faz, por si, com a entidade da natureza, algo que é um por si; afinal o todo ao qual pertence essa unidade é perfeito por si[28].

28 Duns Escoto, *Ordinatio II*, d. 3, p. 1, q. 6, §§ 168-169: *Ad quaestionem igitur respondeo quod sic. Ad quod appono talem rationem: sicut unitas in communi per se consequitur entitatem in communi, ita quaecumque unitas per se consequitur aliquam entitatem; ergo unitas simpliciter (qualis est unitas individui frequenter prius descripta, scilicet cui repugnat divisio in plures partes subiectivas et cui repugnat non esse hoc, signatum), si est in entibus (sicut omnis opinio*

O início do texto esclarece seu pressuposto fundamental, em continuidade com a tradição anterior, para a qual tudo o que existe é um. Mas, se é um, é porque antes existe. Em outros termos, para ser um, algo precisa existir, de modo que, embora a existência e a unidade pareçam intercambiáveis, há certa precedência da existência sobre a unidade. O que interessa notar, entretanto, é que tudo o que é uno manifesta uma entidade, ou seja, a condição de ser um ente. Em outras palavras, a razão da unidade será a entidade. Ora, no caso da unidade do indivíduo, ela há de manifestar a entidade do indivíduo, o seu fundamento ou aquilo que o distingue como indivíduo no interior da espécie. A esse fundamento, Duns Escoto chama, por enquanto, de entidade positiva, e a dissocia da natureza, porque a natureza tem sua unidade própria, como aquilo que se diz de comum nos indivíduos. Se ela é o que há de comum, não pode ser ela o que distingue os indivíduos. Mas isso que os distingue tem de ser algo, tem de ter entidade, pois, se produz unidades, é porque primeiro possui realidade. Nos termos do texto, esse fundamento há de ser uma entidade que determina a natureza, produzindo com ela o todo que constitui o indivíduo. Em termos lógicos, essa diferença última contrai a espécie especialíssima e produz o indivíduo.

Tal diferença última, entretanto, não pode ser associada metafisicamente a alguma coisa. Dessa perspectiva, o nome de princípio de individuação (que, aliás, não aparece senão uma única vez nessa distinção da *Ordinatio*)[29] é muito perigoso, porque incita o leitor a pensar num princípio ou num agente; enfim, numa coisa (*res*) que individua. Ora, se houver uma coisa que individue, é porque ela mesma já foi individuada e isso abriria ao infinito a busca pelo princípio. Assim, pode-se dizer que, para Duns Escoto, nenhuma coisa pode individuar outra coisa. Pense-se, por exemplo, no caso dos acidentes: a brancura é um aspecto comum a todos os indivíduos brancos e, ao mesmo

---

supponit), *consequitur per se aliquam per se entitatem; non autem consequitur per se entitatem naturae, quia illius est aliqua unitas propria et per se, realis* [...]; *igitur consequitur aliquam entitatem aliam, determinantem istam, et illa faciet unum per se cum entitate naturae, quia totum cuius est haec unitas, perfectum est de se* (texto latino da edição Le Principe d'individuation (*De principio individuationis*), p. 190).

29 Cf. Duns Escoto, *Ordinatio* II, d. 3, p. 1, q. 7, § 225

tempo, um aspecto singular próprio de cada um, em virtude da individualidade de cada substância individual que causa e explica a individualidade em que se realiza a brancura. O mesmo vale para todos os acidentes. Como bem sintetiza Gérard Sondag:

> Dizemos, por exemplo, que há uma só e mesma coisa, por exemplo, este rosto humano. Nele distinguimos, sem poder separá-los, os traços comuns da face humana, os quais, por um lado, são os mesmos em todos os indivíduos humanos e, por outro, são os traços singulares que pertencem propriamente a este rosto e não a outro. Mais exatamente, vemos como os traços comuns são singularizados sem exceção neste rosto e naquele outro quando os comparamos.[30]

Esse exemplo pode ser mais bem compreendido se se pensa no esquema lógico da coordenação predicamental, porque aí se observa que cada entidade superior (correspondente, portanto, aos gêneros e espécies) é determinada por uma diferença específica, reduzindo-se à entidade que a segue imediatamente. Assim, "animado" é reduzido a "animal", que, por sua vez, é reduzido a "racional". Observa-se que a entidade determinante, a diferença específica, por exemplo, está em ato com relação àquela entidade que ela determina, a qual se encontra em potência. Assim, a diferença em ato "racionalidade" reduz a espécie "animal", que estava em potência com relação a ela.

No § 170 da questão 6, Duns Escoto propõe uma comparação entre esse comportamento dos gêneros e espécies com a ação da *haecceitas* (a istidade ou a condição de ser um isto, algo único e irrepetível que se pode apontar) ou a última diferença do ente. Por essa comparação, vê-se que, quando se chega ao indivíduo (Sócrates, por exemplo, ou Cálias, ou qualquer outro), o que determina e reduz a espécie especialíssima não pode ser uma diferença (porque isso produziria outra espécie), nem a natureza, nem a forma, nem a matéria ou os acidentes (pelas razões já aventadas acima). Se o processo de divisão para, é porque o indivíduo não está mais em potência para ser atualizado por nenhum ato; ele mesmo é ato, ou, como diz Duns Escoto, é a *ultima realitas entis*, a realidade fundamental do ente. Isso quer dizer que todos os predicados implicados no

---

30 G. Sondag, *Duns Scot*, p. 61.

indivíduo (no caso de Sócrates, o ser animado, racional e toda essa realização no sujeito Sócrates, bem datado no tempo e situado no espaço, com nariz adunco, sendo grego etc.) encontram-se realizados em ato e contraídos na sua individualidade.

Por fim, vale notar que, justamente por não exprimir a essência do indivíduo, já expressa pela espécie especialíssima, a diferença individual ou *ultima realitas entis* não é um *quid*, um quê, nem um ente, mas um *quale*, uma qualidade, uma determinação última da essência. Nesse sentido de contraposição com a quididade (dada pela natureza), a *haecceitas* ou istidade pode ser vista como qualidade, a atualidade última do indivíduo. O registro da análise sai, portanto, de um campo em que se fala de coisa e passa a um campo em que se fala de modo de ser. É nessa compreensão escotista que Edith Stein encontrará base para responder à pergunta: o que torna uma pessoa humana (um indivíduo da espécie humana) aquilo que ela é? Se Edith seguisse a postura tomista (ou neotomista, propriamente falando)[31], que identificava o princípio de individuação com a matéria individual, assinalada pela quantidade divisível (*materia signata quantitate*), ela cairia numa postura próxima à do realismo ingênuo, ou seja, sairia da perspectiva fenomenológica, segundo a qual a consciência percebe um princípio de individuação, para comprometer-se com uma afirmação sobre o ser dos indivíduos, dentro dos quais haveria algo (*res*) que faria as espécies contrair-se em exemplares individuais. Ao contrário, ela assumirá a tese da *haecceitas* que realiza a *quiditas*, a istidade que contrai a natureza da espécie. Falará, portanto, de forma individual do ente, vista como modo de realizar individualmente a forma da espécie e não como coisa que individua.

Para indicar esse modo preciso de conceber e falar da forma individual, Edith Stein lança mão da expressão *forma vazia* (*Leerform*). Isso significa que, ao falarmos da forma do indivíduo, ou seja, da forma que indica o modo individual de realizar a forma da espécie e as formas universais, fazemo-lo ao

---

31 Se Edith Stein tivesse podido consagrar-se a um estudo do conjunto da obra de Tomás de Aquino, talvez identificasse também nele a possibilidade de atribuir o princípio de individuação à forma ou ao ato de ser, e não aos acidentes vindos da matéria individual, como fazia o neotomismo.

modo de forma vazia, isto é, ao modo de uma forma que, com esforço, podemos conceber sem preenchimento, sem conteúdo determinado; afinal, no caso da forma individual humana, qualquer preenchimento remeteria novamente à espécie e ao gênero, tirando o indivíduo do foco da atenção e pondo aí novamente o que há de universal, pois todos os preenchimentos identificados na percepção do indivíduo são comungados com outros indivíduos da espécie e do gênero, cada qual a seu modo. Enganamo-nos, vale a pena repetir, se concebemos a forma individual (como também a forma da espécie ou as formas mais universais) como se ela fosse uma coisa dentro de outra coisa – uma forma dentro de um corpo, por exemplo. O modo como Edith fala da forma individual é inequívoco: a forma individual é o ato individual de realizar a essência da espécie. Justamente por ser um ato, com um modo de ser, é que ela deve ser compreendida ao modo de forma vazia; afinal, se na análise da aparição ou do auto-oferecimento das coisas à consciência somos levados a distinguir entre a forma da espécie (possuidora de um grau de universalidade menor do que o do gênero, porém maior do que o dos indivíduos) e o modo como essa forma se realiza nos indivíduos, então a forma individual (entendida como forma vazia) deve ser vista sem nenhum grau de universalidade, pois se trata de um modo de designar o ato pelo qual o indivíduo existe. O adjetivo *vazio* refere-se precisamente a um procedimento: não designamos uma essência, porque fazemos isso ao falar da forma da espécie, mas também não designamos nenhuma característica preenchida, ou seja, dotada de conteúdo (cor, caráter, lugar etc.), pois essas características são comuns a vários indivíduos, não permitindo concentrar-nos no que torna um indivíduo o que ele é. Falamos de um ato, donde o caráter vazio.

Edith Stein aprende a expressão *forma vazia* com Husserl, que, ao referir-se ao modo como falamos de verdade formal, mencionava a forma vazia lógico-matemática (*logischmathmatischen Leerform*)[32]. Em *Ser Finito e Ser Eterno*, Edith distingue precisamente as formas essenciais das formas vazias, dizendo que as formas essenciais (formas das espécies) só são percebidas

---

32 Cf., por exemplo, o § 11 do volume I de *Ideias* de E. Husserl.

já com um conteúdo determinado; com efeito, quando um objeto doa-se à consciência, ele aparece como um objeto dotado de sentido, ou seja, identificado dentro de uma espécie (percebo um ser humano, não um pássaro). Mas, a análise segundo a temática da individuação leva a distinguir entre a forma essencial (comum a Sócrates e Cálias) e a maneira de cada um realizá-la. Essa maneira individual de realização da forma essencial será chamada por Edith de forma vazia. Diz ela que essas formas são vazias porque são inteiramente abertas à realização de um conteúdo (dado pela espécie e outras formas universais). São vazias na minha consciência, ou seja, só posso falar delas pelo exercício de retirar de cada coisa individual tudo o que ela tem de comum com outras coisas da mesma espécie (todas as suas essências universais e formas essenciais), a fim de ficar apenas com o que ela tem de individual, ou seja, o seu modo de realizar tais formas. Em outras palavras, o que um indivíduo tem de individual, se todas as suas essências são comungadas com outros indivíduos, é apenas seu ato de ser; sua maneira individual de realizar todas as essências comungadas com os outros. Para designar esse modo de ser (identificado sem nenhum preenchimento) é que Edith fala de forma vazia.

O subcapítulo 17 do § 3 da parte IV de *Ser Finito e Ser Eterno* é absolutamente indispensável para entender o que Edith Stein chama de forma vazia. Na linha da forma vazia lógico-matemática de Husserl, Edith esclarece que o uso dos termos *forma* e *formal* foi-lhe transmitido pela lógica formal[33]. Com efeito, em lógica formal, lida-se com formas vazias, as formas que são estruturas do pensamento (*gedanklicher Gebilde*). A ausência de conteúdo dessas formas evidencia-se pelo fato de que podemos formulá-las com o auxílio de sinais gerais. Por exemplo, em vez de dizer que "A rosa é vermelha" é um juízo, digo que a forma típica de um juízo é "A é B". As formas lógicas mais gerais são o modo de falar de conceito (sem dar exemplo), juízo (sem dar exemplo) e raciocínio (também sem dar exemplo). Dizemos

---

33 Essa expressão parece um pleonasmo, pois, a rigor, toda lógica é formal. *Grosso modo*, porém, pode-se dizer que, para Edith, uma lógica formal ocupar-se-ia exclusivamente das formas de raciocínio, sem referência a conteúdos precisos, os quais entrariam na abordagem de uma lógica material, ou seja, interessada em analisar a validade de argumentos dados.

LVI   PESSOA HUMANA E SINGULARIDADE EM EDITH STEIN

que um objeto, em sentido lato, exprime-se por um conceito; a correlação de conceitos produz um juízo; e a correlação de juízos produz um raciocínio. Os objetos constituiriam o ente originário que é expresso pelos conceitos, juízos e raciocínios, e essa atividade de expressão (sem cair num esquema representacionista) é feita de modo que os conceitos, os juízos e os raciocínios reproduzam o ente originário dito pela linguagem. Justamente, o modo adequado de ser ou de comportar-se dos conceitos, juízos e raciocínios (ou seja, na correspondência com o ente originário) seria a forma vazia deles. Só falamos disso quando fazemos abstração de todo e qualquer exemplo. Quando, porém, falamos de um ou mais objetos determinados e, portanto, de conceitos determinados, produzindo juízos e raciocínios também determinados, é porque a forma vazia foi preenchida com conteúdos precisos. Assim, se tenho a experiência originária de um ser humano, por exemplo, Sócrates, operarei com o conceito de Sócrates e/ou de ser humano; não operarei com o conceito de Rex ou de cão. O mesmo vale para o juízo e o raciocínio. Essa correspondência exigida entre o conceito, o juízo e o raciocínio para com o ente originário é a forma vazia deles. Mas só a percebo quando abstraio as características preenchidas que são implicadas na minha experiência originária.

Outro exemplo, útil nesse contexto, vem do modo como Edith Stein fala de compreensão por forma vazia ao tratar das relações entre ato e motivação, no Capítulo 3 da Parte I das *Contribuições para a Fundamentação Filosófica da Psicologia e das Ciências do Espírito*[34]. Chamando de motivação a legalidade da vida do espírito pela qual percebemos uma vinculação causal entre vividos/vivências (diferentemente do modo como se fala de causalidade na realidade física), Edith insiste no fato de que a atenção a um ato específico em meio à corrente da motivação é, no limite, algo forçado, pois cada ato está inserido num fluxo contínuo que não pode ser visualizado como um aglomerado de unidades ligadas por contato, mas por co--presença concomitante (afinal, por exemplo, posso trazer ao presente um ato vivido no passado). Ao fazer essa insistência, Edith afirma que não importa em que ponto a consciência

---

34 Cf. E. Stein, *Beiträge zur philosophischen Begründung...*, p. 37.

se fixe, dando atenção a um objeto, ela não o entende como um x vazio, mas como um determinado conteúdo de sentido, um portador de um estado de ser unitário, completo em si mesmo, embora esse objeto sempre revele apenas uma parte de si. Suas outras partes são entendidas conjuntamente apenas como forma vazia. O caso da percepção é bastante ilustrativo: uma coisa é apreendida como corpo espacialmente delimitado, mas só se manifesta realmente aos sentidos como uma parte de sua superfície (não podemos, por exemplo, tocar ou ver concomitantemente toda a superfície de uma esfera, só parte dela). Mesmo na compreensão de uma proposição ou na captação de um estado de coisas, aparentemente lidamos com um todo, mas logo nos damos conta de que a percepção é gradual, fragmento por fragmento. Quando falamos de todo (e devemos fazê-lo, pois do contrário desrespeitaríamos nossa experiência, que opera com o sentido de todo ou conjunto), falamos por forma vazia, quer dizer, referimo-nos a algo garantido pela experiência, mas sem um conteúdo propriamente referente ao todo (sempre a partes do todo). Nesse nível, esclarece-se o caráter metodológico da noção de forma vazia. Na análise da pessoa humana, ao conceber a forma individual como forma sem conteúdo (pois todo conteúdo ou preenchimento referente a um indivíduo é partilhado por outros indivíduos), opera-se também por forma vazia. É o que permitirá a Edith Stein responder ao princípio de individuação de cada pessoa humana com a forma vazia de cada indivíduo ou o modo que ele tem de realizar o que comunga com outros (modo este que só pode ser pensado sem conteúdo).

No subcapítulo 18 do mesmo § 3 da Parte IV de *Ser Finito e Ser Eterno*, Edith esclarece que a forma vazia não é a forma em sentido aristotélico (forma essencial), mas a estrutura (*Gerüst*), a armação da coisa inteira em relação com suas partes. As "partes" seriam sua forma essencial (a essência da espécie), a materialidade e as essências universais que ela comunga (cor, tamanho etc.) As aspas na palavra "partes", aqui, visam lembrar ao leitor que são somente partes distinguidas pela análise; não são partes no sentido de componentes da coisa. Se Edith insiste em falar da estrutura da coisa em relação com suas partes é porque pretende enfatizar que, além das partes ou dimensões, podemos distinguir o modo como cada coisa realiza essas partes e constitui um indivíduo. Esse modo individual, concebido por abstração das partes, é o que se designa por princípio de individuação de cada pessoa humana.

A forma vazia é o que permite a Francesco Alfieri, no Capítulo II, investigar outra noção explorada por Edith Stein em sua análise do que caracteriza cada pessoa humana, em sua unidade e irrepetibilidade: Edith identifica um núcleo da alma, o recôndito mais íntimo de cada indivíduo humano, ao qual só ele e Deus têm acesso. Os outros, quando constroem a visão sobre alguém ou falam de alguém, apenas descrevem o que é visível de sua forma vazia, mas não esgotam a individualidade desse alguém, a qual é experimentada apenas por ele mesmo. Dessa perspectiva, podem-se prever as consequências que Alfieri tirará para uma concepção steiniana de pedagogia e de comunidade ou vida em sociedade.

Na obra *A Estrutura da Pessoa Humana*, Capítulo VI, Parte II, subtítulo 2, Edith explora um exemplo muito elucidativo: estou diante de minha escrivaninha, refletindo sobre um problema preciso (um problema de matemática ou o problema do princípio de individuação, por exemplo); neste mesmo momento, ouço um ruído que vem da rua e vejo a folha de papel que está diante de mim, além de muitas outras coisas que me rodeiam; mas, como estou concentrado no problema, nada do que ouço e vejo retém minha atenção; tudo isso me afeta só perifericamente, pois me fixo no problema e o retenho com o olhar de meu espírito. Mas pode ser também que haja em mim, nesse mesmo momento em que estudo o problema, outra coisa à qual não quero prestar atenção e à qual não quero permitir aflorar: por exemplo, um motivo de preocupação (sei que meu amigo está gravemente doente), de alegria (sei que meu amigo acabou de casar-se) etc. Esse exemplo mostra três coisas: (i) há diferentes modalidades de consciência (meu ato de prestar atenção no problema não me impede de sentir uma preocupação ou uma alegria); (ii) não há extensão nem espacialidade no eu, na alma, pois, se houvesse, eu teria de vivenciar cada foco de minha atenção num momento específico; (iii) o indivíduo só revela o que se passa no fundo de sua alma se quiser revelá-lo. Ele tem a possibilidade de limitar a empatia, revelando apenas uma parte do que vive em sua consciência individual. A esse fundo da alma Edith Stein chama, em alemão, *Kern*. Não se trata do eu puro, que seria da ordem da legalidade da consciência. Trata-se do núcleo do eu humano individual.

Edith serve-se da metáfora da espacialidade para dizer que a alma tem "superfície" e "profundidade". O que dá a identidade de cada indivíduo é a profundidade, o nível em que cada um sente-se em casa. É daí também que brotam as decisões mais importantes, porque somente assim a alma pode abarcar-se por inteiro. É o eu pessoal, pedra de toque da forma vazia, vibração precisa da maneira como o indivíduo entoa a melodia da sua existência e realiza sua forma essencial. É também nesse recôndito que a pessoa pode encontrar o divino, independentemente de qualquer raciocínio sobre a existência ou não de Deus. No centro da alma, Deus se encontra como presença, não simplesmente como ideia. Tal encontro é o máximo ao qual pode chegar a realização da existência humana; é a afinação mais precisa, o grau exato de tensão que faz vibrar o coração humano como ele merece vibrar.

Caso a pessoa aceda à profundidade de sua alma, ela adquire uma existência plena. Caso permaneça na superfície, deixa embotadas as possibilidades mais preciosas para sua autorrealização. Descer à profundidade ou ficar na superfície são responsabilidade do indivíduo; dependem de sua liberdade.

Juvenal Savian Filho
Departamento de Filosofia – Unifesp

Breve Cronologia de Edith Stein

1891 Em 12 de outubro, Edith Stein nasce em Breslau, estado da Prússia (Império Alemão), hoje Wroclaw (Polônia). Filha de Siegfried e Auguste, comerciantes judeus, Edith foi a filha mais nova de sete irmãos.

1893 Com a morte de seu pai Siegfried, sua mãe não só assume como promove melhorias nos negócios da família. Sua retidão ética e tenacidade impressionam muito Edith Stein.

1897 Edith ingressa prematuramente na escola elementar e já neste período mostra grande capacidade de aprendizagem, como também uma afeição especial por literatura e história.

1908-1911 Frequenta o liceu científico da Escola Victoria.

1911 Ingressa na Universidade de Breslau, na qual cursa germanística e psicologia por quatro semestres.

1912 Lê as *Investigações Lógicas* de Edmund Husserl. Atraída pela fenomenologia, decide abandonar o curso de germanística e psicologia ao término do quarto semestre e mudar para Göttingen, a fim de estudar filosofia com Husserl e os outros membros do círculo fenomenológico.

1913-1916 Em abril, chega a Göttingen. Segue por quatro semestres o curso de fenomenologia de Husserl e assiste às aulas de Adolf Reinach. Lê *Ideias para uma Fenomenologia Pura* *e uma Filosofia Fenomenológica*, de Husserl. É admitida no círculo fenomenológico de Husserl e assiste às conferências de Max Scheler que posteriormente serão publicadas sob o título *O Formalismo na Ética e a Ética Material dos Valores*. Com Max Scheler estuda também a fenomenologia da simpatia. Faz seu doutorado sob a orientação de Husserl.

1913-1915 Prepara a primeira edição do volume II das *Ideias* de Edmund Husserl.

1915 Está em curso a Primeira Guerra Mundial. Stein presta serviço voluntário durante cinco meses como enfermeira da Cruz Vermelha no hospital militar de Mährisch Weisskirchen, Morávia (Império Austro-Húngaro), hoje parte da República Checa.

1916 No dia 03 de agosto, defende sua tese de doutorado, *O Problema da Empatia em seu Desenvolvimento Histórico e em Consideração Fenomenológica*, tendo como orientador Edmund Husserl. Obtém qualificação máxima *summa cum laude*.

1917 As partes II-IV de sua tese doutoral são publicadas em Halle (a primeira parte, que reconstituía a história da noção de empatia, havia desaparecido da biblioteca).

1916-1920 Dá aulas particulares de iniciação à fenomenologia. Das suas anotações de aula surgirá seu escrito *Introdução à Filosofia*. O livro surgido das anotações não é um mero conjunto de notas, mas uma introdução sistemática às *Ideias* de Husserl. Conta-se que Edith Stein prezava tanto seu manuscrito, que, ao fugir da perseguição nazista, levou-o para o Carmelo de Echt, na Holanda, e o guardou consigo em sua cela.

1918 Prepara uma segunda edição do volume II de *Ideias* de Husserl, baseada em manuscritos inéditos que ele lhe confiou, pedindo-lhe para selecionar os que considerasse mais úteis.

1919 Por ser mulher, é impedida de ingressar na docência universitária.

1921 Durante o verão, lê a biografia de Teresa D'Ávila na casa de campo de sua amiga Hedwig Conrad-Martius. Segundo escritos autobiográficos (*Como Cheguei ao Carmelo de Colônia*), sabe-se que nessa ocasião Stein vive uma experiência que pode ser considerada como ápice de sua aproximação

BREVE CRONOLOGIA DE EDITH STEIN LXIII

à fé cristã. Sua conversão decorre desse processo, iniciado anteriormente por conta do contato com os membros do círculo fenomenológico.

1922 Em janeiro, é batizada na igreja paroquial de Bergzabern, tendo como madrinha Hedwig Conrad-Martius. O escrito, que inicialmente foi elaborado em 1918 com vistas à habilitação para a docência universitária, *Contribuições para a Fundamentação Filosófica da Psicologia e das Ciências do Espírito*, é publicado no anuário de fenomenologia dirigido por Husserl.

1922-1930 Leciona germanística no Instituto Santa Madalena das irmãs dominicanas de Speyer. Tem uma atividade intensa como conferencista na Alemanha e no exterior.

1925 Publica *Uma Investigação sobre o Estado* no anuário de fenomenologia dirigido por Husserl.

1926-1928 Organiza as notas de Husserl e redige o texto-base de *Lições para uma Fenomenologia da Consciência Íntima do Tempo*, que Heidegger reeditará e publicará, em 1928, sem mencionar corretamente o trabalho de Edith Stein.

1929 Publica *A Fenomenologia de Husserl e a Filosofia de Santo Tomás de Aquino* no volume dedicado ao septuagésimo aniversário de Husserl no anuário de fenomenologia por ele dirigido. Originalmente, esse texto foi composto por Edith Stein no estilo dramático. Ela imaginou o que seria um diálogo de Husserl com o Frei Tomás. No entanto, Martin Heidegger, que organizava o volume de homenagem a Husserl, proibiu Edith de publicar o texto sob essa forma. Ela, então, o organizou como artigo científico.

1931 Deixa suas atividades em Speyer e tenta novamente conseguir a habilitação para a docência nas Universidades de Friburgo e Wroclaw, mas não a obtém. Publica a sua tradução do *De Veritate*, de Tomás de Aquino, trabalho que foi empreendido por ela desde 1926. Escreve *O Intelecto e os Intelectuais* e *Potência e Ato*.

1932 Torna-se docente do Instituto Alemão de Pedagogia Científica, em Münster. Redige *A Estrutura da Pessoa Humana*.

1933 Por não ser ariana, é impedida de lecionar pelo Partido Nacional Socialista dos Trabalhadores Alemães. Em outubro, é aceita como noviça no Mosteiro de Colônia, da

Ordem das Carmelitas Descalças. Escreve *A Vida de uma Família Judia* (sua autobiografia).

1934 Recebe o hábito religioso e adota o nome de Theresia Benedicta a Cruce (Teresa Benedita da Cruz). Conta-se que Husserl participou da cerimônia religiosa.

1936 Os superiores da Ordem Carmelita dispensam Edith dos trabalhos manuais e solicitam que ela retome os estudos e sua atividade filosófica. Termina aquela que é considerada sua maior obra, *Ser Finito e Ser Eterno*, publicada apenas postumamente em 1950. Escreve também *A Filosofia Existencial de Martin Heidegger*.

1938 Emite os votos perpétuos em 21 de abril de 1938. No dia 27 do mesmo mês, morre Husserl, em Friburgo, a quem Edith referia-se como seu "venerável mestre".

1938 No dia 31 de dezembro, por causa do aumento das violências do Partido Nacional Socialista contra os judeus, Edith deixa o Mosteiro de Colônia durante a noite e se dirige para o Carmelo de Echt, na Holanda, onde se estabelece.

1939-1942 Vive no Carmelo de Echt e aprofunda-se na teologia simbólica de Dionísio, o Pseudoareopagita, bem como na mística de São João da Cruz. Entre outros textos, escreve *Caminhos do Conhecimento de Deus* e *Ciência da Cruz*.

1942 Diante do perigo da perseguição nazista, consegue autorização de transferência para o Carmelo de Pâquier, na Suíça, mas é detida em 02 de agosto, junto com sua irmã Rosa (que também residia no Mosteiro de Echt), e levada para o campo de concentração de Drente-Weterbork, na Holanda. Ao chegar ao campo de concentração cruza com Etty Hillesum, que mencionará em seu diário esse brevíssimo encontro. Em 07 de agosto, é deportada com sua irmã para o campo de extermínio de Auschwitz. Ambas são mortas dois dias depois. Seus corpos foram jogados numa vala comum.

O Estudo do Pensamento de Edith Stein na Atualidade

Aprofundar o estudo do pensamento de Edith Stein e, em particular, da sua antropologia, pode ser o estímulo para a formação integral dos nossos estudantes, sempre desejosos de encontrar caminhos que consigam harmonizar a especulação filosófica com a pesquisa de um estilo de vida ético: dois aspectos que não podem ser cindidos, mas considerados em sua unidade. Não pode existir uma honesta pesquisa intelectual – ensina-nos Edith Stein – se esta não faz o acerto de contas com uma práxis na qual todos, responsavelmente, se envolvam em primeira pessoa. A pesquisa, de fato, nos impulsiona não só a procurar a Verdade, mas também a torná-la visível para os outros com o testemunho de uma vida ética. A busca pela Verdade, fim último de todo pesquisar, não pode abrir mão do comprometimento, porque, caso contrário, corre-se o risco de realizar uma tarefa que, além de não ser capaz de aderir à realidade, pode também criar escolas de pensamento que não conseguem fornecer uma leitura aderente à plena dignidade do ser humano.

Essa orientação emerge visivelmente das escolhas concretas que Edith Stein fez na sua vida quando, por exemplo, trabalhando com a formação da juventude alemã, em Münster, dando aulas de antropologia filosófica, desconsiderou o risco de perder o emprego, como de fato ocorreu. Edith Stein, assistente de Husserl, era também palestrante, sobressaindo-se sempre com seu empenho intelectual, civil, mas, sobretudo, com seu carisma pedagógico e humano que preservou até o final de sua vida, como testemunham os que lhe estavam próximos no campo de extermínio de Auschwitz.

O que podemos extrair do ensinamento de Edith Stein refere-se de modo transversal a todos nós: a pesquisa é um estilo de vida. Além disso, ousaria acrescentar que somente onde existe uma vida ética que se concretiza nas palavras e nas obras, encontra-se também o rigor e a honestidade intelectual. Fazemos da pesquisa um estilo de vida, tornando-a um hábito, como diziam os pensadores antigos e medievais: a raiz mais íntima da virtude. Nesse itinerário, a Verdade é a única capaz de restituir a dignidade ao ser humano.

Nos últimos anos, tive a oportunidade de consultar, para as minhas pesquisas, a maioria dos estudos sobre Edith Stein que foram produzidos em diversas nações e, durante esse período, me convenci cada vez mais a levar a cabo o projeto de publicar uma bibliografia internacional sobre a autora, intitulada *Die Rezeption Edith Steins* (A Recepção de Edith Stein), o que se consumou em 2012. O objetivo dessa publicação foi o de reunir todos os especialistas steinianos, criando assim uma grande comunidade intelectual capaz de fornecer às novas gerações os resultados de suas pesquisas. O estudo das obras de Edith Stein é enriquecido pela diversidade de interpretações dadas pelos pesquisadores nos mais variados contextos. A troca entre as diversas escolas de interpretação ajuda não só a nos aproximarmos do pensamento de Edith Stein, tornando-o sempre atual, mas também a verificar os caminhos percorridos à luz do rigor fenomenológico que caracteriza as pesquisas da autora. O rigor fenomenológico, na opinião de muitos, é o ponto marcante dentro do pensamento dessa pensadora ainda pouco conhecida nas universidades públicas.

Não obstante o empenho de muitos estudiosos que em todo o mundo têm dedicado grande parte das suas pesquisas a aprofundar o pensamento de Edith Stein, e considerando que a edição crítica alemã das suas obras está, agora, chegando ao fim (*Edith Stein Gesamtausgabe* – ESGA)[1], devemos registrar a dificuldade de fazer circular o seu pensamento nas universidades públicas por ser ele rotulado como católico e, portanto, válido somente para alguns círculos culturais. Tal afirmação deve nos levar a refletir e, portanto, a rever o nosso programa de trabalho no sentido de averiguar quais foram os êxitos das nossas pesquisas.

Quero, inicialmente, registrar algumas situações que nos ajudarão a entender quais são os passos que podemos realizar juntos, a fim de colocar o pensamento de Edith Stein na posição que lhe cabe dentro do panorama filosófico do século XX. À tríplice discriminação que Stein sofreu em vida – não pôde desenvolver nenhuma atividade acadêmica, primeiro porque era uma mulher, depois porque era judia e, em seguida porque se converteu ao catolicismo –, não podemos permitir que se acrescente mais uma: que o estudo de sua produção científica seja restrito em razão de ser rotulado simplesmente como um pensamento de linha católica.

Para poder superar esse preconceito, é preciso dirigir o olhar para o passado, lembrando que o franciscano Herman-Leo van Breda, depois de ter salvo os escritos de Husserl[2] da destruição nazista, organizando-os no arquivo de Lovaina fundado por ele, recolheu também provisoriamente, no mesmo arquivo, os manuscritos de Edith Stein encontrados entre os escombros do Mosteiro Carmelita de Echt, na Holanda. O grande esforço na recuperação de todos esses manuscritos, graças à tenacidade de van Breda, significava que a recuperação dos manuscritos de Edith Stein também era importante, porque estes podiam ajudar a compreender as primeiras obras de Husserl, uma vez que a filósofa, durante o período em que foi sua assistente em Göttingen, tinha acesso direto aos manuscritos do professor e era encarregada, por ele, de revisá-los tendo em vista sua publicação. Esse detalhe é muito importante porque pode nos

---

1 Atualmente, a nova edição crítica das obras de Edith Stein (ESGA) se compõe de 27 volumes. Com a publicação do volume 9 (deixado para o final) se completa o projeto editorial promovido pela Irmã Maria Amata Neyer, do Edith-Stein--Archiv de Colônia, e pela professora Hanna-Barbara Gerl-Falkovitz.

2 Quando Edmund Husserl morreu em Friburgo, em 27 de abril de 1938, ele deixou uma coleção de manuscritos de enormes proporções que refletia a contínua reelaboração do seu sistema filosófico.

PESSOA HUMANA E SINGULARIDADE EM EDITH STEIN

ajudar a entender que van Breda tinha percebido muito bem que as obras de Stein tinham um alto valor especulativo; vale lembrar que a autora não só tinha se formado na escola de Husserl, como também que seu professor tinha lhe confiado a reelaboração dos seus papéis privados. Em torno dos anos de 1950, van Breda quis publicar duas obras que, de certo modo, apresentassem pela primeira vez Stein à comunidade científica: ele escolheu publicar *Ser Finito e Ser Eterno* e *A Ciência da Cruz*. Ambas as obras, em seu frontispício, faziam referência ao Husserl-Archief (Lovaina). Posteriormente, os manuscritos de Edith Stein foram requeridos pelas carmelitas de Colônia e van Breda transferiu-os para lá, mas quis, categoricamente, que permanecessem em Lovaina todos os manuscritos de Stein que, de algum modo, se relacionavam diretamente com as obras de Husserl. Isso reforça a importância do trabalho desenvolvido pelos assistentes de Husserl em reorganizar os seus manuscritos: dentre eles não se destaca somente o nome de Edith Stein, mas também o de Ludwig Landgrebe e Eugen Fink. A dificuldade dos manuscritos husserlianos não está somente no fato de que o filósofo estenografava os seus textos; o mais difícil era organizar seus pensamentos.

Antes de adentrar no balanço das pesquisas steinianas no mundo, gostaria de destacar o grande débito que temos com Stein, uma vez que, graças a ela e ao seu paciente trabalho, dispomos do segundo volume de *Ideias* (ver Foto 1 e Foto 3)[3] que ela reelaborou durante os anos em que foi assistente de Husserl. Não esqueçamos que Husserl concebia o projeto de *Ideias* como uma trilogia. O primeiro volume serviria como uma introdução à fenomenologia, no qual seria explicitado o método a ser seguido; portanto, um tipo de manual de fenomenologia, indicando as linhas a serem trilhadas para a nova ciência. Husserl completou esse projeto com outros dois volumes de *Ideias*: o segundo contém análises sobre as várias regiões da experiência, mostrando a estrutura formal das coisas, dos animais e das realidades psíquicas e espirituais pelo modo como as

---

3   Gostaria de agradecer ao Dr. Thomas Vongehr, do Husserl-Archief de Lovaina, por suas preciosas sugestões, durante a minha estadia no Arquivo, em 2007, e pela sua gentileza em colocar à minha disposição alguns manuscritos de Husserl e de Edith Stein, que se revelaram muito úteis para as minhas pequisas.

experimentamos; e o terceiro volume examina as relações entre a fenomenologia e outras duas ciências: psicologia e ontologia.

Todo esse levantamento histórico me ajuda agora a entrar no cerne da minha apresentação, uma vez que é necessário fazer um balanço do programa que foi realizado em diversas nações, com o trabalho de tradução (em cada língua) das obras de Edith Stein. Para fazer esse balanço, é preciso também ler com olhar crítico o projeto editorial, portanto, as escolhas concretas de edição que as diversas nações quiseram empreender.

Basta folhear a bibliografia internacional sobre Edith Stein para perceber uma constante em quase todos os projetos de tradução das obras da autora: existe sempre a preocupação de torná-la conhecida por um vasto público, servindo-se de seus escritos ditos menores. Com efeito, em quase todos os países, o primeiro livro traduzido é *A Mulher* ou a sua autobiografia *A Vida de uma Família Judia*. Essa tentativa de divulgar o pensamento steiniano começando por escritos menos densos é certamente louvável, pois coloca em circulação um conjunto de ideias ricas e contundentes de Edith Stein, mas, infelizmente, termina por alimentar indiretamente o preconceito de quem considera o pensamento de Stein irrelevante para os âmbitos culturais acadêmicos. Posso constatar isso pessoalmente, uma vez que passam pelas minhas mãos muitas publicações sobre Edith Stein, nas quais percebo que é sempre forte a tendência de se generalizar alguns de seus conceitos – que podem, por exemplo, ser empregados para uma reflexão espiritual ou para reivindicar o papel da mulher –, acabando por restringir uma produção científica tão importante. Mais uma vez, assistimos àquilo que podemos definir como uma instrumentalização da cultura que busca, a todo custo, intensificar a pesquisa, mas acaba produzindo publicações, muitas vezes, de caráter introdutório, não tendo em si a força de gerar nenhum desenvolvimento para a reflexão. O pensamento não pode ser instrumentalizado porque, assim, criam-se empecilhos para o aprofundamento da pesquisa, correndo-se o risco de se perpetuar a repetição dos famosos lugares-comuns, levando a uma inércia intelectual e tornando o pensamento embotado.

Além disso, existe outro ponto sobre o qual eu gostaria de convidá-los a refletir: o fato de começar a traduzir as obras menores de Edith Stein e, portanto, de apresentá-la a um vasto público como uma filósofa "mais acessível" revela também outra dificuldade bem mais radicada e nem sempre visível: Edith Stein não é uma filósofa acessível (se por acessível entendemos facilmente compreensível), e, para apreender o fio condutor da ampla produção steiniana, é preciso ter uma sólida formação na fenomenologia de Edmund Husserl e conhecer, pelo menos em linhas gerais, a contribuição dos expoentes do Círculo Fenomenológico de Göttingen. Esse é o contexto no qual amadureceram as pesquisas realizadas por Edith Stein, e, inevitavelmente, é a partir desse mesmo contexto que devemos reler a sua produção científica. Por essa dificuldade, nasce o verdadeiro sentido do que significa constituir uma comunidade de pesquisa e a necessidade de trabalhar em equipe, principalmente quando se começa a traduzir as obras de Stein.

Podemos extrair o verdadeiro sentido de comunidade de pesquisa, examinando os trabalhos desenvolvidos pelo Círculo Fenomenológico de Göttingen, cujos membros compartilhavam os resultados alcançados, a fim de obter uma leitura o mais fidedigna possível dos fenômenos que observavam. É surpreendente consultar a biblioteca privada de Husserl e perceber que também ele estudava os textos dos seus discípulos, anotando em suas margens seus apontamentos estenográficos, como no caso do livro de Max Scheler intitulado *A Posição do Homem no Cosmo* (Foto 2).

Tendo consciência desse trabalho em conjunto, vemos que as obras de Edith Stein são formadas tendo como base a fenomenologia husserliana, mas também sofrendo as influências de Max Scheler, Hedwig Conrad-Martius, Gerda Walther, Jean Hering, Alexander Pfänder, Alexandre Koyré[4]. Do mesmo modo, percebemos que no curso ministrado por Husserl, em 1916, com o título "Natureza e Espírito", encontramos elementos desenvolvidos não somente pelo doutorado de Edith Stein sobre a vivência da intropatia (*Einfühlung*), mas também do conjunto de escritos que ela intitulou *Introdução à Filosofia* (1919-1932).

---

4 Husserl convidava os alunos a seguir determinados filões de pesquisa de modo a fazê-los convergir em direção a uma espécie de câmara de compensação, na qual seus trabalhos eram reavaliados, rediscutidos, sob a égide do "sempre de novo" (*immer wieder*) que é a palavra de ordem do método husserliano.

O estudo sobre a intropatia elaborado por Stein pode ser aprofundado se nos deixarmos guiar também pelos ensinamentos husserlianos; mesmo porque não existe nada que Stein tenha examinado que Husserl já não tivesse teorizado, ainda que em linhas gerais, nas suas aulas e nos seus manuscritos. A diferença entre os dois filósofos se apresenta basicamente sob duas perspectivas bem evidentes: Husserl queria estruturar a fenomenologia como ciência rigorosa, enquanto a intenção de Stein era alcançar uma fenomenologia em termos antropológicos e que, ao mesmo tempo, dialogasse com os resultados da tradição medieval, não negligenciando nunca o valor educativo que podia produzir tal abordagem.

Quanto às aulas de Husserl, em 1916, percebemos já nos estágios iniciais que os termos *natureza* e *espírito* indicam temas de uma filosofia rigorosamente científica. Para Husserl, filosofia e ciência não são opostas, não estão em contraste, uma vez que, desde sempre, a filosofia quis ser uma ciência no sentido mais alto e rigoroso. Nessas aulas, Husserl queria ilustrar o que ele mesmo entendia por filosofia científica e quais podiam ser as diferenças com as outras ciências. A filosofia tem a sua esfera de interesse no universal, enquanto as ciências se ocupam do específico. Por essa razão, a fenomenologia, como filosofia, tem um raio de ação que abarca todos os âmbitos específicos das ciências individuais. O conhecimento que resulta de cada ciência individual não pode representar a totalidade do mundo (*Weltall*), mas deve estar circunscrito na parcialidade do seu âmbito de investigação. Torna-se rapidamente evidente que a fenomenologia, no projeto de Husserl, não pode ser considerada uma ciência do mesmo modo que as outras, mas que ela é a ciência do universal compreendendo em si todas as outras, não podendo ser separada das demais. Nessas aulas, Husserl examina os conceitos de todo e parte que subsistem juntos numa viva inter-relação. Absolutizar somente algumas dessas partes significa diminuir o verdadeiro sentido do que é a filosofia. A esse respeito, Husserl escreve:

Nasceram mais e mais ciências que, sempre limitadas a um âmbito específico do conhecimento, se puseram no lugar da ciência universal, a qual, enfim, decaiu até se tornar um tanto desacreditada; sim, a filosofia perdeu temporariamente a confiança em si, e isso de tal maneira, que deixou às ciências específicas o primado da pura verdade, e tentou sobre bases científico-especialistas tratar das perguntas universais por elas não examinadas, perguntas pelas quais – dado que aqui faltavam de qualquer modo resultados técnicos brilhantes – se interessaram somente pessoas singulares. Os pesquisadores especializados, por sua vez, estavam, em sua maioria, convencidos de que, progredindo de campo em campo e, em cada campo, indo cada vez mais longe, teriam enfim conquistado o universo do conhecimento; e pensaram tê-lo conseguido, pelos seus puros métodos científicos.[5]

Na relação entre as partes e o todo, a filosofia é solicitada a responder às questões universais e, dentre elas, a dar conta da relação que subsiste entre natureza e espírito. No caso específico do ser humano, a natureza não é pensável sem o espírito e o espírito não pode ser considerado um apêndice da natureza. É nessas aulas que Stein amadurece o seu projeto de um estudo sistemático sobre a intropatia, uma vivência totalmente particular que deve atravessar as duas esferas que compõem o ser humano (natureza e espírito). Uma vivência que não nos é dada de uma só vez, mas que precisa ser reconquistada e indefinidamente experienciada.

Considero que o fruto das nossas pesquisas tem necessidade de ser experienciado; o lugar onde nossas investigações são postas à prova é o mundo. É nesse ponto que se inicia o cansaço, justamente quando devemos verificar se a "roupa que costuramos" com as nossas pesquisas é aderente à pessoa concreta como a pele que a envolve, ou seja, verificar quanto a teoria que desenvolvemos se aproxima da realidade. Muitas vezes, deparamos com a disseminação de alguns termos que são utilizados sem o pleno conhecimento do seu significado. A vida e a pesquisa devem estar intimamente ligadas.

No final da minha apresentação, sinto o dever de agradecer aos vários estudiosos que, em cada parte do mundo, continuam a promover o pensamento de Edith Stein, ainda que muitas vezes essa pensadora seja paradoxalmente obscurecida por uma série de publicações que tendem somente a encerrar o seu pensamento dentro de algumas categorias espirituais e ideológicas. Resgatar a sua filosofia e a sua estreita ligação com boa parte da

---

5   E. Husserl, Natur und Geist, *Gesammelte Werke*, p. 12.

produção husserliana pode contribuir para a difusão da profundidade do seu pensamento às futuras gerações. Para garantir a realização dessa tarefa, não devemos trilhar percursos parciais de pesquisa e, portanto, precários; caso contrário, seremos nós mesmos a fomentar os preconceitos.

Retomar o verdadeiro sentido de comunidade de pesquisa é a solução para retornar às fontes, aos escritos de Edith Stein, estudando-os com maior consciência; desse modo, a cultura pode gerar uma responsabilidade do agir em qualquer âmbito no qual sejamos solicitados a dar a nossa contribuição.

Agradeço ao professor Juvenal Savian Filho pela organização magistral do II Simpósio Internacional Edith Stein e à professora Clio Francesca Tricarico e a José Mário Brasiliense Carneiro pela preciosa ajuda com a tradução das minhas aulas para o português. Meus agradecimentos a Moisés Rocha Farias, também pela organização do evento e por seu trabalho de tentar reunir os estudiosos brasileiros de Edith Stein. À direção da Universidade Católica de Salvador, que acolheu o evento, nas pessoas dos professores José Euclimar de Menezes e Maurício da Silva Ferreira, bem como a todos os colegas que ajudaram na organização e/ou participam com suas conferências, comunicações, mesas-redondas e minicursos (menciono aqui Acacia Maria Dias Pereira, Andrés Antunez, Antonio José G. Machado, Antonio Pedro M. de Oliveira, Gilfranco Lucena, Ilana Novinsky, José Mário B. Carneiro, Kátia Gardênia C. da Silva, Maria Cecília Isatto Parise, Mariana Bar Kusano, Marina Massimi, Marly Soares, Miguel Mahfoud, Renato Kirchner, Silvestre Grzibowsky, Suzana Filizola B. Carneiro, Tommy A. Goto e Ursula Matthias).

Como o texto desta conferência está adaptado aqui, na forma de livro, aproveito para destacar, dentre os colegas que acabo de mencionar, Acacia, Gilfranco, Juvenal, Maria Cecília e Mariana, acrescentando Daiana P. Silva, pois eles compuseram o Glossário que enriquece o presente livro. Dirijo também uma palavra especial a Clio Tricarico, que é a tradutora de minhas aulas, organizando os textos de modo a transformá-los em livro. À sua mãe, Dona Myrian de Almeida Tricarico, agradeço não apenas pela colaboração com a transcrição das aulas, mas sobretudo pelo apoio à Clio durante todo esse trabalho.

Agradeço também a Dimas Munhoz Gomez, pelo auxílio na produção editorial. Por fim, mas não por último, dirijo um pensamento à professora Angela Ales Bello e à Irmã Jacinta Turollo Garcia, que são as pioneiras da divulgação do pensamento de Edith Stein na América Latina. De certo modo, é graças a elas que meu trabalho pôde ser conhecido no Brasil, fazendo nascer minha amizade com os colegas daqui.

Agradeço a todos vocês, leitores, esperando que lancem um olhar sobre suas vidas e sobre tudo aquilo que os circunda, como faz um verdadeiro pesquisador, ou seja, estejam atentos aos particulares e não negligenciem nada do que se apresenta diante de vocês. Age assim quem quer entender como as coisas realmente são, sem desistir da pesquisa até não ter encontrado pelo menos alguma resposta razoável. E, mesmo depois de tê-la encontrado, é preciso estar ciente do dever de sempre retomar o caminho da pesquisa. A verdadeira cultura tem necessidade de pesquisadores, isto é, de pessoas que escolhem firmemente não instrumentalizar o fruto das suas pesquisas para outros fins e que não têm a arrogância de se sentir proprietários absolutos da Verdade. Desejo, portanto, que vocês sejam pesquisadores que não se sirvam da Verdade, mas que se coloquem a serviço dela, conforme o exemplo de Edith Stein.

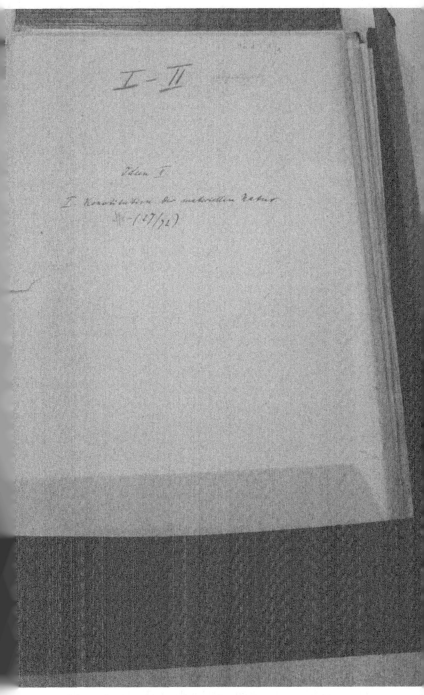

foto 1. *Edith Stein, Manuscrito 1-1/1* (Ideen II)
Husserl-Archief de Lovaina.

Für die philosophische Metaphysik aber, deren Endziel die Erkenntnis des absolut seienden Seins ist, bilden sie, wie Hegel treffend sagte, die „Fenster ins Absolute". Denn jedes echte Wesen, das die Vernunft in der Welt findet, kann weder selbst, noch kann das Dasein von „etwas" solchen Wesen auf empirische Ursachen endlicher Art zurückgeführt werden. Es kann nur dem einen übersingulären Geiste als Attribut des übersingulären seienden Ens a s zugeschrieben werden. Diese Fähigkeit der Trennun von Dasein und Wesen macht das Grundmerkma des menschlichen Geistes aus, das alle andere Merkmale erst fundiert. Nicht, daß er Wissen hat, i dem Menschen wesentlich, wie schon Leibniz sagte, so dern daß er apriori-Wesen hat oder daß er es zu erwerbe fähig ist. Eine „konstante" Vernunftorganisation, wie s Kant angenommen hat, gibt es dabei keineswegs; sie unte liegt vielmehr prinzipiell dem geschichtlichen Wandel. N die Vernunft selbst als Anlage und Fähigkeit, durch d Funktionalisierung solcher Wesenseinsichten immer ne Denk- und Anschauungsformen, Liebens- und Wertung formen zu bilden und zu gestalten, ist konstant.

Wollen wir von hier aus tiefer in das Wesen des Me schen dringen, so haben wir uns das Gefüge der Ak vorzustellen, die zum Akt der Ideierung führen. Bewu oder unbewußt vollzieht der Mensch eine Technik, die m als versuchsweise Aufhebung des Wirklichkeitsch rakters bezeichnen kann. Das Tier lebt ganz im Konkre und in der Wirklichkeit. Mit aller Wirklichkeit ist nun

62

FOTO 2. *Max Scheler*, Die Stellung des Menschen im Kosmos, *p. 62-63.*
Husserl-Archief de Lovaina

nachdem eine Stelle im Raum und eine Stelle in der Zeit, ein Jetzt und Hier, und zweitens ein zufälliges Sosein verbunden, wie es die sinnliche Wahrnehmung je von einem „Aspekt" aus gibt. Mensch sein heißt, dieser Art Wirklichkeit ein kräftiges „Nein" entgegenschleudern. Das hat Buddha gewußt, wenn er sagt, herrlich sei es, jedes Ding zu schauen, furchtbar es zu sein. Das hat Platon gewußt, wenn er die Ideenschau an eine Abwendung der Seele von dem sinnlichen Gehalt der Dinge knüpft und an eine Einkehr der Seele in sich selbst, um die „Ursprünge" der Dinge zu finden. Und nichts anderes meint auch E. Husserl, wenn er die Ideenerkenntnis an eine „phänomenologische Reduktion", d. h. eine „Durchstreichung" oder „Einklammerung" des (zufälligen) Daseinskoeffizienten der Weltdinge knüpft, um ihre „essentia" zu gewinnen. Freilich kann ich der Theorie dieser Reduktion bei Husserl im Einzelnen nicht zustimmen, wohl aber zugeben, daß in ihr der Akt gemeint ist, der den menschlichen Geist recht eigentlich definiert.

Will man wissen, wie dieser Akt der Reduktion erfolgt, so muß man wissen, worin unser Wirklichkeitserlebnis eigentlich besteht. Es gibt für den Wirklichkeitseindruck nicht eine besondere angebbare Sensation (blau, hart usw.). Die Wahrnehmung, die Erinnerung, das Denken und alle möglichen perzeptiven Akte vermögen uns diesen Eindruck nicht zu verschaffen; was sie geben, ist immer nur das Sosein der Dinge, niemals ihr Dasein. Was uns das Dasein gibt, das ist vielmehr das Erlebnis des Widerstandes

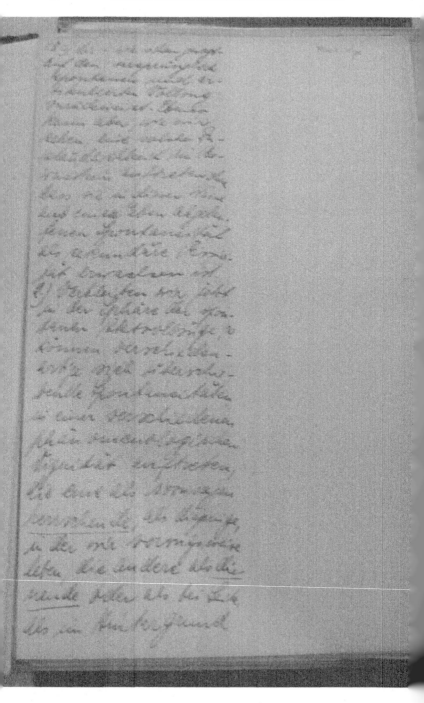

FOTO 3. *Edith Stein, Manuscrito 1-1/33* (Ideen II)
Husserl-Archief de Lovaina

I. Tomada de Consciência de Si

1. SINGULARIDADE E NÚCLEO DA PERSONALIDADE

A principal finalidade deste livro é apresentar o modo como Edith Stein concebe a *singularidade da pessoa humana*, o fundamento último no qual se entrelaçam as raízes de nosso ser. Em suas análises, Edith Stein identifica a singularidade como a característica central do que ela denomina o núcleo da personalidade. Alcançar esse núcleo significa reconhecer a própria identidade, o que nos possibilita um contínuo recomeçar a partir do que verdadeiramente somos. Esse contínuo movimento de retomada faz com que preservemos o nosso modo particular de ser, impedindo que sejamos meramente condicionados pelo ambiente em que estamos inseridos. Não somos apenas um produto social; não nos submetemos inteiramente a manipulações externas. Segundo Edith Stein, o ser humano tem uma liberdade garantida ontologicamente que merece ser reconhecida. A pessoa humana tem a possibilidade de crescer quando explora seu verdadeiro potencial e toma plena consciência de si mesma, chegando ao núcleo de sua personalidade.

Vivemos, a maior parte do tempo, sem ter consciência de quem somos. A tomada de consciência (para usar um termo técnico, a "tomada de posição" – *Stellungnahme* ou *Auffassung*, em alemão) está diretamente relacionada à identificação do núcleo da personalidade. Edith Stein desenvolveu um árduo trabalho de investigação, reflexão e análise a fim de mostrar isso. Para chegar à ideia de núcleo da personalidade e à compreensão da singularidade da pessoa humana, a autora, na fase madura de seu pensamento, examinou a questão filosófica do princípio de individuação, conjugando o método fenomenológico que aprendera com Edmund Husserl com o patrimônio da filosofia medieval. Os frutos desse trabalho consistiram em novas perspectivas para a concepção da pessoa humana, detalhadamente explanadas em várias de suas obras. O desafio que impus ao livro que agora se tem em mãos foi o de introduzir as principais noções elaboradas por Edith Stein, de modo a transmitir ao leitor uma ideia breve, porém consistente, de um novo horizonte para a antropologia filosófica.

Procurarei, no decorrer deste trabalho, usar uma linguagem simples, sempre que possível. Porém, o tratamento que deve ser dado a alguns conceitos de difícil compreensão exige o rigor e o emprego de termos técnicos, para os quais, na impossibilidade de serem brevemente esclarecidos, indicarei as fontes para mais explanações e aprofundamento.

A pessoa humana[1] é uma realidade complexa, sobretudo porque se apresenta aos nossos olhos por meio de diversos níveis de estratificação. A questão da essência da pessoa humana, direcionada a investigar o elemento constitutivo da individualidade, é um dos nós teoréticos que Edith Stein retomou e reelaborou desde a sua tese de doutorado, orientada por Husserl e intitulada *O Problema da Empatia*[2], até a obra *Ser Finito e Ser Eterno*, escrita no final de sua vida.

---

1   Como explica Angela Ales Bello, Edith Stein emprega o termo *pessoa* em continuidade com o uso que dele fazia a teologia e a filosofia medievais para indicar inicialmente as pessoas divinas e, por extensão, a pessoa humana, dando a este uso uma nova conotação, qual seja, a que destaca a vivência comunitária na qual está inserido o ser humano (cf. A. Ales Bello, Persona, *Enciclopedia del Corpo*, p. 59-64).

2   Em sua tese, Edith Stein procura preencher uma lacuna na formulação do conceito de intropatia ou empatia (*Einfühlung*) nos trabalhos de Husserl

TOMADA DE CONSCIÊNCIA DE SI 17

Edith Stein é fenomenóloga. Portanto, para acompanharmos seu percurso, é preciso conhecer alguns elementos básicos sobre os quais se fundamenta a fenomenologia de Edmund Husserl[3] e ativar a atitude interior da retenção do juízo (*epoché*)[4], isto é, o colocar fora de circuito os resultados aprendidos até então em todos os campos do conhecimento, sobretudo os advindos das ciências naturais, pois essa é a condição indispensável para apreender em si mesmo qualquer tema tratado e chegar assim à sua essência.

Assumida a orientação fenomenológica da *epoché*, inicia-se o trabalho propriamente dito para se alcançar o núcleo da pessoa; porém, não é possível realizar essa tarefa sem antes chegar à compreensão de como se dá o processo de individuação na pessoa humana.

> publicados até então. Em sua obra *Vida de uma Família Judia e Outros Escritos Autobiográficos*, ela afirma explicitamente que, "nas suas lições sobre 'Natur und Geist', Husserl tinha falado sobre o fato de que um mundo externo objetivo podia ser experimentado somente de modo intersubjetivo. [...] Seguindo as obras de Theodor Lipps, Husserl chamava essa experiência de intropatia, mas não explicava no que ela consistia. Existia, portanto, uma lacuna que deveria ser preenchida: eu queria pesquisar o que era a intropatia" (Edith Stein, *Aus dem Leben einer jüdischen Familie und weitere autobiographische Beiträge*, p. 218-219).
>
> 3   Para uma compreensão segura da fenomenologia, nada substitui a leitura cuidadosa das obras de Husserl, principalmente as *Investigações Lógicas*, os volumes I e II de *Ideias para uma Fenomenologia Pura e uma Filosofia Fenomenológica* e *A Crise das Ciências Europeias e a Fenomenologia Transcendental*. A obra de Edith Stein *Introdução à Filosofia* cumpre perfeitamente bem a tarefa de introduzir no pensamento de Husserl, sem dispensar, é certo, a leitura das obras do mestre. Aqui, apenas a título de sugestão didática, indicamos os seguintes títulos como leitura introdutória para uma primeira aproximação a alguns conceitos da fenomenologia: A. Ales Bello, *Introdução à Fenomenologia*; R. Sokolowski, *Introdução à Fenomenologia*; W. Stegmüller, Fenomenologia Metódica: Edmund Husserl, *A Filosofia Contemporânea*; J.-M. Salanskis, *Husserl*. Para uma apresentação da contribuição de Husserl à Psicologia, ver T.A. Goto, *Introdução à Psicologia Fenomenológica de Edmund Husserl*.
>
> 4   Consultar o Glossário. Sobre a noção de *epoché*, diz Angela Ales Bello que "não nos interessam os fatos enquanto fatos; interessamo-nos pelo sentido deles" (A. Ales Bello, op. cit., p. 23). Trata-se do modo pelo qual apreendemos os fatos fenomenicamente. Nas palavras de Husserl, no volume I de *Ideias*, "a *epoché* que nós nos propomos deve consistir expressamente nisto: *abster-nos inteiramente de julgar acerca do conteúdo doutrinal de toda filosofia previamente dada e efetuar todas as nossas comprovações no âmbito dessa abstenção*" (E. Husserl, *Ideias para uma Fenomenologia Pura e uma Filosofia Fenomenológica*, p. 59). Ainda no volume I de *Ideias*, recomendo a leitura dos §§31 e 32 do Capítulo I da Segunda Seção (Ibidem, p. 78-82).

PESSOA HUMANA E SINGULARIDADE EM EDITH STEIN

Acompanhando o percurso das análises de Edith Stein, será possível notar que a orientação fenomenológica aplicada ao estudo da filosofia medieval permite à autora fundar uma nova antropologia filosófica com base em sua noção de singularidade, que, em oposição à leitura naturalista da postura positivista, contribui para uma melhor compreensão da pessoa humana na sua totalidade.

2. A PESSOA COMO FENÔMENO

A antropologia filosófica proposta por Edith Stein não é construída sobre uma formulação ideal do que seria uma pessoa, mas sobre a experiência do ser pessoa. Nem sempre construções conceituais correspondem à realidade vivida[5]; é partindo de uma interpretação da realidade que trilhamos um caminho de pesquisa. Mas no que consiste essa realidade? Consiste em fenômenos[6], a origem a partir da qual sempre se deve retomar a investigação. O pensamento de Husserl e Edith Stein era este: retomar continuamente os fenômenos como origem, visando

5   Apenas para dar uma ilustração curiosa de como ideias ou pré-concepções podem se transformar em projeções equivocadas, vou usar como analogia aqui uma das principais vicissitudes que a atriz Marilyn Monroe teve de enfrentar em sua vida. Um diretor de cinema me contou que ela era uma atriz muito problemática, mas que a principal causa disso era que todos os diretores se apaixonavam por ela e, assim envolvidos, tornavam-se obsessivos e tentavam mudá-la. Queriam mudar seus hábitos, seu modo de ser, e, toda vez que isso acontecia, ela não aceitava e se revoltava. Na verdade, todos amavam suas ideias ou pré-concepções de Marilyn Monroe; ninguém amava a pessoa dela. Essa história de Marilyn nos permite pensar que algo parecido ocorre com os conceitos: se projetamos numa realidade uma pré-compreensão sem análise crítica e a elaboramos do modo que queremos, corremos o risco de não entendermos adequadamente a mesma realidade tal como vivida também por outros nem de ter acesso àquilo a que um conceito remete. De certo modo, as pessoas, muitas vezes, apaixonam-se por opiniões, ideias e conceitos, mas com isso podem perder a clareza da compreensão.

6   Na concepção husserliana, o fenômeno não é meramente o modo de aparição da coisa, mas a revelação da sua essência como manifestação do que ela é em si mesma e na sua apreensão pela consciência humana. Como diz Angela Ales Bello, o fenômeno é *"aquilo que se mostra*; não somente aquilo que *aparece* ou *parece"* à pessoa humana (A. Ales Bello, op. cit., p. 17-18). A apreensão não se refere, assim, à manifestação natural da coisa; ela exige a orientação fenomenológica acompanhada de reflexão.

TOMADA DE CONSCIÊNCIA DE SI 19

descrevê-los segundo o modo como aparecem aqui e agora, ou, como ambos costumavam dizer, os fenômenos em carne e osso. A primeira aderência à realidade da pessoa já nos mostra que ela é um complexo microcosmo que precisa ser observado por vários ângulos. Nesse sentido, a comunidade intelectual, em suas diversas áreas, realiza pesquisas e análises buscando conhecer a pessoa humana. A base da qual todos partem é a pessoa real, o que, no âmbito da fenomenologia, consiste no *fenômeno pessoa*. Dessas experiências, surgem diferentes pontos de vista que devem ser confrontados. Em razão de toda pesquisa científica ser parcial, é necessária a interação entre todas as ciências para chegar a um resultado consistente e proveitoso. Somente assim, quer dizer, somente com base no diálogo dentro da comunidade intelectual, é que se chega não apenas a uma ideia particular sobre a pessoa humana, mas ao fruto da harmonia de tudo o que vários pesquisadores observaram e analisaram.

3. A ORIENTAÇÃO FENOMENOLÓGICA COMO ALTERNATIVA À POSTURA POSITIVISTA

O projeto de Husserl[7] era encontrar uma alternativa para a investigação do ser humano feita pela abordagem positivista. Com efeito, ainda hoje vivemos continuamente sob as fortes influências do positivismo, mas é verdade que já há algum tempo tem sido possível perceber como membros da comunidade científica tomaram consciência de que as ciências positivas, seja em seus vários ramos específicos seja em seu conjunto, não são capazes de compreender o ser humano em sua totalidade. Isso também concerne às ciências humanas. Os vários ramos do saber têm insistido na urgência de explicitar, para si mesmos e para o corpo social, os fundamentos filosóficos implicados em toda concepção de conhecimento. Se não se dá esse esclarecimento, corre-se o risco de construir uma investigação pretensamente exata, mas sem correspondência com a complexidade da experiência, principalmente no tocante

---

7 Como leitura complementar em relação a esse tema, sugerimos, do próprio Husserl, os §§ 25 e 26 do Capítulo II da Primeira Seção do volume I de *Ideias* (cf. E. Husserl, op. cit., p. 69-72).

à concepção de pessoa humana. De modo muito parecido, esta era a intenção de Husserl: fazer uma leitura o mais aderente possível a toda a estrutura do ser.

Outro risco de se fazer ciência sem um fundamento filosófico consciente é distorcer todos os conceitos. Podemos citar como exemplo uma análise simples do conceito de economia: muitos economistas se esquecem de que, em sua raiz grega, o nome dessa ciência implica a conotação de uma boa condução familiar[8]. Assim, a finalidade da economia não deveria ser o aumento do Produto Interno Bruto, mas a administração dos recursos, beneficiando a pessoa que trabalha. Infelizmente, constatamos a hegemonia de uma concepção econômica que faz das pessoas escravas do trabalho. Sem se ater ao fundamento, um economista pode negligenciar a finalidade de sua ciência. Como o cultivo dos saberes só proporciona realização verdadeira quando gera a partilha, as ciências deveriam estar a serviço do ser humano e não o contrário; seu objetivo principal deveria sempre se concentrar na preservação da plena dignidade da pessoa.

No âmbito científico, a análise estatística de dados é muito útil para obter ideias e conceitos gerais sobre os diversos elementos investigados nas diferentes áreas do conhecimento. Mas, quando aplicamos essa metodologia para alcançar uma ideia que defina a pessoa humana, observamos que a tarefa não é nada simples. A psicologia, por exemplo, não pode considerar o tratamento de pacientes se restringindo à ideia que se possa fazer deles com base em dados estatísticos. Dentre todas as ciências, a psicologia é a que mais deveria explicitar seus fundamentos filosóficos, começando por ter consciência deles, a fim de não se perder no seu objetivo. Por essa razão, Husserl se dedicou mais fortemente a elaborar uma filosofia rigorosa que servisse como fundamento para a psicologia. Na verdade, ele não pretendeu, com isso, substituir a psicologia como ciência pela filosofia, mas dar-lhe novas perspectivas com base nas descrições[9] fenomenológicas da psique.

---

8   O termo *economia* vem do grego *oîkos* (casa) e *nómos* (lei, distribuição, administração), donde o seu sentido original de administração de um lar.

9   *Descrição* é um dos termos centrais para diferenciar a fenomenologia da atitude positivista. A compreensão das coisas ou fatos não se esgota no âmbito da pesquisa científica, que busca dar explicações causais para o que é observado. A fenomenologia não tem como finalidade a explicação das coisas como uma

TOMADA DE CONSCIÊNCIA DE SI 21

A orientação fenomenológica aplicada à investigação da pessoa humana busca, por meio de reiterados processos de retomada, alcançar o fundamento dela; aquilo que, como dizia Edith Stein, dá sua singularidade; aquilo que faz com que cada um de nós seja único. Conhecer esse fundamento é indispensável para a psicologia, bem como para toda ciência que opere no campo das humanidades, pois só ele permite compreender as pessoas em sua diversidade e no modo como cada uma é no íntimo do seu ser[10].

4. RETENÇÃO DO JUÍZO E MUNDO-DA-VIDA

Husserl inicia sua carreira como filósofo da matemática, pela publicação do livro *Filosofia da Aritmética*, em 1891. Cerca de dez anos depois, em 1900-1901, publica as *Investigações Lógicas*, dedicando-as a Carl Stumpf, que fora seu professor. Husserl escreve essa obra após se dar conta de que o positivismo, o naturalismo e o estruturalismo tinham aprisionado a pesquisa filosófica. Ela foi muito significativa em sua época e ainda hoje é fundamental para o pensamento contemporâneo, pois fez surgir em torno de Husserl e de outros fenomenólogos uma intensa comunidade de pesquisa.

Edith Stein, após ler os dois volumes das *Investigações Lógicas* durante um verão em Wroclaw, decide interromper os estudos que havia iniciado na área de psicologia para, no semestre invernal, fazer o curso que Husserl ministrava então em Göttingen. Antes de Edith Stein, outras discípulas provenientes de Munique, Hedwig Conrad-Martius e Gerda Walther, já acompanhavam Husserl; posteriormente, também o seguiram Martin Heidegger, Alexander Pfänder, Moritz Geiger, Gerard van der Leeuw e Alexandre Koyré.

realidade em si; ela parte da descrição do fenômeno para captar seu sentido como auto-oferecimento objetivo da coisa à consciência. Nas palavras de Angela Ales Bello, "compreende-se cientificamente um fato, mas se compreende tudo? [...] O que as ciências podem responder diante da pergunta 'o que é verdade'? Fazem tentativas para se aproximar dela, mas a verdade, do ponto de vista humano, reside no sentido, não no fato" (A. Ales Bello, op. cit., p. 24).

10   No volume II de *Ideias*, o Capítulo 2 do Livro III é inteiramente dedicado às relações entre fenomenologia e psicologia.

22 PESSOA HUMANA E SINGULARIDADE EM EDITH STEIN

Os fenomenólogos que se reuniram em Göttingen encontraram nas *Investigações Lógicas*, pela primeira vez, um "respiro" intelectual para a época. Viram que, nessa obra, eram mais relevantes as análises dos fenômenos do que a estrutura do observador. Mas logo aparece um problema. Quando Husserl publica o volume I de *Ideias para uma Fenomenologia Pura e uma Filosofia Fenomenológica*, surgem algumas dissensões em relação ao pensamento do mestre. Isso é o que os historiadores da fenomenologia costumam dizer. Na realidade, mais do que dissensões, houve incompreensões. A fim de entender o que ocorreu historicamente, cabe fazer uma pergunta: o que os membros ditos discordantes, no Círculo de Göttingen, conheceram realmente dos textos de Husserl? Essa pergunta talvez permita compreender por que eles se incomodavam com o mestre dizendo que ele se tornara idealista e perdera o mundo real, o mundo da experiência, explicando-o somente como ideia. Para afirmar isso, é provável que, antes de ler o volume I de *Ideias*, alguns leram apenas a parte introdutória (os prolegômenos) das *Investigações Lógicas*.

Em *Ideias I*, Husserl concentra sua atenção sobre o problema da consciência[11]. No método fenomenológico[12], ele aplica a *epoché* em relação ao fenômeno. Para ilustrar esse procedimento, podemos iniciar por uma analogia com um fato bem corriqueiro: quando quero efetivamente conhecer alguém, devo deixar de lado tudo o que eu já soube sobre essa pessoa de forma indireta e esforçar-me para apreendê-la por mim mesmo, livre de pré-concepções. Devo colocar à parte todos os meus preconceitos; devo congelá-los. Para se formar uma opinião própria a respeito do que quer que seja, é preciso deixar de fora o que já se ouviu a seu respeito anteriormente: o que fica de fora da consideração talvez esteja certo, mas talvez não esteja. Donde a necessidade de reter o julgamento. Tudo o que Husserl coloca entre parênteses, em estado de *epoché*, nunca

---

11 Consultar Glossário, verbete Intencionalidade. Chamamos a atenção do leitor iniciante para o fato de que esse termo não se refere à intencionalidade em sentido moral, mas à tensão ou vibração interna pela qual opera a consciência quando se volta para um objeto.

12 Penso que o termo mais indicado aqui seria *estilo* no lugar de método, pois não se trata de um método no sentido como é entendido na metodologia científica, um procedimento mecânico, instrumental, como faz o termo *método*.

TOMADA DE CONSCIÊNCIA DE SI

é abandonado. Quando aplicamos a *epoché*, dirigimo-nos aos fenômenos, que, por sua vez, se dirigem a nós.

O fenômeno é a base real que devemos continuamente retomar por meio de variados processos que permitem a apreensão de sua essência. Mas, durante esse processo, é preciso perguntar: quem apreende a essência do fenômeno? Eu. A minha consciência. Uma consciência que Husserl denomina consciência pura ou transcendental. É preciso esclarecer esse conceito para que ele não seja interpretado de maneira equivocada. Quando Husserl, em *Ideias*, diz que a consciência é um absoluto, isso não significa que ele tenha colocado o mundo real à parte da consciência ou que tenha inserido toda a existência no âmbito da pura idealidade, mas que a realidade, constituída fenomenicamente pelas nossas vivências[13], é apreendida pela consciência pura em seus aspectos essenciais, isto é, independentes de seus caracteres espaçotemporais[14].

É importante compreender que a fenomenologia husserliana parte sempre do que o autor chama de mundo-da-vida (*Lebenswelt*). A explicitação do conceito de mundo-da-vida e sua compreensão em sentido teorético pertencem à fase mais madura do pensamento husserliano, em particular à sua última grande obra, editada diretamente por ele, mas publicada postumamente: *A Crise das Ciências Europeias e a Fenomenologia Transcendental*.

O que esse conceito indica, em particular? No texto da *Crise*, o mundo-da-vida corresponde à primordialidade da vida

---

13 Consultar Glossário, verbete Experiência e Vivência.
14 Para aprofundamento do tema, sugerimos a leitura do §19 do Capítulo II da Primeira Seção do volume I de *Ideias*, do qual destacamos: "Formular racional ou cientificamente juízos sobre coisas significa, porém, orientar-se pelas *coisas mesmas*, isto é, voltar dos discursos e opiniões às coisas mesmas, interrogá-las na doação originária de si e pôr de lado todos os preconceitos estranhos a elas. [...] O erro de princípio da argumentação empirista reside em que a exigência fundamental de retorno às coisas mesmas é identificada ou confundida com a exigência de fundação de todo conhecimento pela *experiência*. [...] *Não é*, entretanto, ponto pacífico que *coisas* sejam *coisas naturais*, que, no sentido habitual, efetividade seja efetividade em geral, e que aquele ato doador originário que chamamos *experiência* se refira somente à *efetividade natural*. [...] A pergunta é, pois, *de que lado* estão os preconceitos? [...] O '*ver*' *imediato*, não meramente o ver sensível, empírico, mas *o ver em geral, como consciência doadora originária, não importa qual seja a sua espécie*, é a fonte última de legitimidade de todas as afirmações racionais" (E. Husserl, op. cit., p. 61-62).

vivida, diferentemente da vida descrita pelas ciências. Numa palavra, o conhecimento científico parte de algo anterior, o campo originário de experiência, feito em primeira pessoa e pré-discursivo: o mundo-da-vida. Esse campo é o da instância em que os sujeitos vivem o mundo, ou seja, em que o mundo aparece para eles na experiência individual, sem ser ainda o mundo da vida explicada pela ciência. Isso torna mesmo desnecessário perguntar se à consciência do mundo corresponde um mundo, pois, se se fala de mundo, requer-se a consciência do mundo. Por essa razão, na fase de Göttingen (portanto, muito anterior à redação da *Crise*), Husserl falava de mundo-da-experiência (*Erfahrungswelt*) e não de mundo-da-vida, mas é fácil perceber como ambos os conceitos coincidem. Nas *Meditações Cartesianas* (principalmente na quinta meditação), a *epoché* e a consequente redução, como instrumentos metódicos, dão ao investigador fenomenológico uma esfera de primeira ordem de pertencimento ao sujeito transcendental, que, como se sabe, é ao mesmo tempo sujeito e objeto da pesquisa. Essa esfera de primeira ordem (que, a rigor, vem antes) é composta por: (i) todas as legalidades inerentes à subesfera dos sensíveis e da sensorialidade (portanto, os fantasmas[15] ou esquemas sensoriais das coisas, tal como investiga o volume II de *Ideias*); (ii) as solicitações intersensoriais entre esquemas estésicos diferentes, como, por exemplo, o da vista em função recíproca ao do tato, a esfera do corpo (*soma*, em grego) ou do esquema corpóreo em sentido lato, que, junto ao da vista, constitui um saber estilizado, mas silencioso, ativo na linguagem de Husserl, e apenas aquém da linha do estar perfeitamente ciente da consciência; (iii) por último, no que se refere ao mundo perceptivo, todos os sistemas, analogicamente entrelaçados de maneira passiva, dos horizontes internos e externos das coisas no espaço natural

---

15 O termo *fantasma* é tomado do vocabulário medieval e equivale à imagem de algo percebido pelos cinco sentidos. Guarda, portanto, as características individuais da coisa retida como imagem. Diferentemente, o termo *fantasia* pode significar tanto a capacidade de produzir imagens como o resultado da ação dessa capacidade que, em contraposição com o fantasma, é uma reprodução que não mantém fidelidade às características individuais da coisa representada. Por exemplo, no fantasma de uma bola verde, conserva-se a imagem precisa da bola verde; na fantasia, pode-se representar a mesma bola, porém vermelha. Pela fantasia também se misturam características de seres diferentes, como na representação de um unicórnio ou uma sereia.

TOMADA DE CONSCIÊNCIA DE SI　25

antes de serem submetidos à investigação do cientista natural (o físico, o biólogo, o zoólogo, o etólogo etc.). Retomam-se nisso, por essa razão, todos os sistemas de saberes, os estilos consabidos do mundo de maneira implícita por uma consciência qualquer e que dão a ela o mundo no âmbito do saber implícito, o mesmo pelo qual, para dar um exemplo, tal lugar é o lugar de uma determinada casa conhecida por mim, situada numa determinada rua de um bairro ou cidade particular, com estas e aquelas características bem precisas, todas consabidas de modo implícito, passivo, não temático no que consiste ao primeiro plano da consciência (*Vordergrund*).

A essa primordialidade pertencem também as qualidades sensoriais do mundo: o prazer estético de um verde ou de um vermelho, a particularidade de um perfume, o prazer ou desprazer de uma situação, o sentir-se ou não em casa, em suma, toda uma série de qualidades que são vividas como imediatas e que, por assim dizer, caracterizam, colorem o mundo (também elas, evidentemente consabidas, incorporadas). Não fazem parte, portanto, da primordialidade, a qual se acessa com o primeiro grau da redução fenomenológica, todos os processos chamados mentais ou neurológicos, por meio dos quais, causalmente, pode surgir a qualidade do vermelho, do azul, da sua aprazibilidade ou não etc. Tudo isso, de fato, é um consaber, algo que nunca, por princípio, pode aderir a uma forma qualquer de conhecimento da consciência, seja também ela exclusiva e simplesmente implícita.

Na primordialidade, entram também todos os saberes ligados à pessoa, que estão unidos na continuidade do nexo da *motivação*[16]: se tenho um bom ou um mau relacionamento com alguém, se ele me é simpático ou não, e se isso, consequentemente, induz a mim e ao outro a uma série de relações, essas relações estão conectadas por um nexo contínuo de motivação e não de mera causalidade; portanto, também elas não entram nos nexos estudáveis segundo o método da investigação natural. Esta poderá somente explicar, por exemplo, quais são as causas neurológicas, os mecanismos das emoções nas interações interpessoais,

---

16　Ver Glossário, verbete Causalidade e Motivação. Em *O Problema da Empatia*, Edith Stein diz: "A motivação é a legalidade da vida do espírito" (E. Stein, *Zum Problem der Einfühlung*, p. 114).

mas tais mecanismos nunca poderão ser tomados de empréstimo para explicar o fenômeno do relacionamento com uma pessoa em particular. Isso seria, segundo Husserl, trocar dois fenômenos completamente diferentes um do outro: a antipatia por uma pessoa por um lado (fenômeno primordial qualitativo) e seus respectivos processos neuronais (fenômeno quantitativo).

Empregando um termo de Husserl, registrado na *Crise das Ciências Europeias e a Fenomenologia Transcendental*, a esfera da primordialidade designa o mundo dos *plena*[17], ou seja, o mundo das formas, dos corpos, dos traços somáticos e psíquicos dos animais e das pessoas, como também das atitudes pessoais. É em direção a esse mundo dos *plena* que age, esvaziando-o das suas conotações qualitativas, a ciência físico-geométrico--matemática tal qual a inaugurada por Galileu: essa ciência vem depois da constituição de sentido do mundo dos *plena*, do mundo da cotidianidade, da primordialidade; em uma palavra, do mundo-da-vida. O mundo-da-vida é, assim, todo o conjunto de consaberes e práticas de sentido implícito (incorporado, diríamos hoje) que constitui a esfera essencial de sentido da consciência e que, enquanto tal, é o pressuposto sempre dado por descontado pela ciência (mas, exatamente por isso, esquecido, pois a ciência, muito frequentemente, dá vazão ao seu mundo matematizado como se ele fosse o verdadeiro mundo).

Desse modo, fora da esfera da primordialidade, mas ainda fazendo parte do mundo-da-vida, existem também todos os sentidos que abrangem a esfera da prática. Antes que a geometria se tornasse a ciência que conhecemos com Eudóxio, Tales, Arquimedes, Euclides, os seus objetos e seus axiomas, por assim dizer, já eram atuantes no mundo-da-vida sob a forma de práticas não questionadas. Por exemplo, antes da agrimensura, pontos, limites, lados dos campos etc. eram objeto da prática cotidiana pré ou protocientífica. Com a medição geométrica da terra, os mesmos pontos, linhas, retas, segmentos, figuras passam a ser nada mais do que conceitos-limite, esvaziados do *plenum* que tinham no mundo-da-vida. Na ciência moderna, o matemático e o físico galileano pressupõem todas essas práticas; o seu mundo, portanto, não é de primeira ordem, mas, por assim dizer, de segunda

---

17 O termo *plena* é o plural de *plenum*, substantivo latino no gênero neutro, que significa "pleno", "preenchido".

TOMADA DE CONSCIÊNCIA DE SI

ordem, uma vez que não é implícito (passivo), mas explícito (ativo). O verdadeiro mundo é sempre o mundo-da-vida e não o mundo investigado com os métodos das ciências da natureza; ou melhor, este último adquire sentido única e exclusivamente em relação ao primeiro, que atua como seu horizonte de sentido. Para Husserl, a consciência (*Bewußtsein*) e o mundo-da--vida são entrelaçados; não é possível separá-los. Contudo, se eu anulo a minha consciência, nada me obriga a pensar que o mundo deixa de existir. O que faltará ao mundo é a leitura que eu tenho dele. Foi isso que Husserl quis dizer e que pode ser expresso por uma afirmação muito polêmica: "se se anula a consciência, anula-se o mundo"[18]. Não significa que existe uma prioridade da consciência sobre o mundo, mas que ele precisa da minha consciência para poder ser visto e interpretado (portanto, para ter existência para mim). A realidade é auto-organizada em si, mas ela precisa da minha leitura[19].

Os discípulos de Husserl que se detiveram apenas na primeira parte das *Investigações Lógicas* questionavam como era possível Husserl ter retornado ao tema da consciência depois de se ter concentrado na análise dos fenômenos. Husserl sofreu bastante com essa discórdia e vários de seus discípulos o abandonaram. No entanto, Edith Stein, mesmo que tenha criticado Husserl, permaneceu fiel ao pensamento do mestre.

18 Husserl diz que "todo o *mundo espaçotemporal*, no qual o homem e o eu humano se incluem como realidades individuais subordinadas, é, *segundo seu sentido, mero ser intencional*, portanto, tal que tem o sentido meramente secundário, relativo, de um ser *para* a consciência. Ele é um ser de que a consciência põe a existência em suas experiências, que por princípio só é intuível e determinável como o idêntico de multiplicidades de aparições motivadas de modo coerente – mas, *além disso*, um nada" (E. Husserl, *Ideias Para uma Fenomenologia Pura e Para uma Filosofia Fenomenológica*, p. 116). O parágrafo 49 de *Ideias*, intitulado "A Consciência Absoluta como Resíduo do Aniquilamento do Mundo", é muito importante; já em seu título é possível perceber o porquê de ele ter gerado as primeiras divergências entre os discípulos que começaram a considerar a fenomenologia husserliana uma filosofia idealista.

19 Para melhor compreensão de como se realiza essa leitura da realidade, faço uma breve explanação da síntese passiva de Husserl: a minha percepção de cada objeto, embora se apresente num só golpe, dá-se por estratos. Antes de eu me dar conta da percepção de algo em sua totalidade, certas operações já foram como que secretamente cumpridas para compô-la. O estágio passivo corresponde à fase da pré-datidade; o ativo, à datidade (*Gegebenheit*). A síntese entre a pré-datidade e a datidade apresenta a matéria já auto-organizada por si. Consultar Glossário, verbete Datidade.

28 PESSOA HUMANA E SINGULARIDADE EM EDITH STEIN

A esse respeito, uma questão é primordial para a compreensão da relação entre Edith Stein e Husserl: a crítica ao suposto idealismo husserliano, que considero ter sido gerada por uma interpretação equivocada[20].

Como já vimos, quando Husserl fala da consciência como absoluto, ele mesmo se dá conta de que esse termo poderia criar problemas caso fosse interpretado como um retorno ao idealismo. Por essa razão, em 1917-1918, modificando seus termos nos manuscritos de Bernau, ele fala da consciência como fluxo de vivências (*Urstrom* ou *Urprocess*)[21], processo originário. Edith Stein foi muito atenta ao trabalho de burilamento vocabular empreendido por Husserl, o que me faz considerar incorreta a interpretação de alguns estudiosos de Edith Stein que a tomam por uma realista que se desvia de Husserl. Afinal, o próprio Husserl não pode ser considerado um idealista *stricto sensu*. Essa interpretação nasceu, possivelmente, com o intuito de alguns intelectuais de dar, dessa maneira, uma autonomia

---

20 Quanto à querela idealismo *versus* realismo, considero esclarecedora esta passagem de Angela Ales Bello, tirada do prefácio da edição italiana de *Introdução à Filosofia* de Edith Stein: "nota-se que nossa autora é da opinião segundo a qual a 'forma' relativa à natureza, em cuja base se ordena o material sensível e se regula o curso da experiência, é *independente* da consciência que experimenta; em outros termos, em relação a Kant, trata-se de estabelecer se a natureza é para ser entendida como 'aparição', isto é, fenômeno no sentido usado pelo criticismo, ou, para continuar usando uma expressão kantiana, é uma 'coisa em si'. Com isso, não se nega a validade do idealismo; trata-se de estabelecer em qual dos muitos modos ele possa ser dito. O modo proposto por Edith Stein, seguindo os passos de Husserl, quando ele, por exemplo, apreende nas coisas e nas ações humanas uma finalidade intrínseca e objetiva, não consiste em um idealismo 'subjetivo' que coloca a consciência como ser absoluto e eterno, mas é o que, mesmo reconhecendo como presentes categorias sobre as quais se funda a objetividade independente da consciência, considera que a realidade é *também* dependente da consciência, enquanto esta última a experimenta, a lembra, a pensa e assim por diante. Não se exclui, portanto, o 'realismo', mas se faz a distinção entre aquele que aceita com uma atitude ingênua e acrítica a existência das coisas – e isso é de se criticar – e aquele que reconhece que o mundo nos é dado por meio de estruturas da subjetividade. Este último admite que a existência real é *também* independente do fluir da consciência, mas no que se refere ao ser humano é apreendida por meio de suas estruturas cognoscitivas. Não se trata, portanto, de sermos forçados a escolher entre idealismo e realismo, mas de estabelecer a sua correlação, tendo esclarecido o que se entende por esse dois termos" (A. Ales Bello, Prefazione, em E. Stein, *Introduzione alla filosofia*, p. 12-13). A Seção 7 do Capítulo III da Parte I da *Introdução à Filosofia* de Edith Stein é dedicada precisamente à controvérsia idealismo *versus* realismo.

21 Consultar Glossário, verbete Fluxo de Consciência.

a Edith Stein, separando-a de Husserl. Mas, na verdade, Edith Stein está intimamente ligada a seu mestre. É claro, porém, que Husserl não se dedicou à antropologia filosófica como fez Edith Stein. Esse é um dos aspectos originais do pensamento da autora. É também verdade que Husserl não teve, no mesmo grau que Edith Stein, a abertura à metafísica. Mas, de qualquer forma, os fundamentos fenomenológicos sobre os quais Stein desenvolve seu pensamento são os de Husserl.

5. OBJETO E EXPERIÊNCIA ANTEPREDICATIVA

Antes de concluirmos essa primeira aproximação à fenomenologia de Husserl e Edith Stein, é útil destacar uma noção fundamental para compreender o princípio de individuação na pessoa humana: a noção de preenchimento qualitativo.

Husserl falara de preenchimento qualitativo, inicialmente, em sua obra *Filosofia da Aritmética*. Diz ele que o número zero é o substrato de todos os números, porque é um número esvaziado de qualidade. Prestemos bem atenção: de qualidade, não de quantidade. O número zero, para Husserl, representa aquele fundamento sobre o qual podemos iniciar os numerais; o fundamento é um lugar do qual se pode recomeçar sempre.

Para referir-se ao fundamento como substrato abaixo do qual eu não posso falar mais nada e acima do qual posso começar a predicar, Husserl emprega, algumas vezes, a expressão aristotélica *tóde ti*, que significa literalmente "isto aqui" ou "este isto que é um algo". Trata-se do mesmo campo semântico do termo alemão *Gegenstand*, que é geralmente traduzido por datidade ou objeto, mas que é um termo formado por aglutinação: *Gegenstand* é o que está (*stand*) diante de alguém, em contraposição (*gegen*) com alguém. Assim, o objeto, em fenomenologia, é o polo para o qual se volta cada ato da consciência; é um isto que é algo, quer dizer, a unidade básica de sentido em toda operação consciente. Para além dessa unidade não é possível ir com uma atitude natural, apenas com o esforço da análise pura (decompondo o que é implicado em cada objeto, como, por exemplo, os esquemas sensoriais de cor, superfície etc. quando se trata de um objeto da percepção sensível). Assim, o objeto vivido é a base para qualquer tipo de discurso, o que faz Husserl afirmar uma consciência relativa à experiência antepredicativa do mundo (isso não significa que a consciência venha antes do mundo, mas que a experiência tem um momento anterior à discursividade). Essa experiência seria, por analogia, o ponto zero ou o substrato que deve ser retomado continuamente e a partir do qual se fazem predicações (juízos) que dão significados aos preenchimentos qualitativos[22]. Esse substrato pode ser entendido como o caráter passivo da apreensão de cada objeto, a fase de pré-datidade. A apreensão do fundamento da essência não se dá imediatamente, razão pela qual Husserl fala de reiterados e contínuos processos de conhecimento.

---

22 As noções de preenchimento qualitativo e quantitativo serão exploradas adiante, no Capítulo II, Item 3.1.

II. O Princípio de Individuação da Pessoa em Edith Stein

1. REALIDADE DA PESSOA EM EDITH STEIN: NATUREZA E ESPÍRITO

Vimos que, na fenomenologia, a dimensão real é a dos fenômenos, foco da investigação filosófica, e que a apreensão é feita sempre sobre a concretude das coisas tal como elas se doam fenomenicamente a nós, e não sobre sua idealização. Desse modo, a antropologia de Edith Stein parte da vida humana real para compreender o ser humano; os indivíduos que temos diante de nós em carne e osso. Não se trata, portanto, de uma vitrine na qual se mostrariam realidades abstratas; o ponto de partida é sempre a vida em sua densidade.

Quando Edith Stein iniciou o estudo sobre a intropatia, ela já havia adquirido conhecimento sobre algumas noções importantes referentes à pessoa humana em um curso que Husserl dera em Göttingen sob o título "Natureza e Espírito". A autora aprendera que a estrutura ontológica do ser humano é complexa, trazendo a exigência de se falar de duas realidades aparentemente inconciliáveis: natureza e espírito. Muitos pensadores, ao analisar a estrutura da pessoa humana, consideraram a natureza e o espírito[1] como realidades isoladas. As duas realidades, porém, estão intimamente ligadas: não poderíamos habitar nosso corpo se não fôssemos habitados por uma força espiritual. Edith Stein percebe que é preciso buscar o ponto de conjunção dessas duas realidades; para tanto, empreende a investigação do fundamento último dos indivíduos espirituais, examinando os resultados obtidos tanto no âmbito das ciências da natureza quanto no das ciências do espírito[2]. Mas, de que modo as ciências da natureza e as ciências do espírito[3] são capazes de investigar o fundamento último dos indivíduos espirituais?

Partindo da unidade do indivíduo, percebemos que ele nos aparece como totalidade acabada em si. Mas, do ponto de vista categorial, somos levados a abstrair dois níveis originários totalmente diferentes do ser. Mesmo que estejam entrelaçados no indivíduo, esses dois níveis podem ser considerados distintamente, uma vez que a natureza tem uma fonte externa, se comparada com o espírito, que por sua vez se associa a uma fonte totalmente interna.

---

1   O termo *espírito* (em alemão, *Geist*) não é empregado aqui como referência àquela dimensão humana enfatizada pelas tradições religiosas, segundo o uso corrente que se faz hoje do termo. Embora possa conter essa conotação, espírito não equivale a alma em sentido religioso. Também não equivale a um componente do ser humano, ao modo do que alguns filósofos racionalistas modernos conceberam como um dualismo substancial (o ser humano seria composto de dois elementos, o corpo e a alma). O espírito é, antes, uma dimensão humana, a qualidade específica de ser racional, numa dualidade com o corpo físico, mas não num dualismo que cinde a unidade do indivíduo. A dimensão espiritual é aquela que não se explica apenas pela materialidade, ou seja, que não é compreensível apenas por uma descrição do corpo físico, mas que aponta para vivências não redutíveis a meras conexões causais físicas. *Grosso modo*, a dimensão espiritual pode ser constatada pela capacidade humana de conhecer, mas também de autoconhecer-se, de refletir sobre si e sobre o próprio conhecimento e de comunicar em posição de diálogo. Por ser a dimensão pela qual o ser humano supera a trama física, o espírito é o que possibilita o exercício da liberdade. É no registro da liberdade que o espírito pode implicar uma conotação religiosa, pois a experiência religiosa, no limite, é uma experiência de adesão consciente e livre à realidade divina.

2   As ciências do espírito (*Geisteswissenschaften*) são também conhecidas hoje como ciências humanas.

3   Permanece fundamental a esse respeito a distinção de Wilhelm Dilthey entre as ciências da natureza e as ciências do espírito, feita na sua obra de 1883: "as ciências do espírito são uma totalidade autônoma ao lado das ciências da natureza" (W. Dilthey, *Introduzione alle scienze dello spirito: tentativo di fondazione per lo sviluppo della società e della storia*, p. 5-25).

O PRINCÍPIO DE INDIVIDUAÇÃO DA PESSOA EM EDITH STEIN 33

Na dupla constituição ôntica do indivíduo[4] não devemos considerar, porém, um duplo princípio de individuação (um extrínseco, correspondente à natureza, e um intrínseco, relativo ao espírito), uma vez que a ideia (*eîdos*) da fenomenologia visa apreender primeiramente o momento essencial-individual (portanto, intrínseco).

Desses pressupostos surge inevitavelmente uma dificuldade para as ciências da natureza: estas são capazes de determinar somente de fora a individualidade, servindo-se do esquema tempo-espaço como princípio de individuação (*principium individuationis*). Nesse sentido, existe um indivíduo na medida em que ocupa um lugar particular aqui e agora. Essa posição, similar à teoria que vê na quantidade dimensional o princípio individuante, é muito problemática, uma vez que não é capaz de esclarecer o aspecto intrínseco do indivíduo espiritual e conduz, além disso, a questionar como o tempo e o espaço possam ser, por si, individuantes. Isso não pode ser sustentado, uma vez que o indivíduo espiritual consiste num tipo de unidade que se apresenta como coisa única e irrepetível, indicando o seu ser indivisível (*ungeteilt*). Nas investigações do capítulo oitavo de *Ser Finito e Ser Eterno*, Edith Stein esclarece que a unidade da qual fala não é a unidade quantitativa ou numérica, porque não podemos afirmar que o ser único de uma coisa deriva de sua quantidade ou constituição material. Segundo Edith Stein, a unidade numérica não pode ser o fundamento da individuação porque as características dimensionais podem mudar, enquanto a natureza do ser singular permanece a mesma. Além disso, as determinações acidentais do ser não podem existir por si, de modo que também não dizem nada a respeito de sua determinação última nem acrescentam nada a ela. O indivíduo tem uma unidade substancial que precede seus acidentes; naturalmente, os acidentes são ontologicamente posteriores a tudo aquilo a que eles são inerentes, e podem somente ser considerados sinais visíveis da individuação, não suas causas determinantes. Portanto, o posicionamento espaçotemporal não é suficiente para justificar a individuação como qualidade individual da estrutura do indivíduo.

---

4   No Capítulo 2 da Parte II da obra *Introdução à Filosofia*, Edith Stein explica detalhadamente a constituição dessa estrutura.

PESSOA HUMANA E SINGULARIDADE EM EDITH STEIN

Essa é a posição radical assumida por Edith Stein, que sustenta que as ciências da natureza não são capazes de explicar a individuação intrínseca do indivíduo. No seu dizer: "Pode-se estabelecer claramente uma personalidade como individualidade espiritual, independentemente dos seus pontos espaciais e temporais, e, por outro lado, não é possível determiná-la por meio dos pontos do espaço e do tempo."[5]

Essa hipótese pode ser melhor compreendida por meio da distinção que Edith Stein faz entre corpo físico (*Körper*) e corpo próprio/vivenciado (*Leib*)[6]. O posicionamento espaçotemporal, enfatizado pelas ciências da natureza, pode somente determinar o corpo físico (*Körper*), enquanto para a individuação do corpo próprio/vivenciado (*Leib*) é preciso ir além do aspecto quantitativo. Como diz Edith Stein: "Se se deve dar vida a uma ciência dos indivíduos espirituais, nesse caso a individualidade deve significar algo diferente do que é nas ciências da natureza: não simplesmente uma singularidade numérica, mas um estado qualitativo próprio."[7] Assim, a determinação numérica é insuficiente para especificar a essência individual, o que leva a direcionar as investigações principalmente para o conteúdo da essência qualitativa do momento individual: "A individualidade da coisa significa que ela é numericamente uma. A individualidade da pessoa também significa a mesma coisa, mas, além disso, ela é qualitativamente singular, e a singularidade é o meio para apreender a unicidade."[8]

Desse modo, a autora faz uma passagem precisa das ciências da natureza, que se concentram sob o aspecto quantitativo, para as ciências do espírito, as únicas capazes de apreender do

---

5 E. Stein, *Einführung in die Philosophie*, p. 202.
6 Edith Stein, no seu ensaio *A Estrutura Ôntica da Pessoa e sua Problemática Epistemológica*, distinguiu o corpo vivo (*Leib*), dotado de alma (*beseelt*), do corpo meramente físico (*Körper*) inanimado (*unbeseelt*) (cf. E. Stein, Die ontische Struktur der Person und ihre erkenntnistheoretische Problematik, *Welt und Person*, p. 172-173). Posteriormente, serão melhor explicitadas as noções de *Körper* e *Leib*. Quanto à terminologia empregada para *Leib*, alguns pesquisadores brasileiros, ao referir-se à elaboração inicialmente feita por Husserl, utilizam em suas traduções a expressão *corpo próprio*; outros, *corpo vivo*. Neste livro, para maior clareza didática, optamos por empregar a expressão *corpo próprio/vivenciado*. Consultar Glossário, verbete Corpo.
7 E. Stein, *Einführung in die Philosophie*, p. 212.
8 Ibidem, p. 203.

interior a essência da pessoa individual, sem com isso valer-se de algum elemento externo.

2. O ENCONTRO ENTRE FENOMENOLOGIA E FILOSOFIA MEDIEVAL

Formando-se na escola de Edmund Husserl, Edith Stein conhece bem o rigor do método fenomenológico. Ela encontra, porém, na filosofia medieval, meios de praticar esse rigor na busca de uma análise mais adequada ao ser humano, chegando ao núcleo de sua personalidade.

Em Husserl, a filosofia medieval não tem a presença tão significativa quanto para Edith Stein, porque, de certa forma, ele considerava que a metafísica escolástica era extrafenomenológica. A Husserl interessavam apenas os fenômenos que aparecem em carne e osso[9]. Ele estava convencido de que sua filosofia deveria ter valores universais e, para poder alcançá-los, acreditava não poder comprometer-se com nenhum outro campo de pesquisa senão o dos fenômenos.

Em Edith Stein, porém, há uma ampla abertura à metafísica. Junto com Hedwig Conrad-Martius, a pensadora traduz uma obra de Alexandre Koyré, intitulada *Ensaio sobre a Ideia de Deus e as Provas de sua Existência em Descartes*. A tradução dessa obra permite a ambas conhecer a filosofia de Duns Escoto. A convicção que as toma naquele momento leva-as a acreditar que somente seria possível tratar da singularidade examinando o problema da individuação do ser humano[10].

---

9   A dimensão metafísica não entrava inicialmente nas investigações de Husserl. Tanto é assim que alguns discípulos vindos de Munique a Göttingen sofriam um pouco de preconceito por estudar metafísica. Em uma carta de 1921 a Roman Ingarden, Husserl diz que Hedwig Conrad-Martius não era uma verdadeira filósofa por ter comprometido a fenomenologia com a metafísica. Alexander Pfänder recebeu a mesma crítica. Conrad-Martius acaba não conseguindo completar o seu doutorado com Husserl e retorna a Munique para terminá-lo com Pfänder.

10   Um aspecto importante a ser destacado em Edith Stein é sua insistência em que a investigação da noção de singularidade, como todo percurso filosófico que pretende alcançar um valor universal, exigia atitude rigorosa extrema, não podendo ser baseada somente na fé. Caso contrário, seria destinada a um círculo restrito de interlocutores. Era necessário, portanto, ir ao encontro do âmbito intelectual preservando, digamos, a laicidade da pesquisa.

PESSOA HUMANA E SINGULARIDADE EM EDITH STEIN

Lendo toda a obra de Edith Stein na ordem cronológica de sua redação, percebe-se que entender a singularidade do ser humano é sua preocupação constante. Ela perguntava como é possível que, no interior do gênero humano que subsiste em cada indivíduo, exista uma tonalidade pessoal que não pode ser confundida com a tonalidade de outros indivíduos.

Posteriormente, a conversão religiosa[11] de Edith Stein lhe permite conhecer também a filosofia de Tomás de Aquino[12], do qual a autora extrai elementos ontológicos fundamentais que serão confrontados com os resultados obtidos por Duns Escoto, o que veremos detalhadamente na sequência[13].

Antes, porém, de adentrarmos no terreno da investigação feita por Edith Stein sobre o princípio de individuação articulando as duas linhas (escolástica e fenomenológica), é necessário que conheçamos alguns termos técnicos empregados desde a filosofia clássica. Dois deles, fundamentais, referem-se aos conceitos de matéria-prima e matéria formada. Assim, procurarei explicitá-los dentro do contexto do princípio de individuação.

2.1. Matéria-prima e Matéria Formada

As questões fundamentais que são tratadas no capítulo VI da obra de Edith Stein intitulada *Potência e Ato*, especialmente nos últimos parágrafos, referem-se à relação entre a matéria-prima

---

11 Cabe observar que, após sua conversão ao cristianismo, foram quadruplicadas as suas publicações. Portanto, não é verdade, como alguns pesquisadores afirmam, que a conversão tenha afetado negativamente seus estudos.

12 O pensamento de Tomás de Aquino oferecerá um enriquecimento tão intenso a Edith Stein, que ela, durante muito tempo, será associada exclusivamente ao pensamento tomista, em prejuízo do pensamento franciscano-escotista. Hoje essa visão está superada.

13 Podemos dizer que a vida de Edith Stein começa efetivamente a mudar com o ensino de filosofia em 1932-1933, em Münster, onde ela se ocupa da formação de jovens. Esse seu trabalho lhe permite escrever um texto conhecido por nós como *A Estrutura da Pessoa Humana*, mas tinha ainda em mente publicar outro texto (que, por ora, só foi publicado em alemão com o título *O Que é o Homem*), porque queria não apenas dar início à formação dos jovens, mas também ativar neles uma reflexão crítica sobre aquilo que estava acontecendo politicamente na sua época. Esse texto provocou sua saída da universidade.

O PRINCÍPIO DE INDIVIDUAÇÃO DA PESSOA EM EDITH STEIN   37

e a concreção individuante, considerando algumas análises feitas por Hedwig Conrad-Martius.

Em contínua discussão com Conrad-Martius, Stein se sente no dever de definir melhor a sua posição em relação ao estatuto ontológico a ser atribuído à matéria-prima. Ela compartilha com Conrad-Martius a ideia segundo a qual todos os corpos materiais formados devam surgir de "baixo para cima", ou seja, a partir da matéria-prima[14]. A questão que se coloca aqui é compreender a passagem da matéria-prima (informe) para os corpos materiais formados, ou seja, o que determina a individuação desses corpos. Em relação à formação dos seres de espécie pessoal, Edith Stein não considera que a matéria-prima seja o fator determinante para sua individuação, pois o que "recebe em si a 'forma vivente', a enteléquia[15], não é a matéria-prima, mas uma 'substância'; portanto, é já algo formado"[16]. Assim, a resposta para a pergunta pelo que individua o ente humano não pode ser a matéria informe, mas outra coisa. O quê?

Naturalmente, Edith Stein não salta do nível da mera matéria-prima diretamente para o da individuação; ela identifica o nível mínimo no qual se verifica a corporificação. O que a filósofa constata é que a forma vivente não coincide com a forma material, embora esta deva ser pressuposta como um material já formado para a concreção vivente, ou seja, individual-personalizante.

Vale evocar aqui o princípio tomista segundo o qual a matéria é sempre formada pela forma que, portanto, tem prioridade ontológica. Assim, se duas coisas têm algo em comum, isso não pode ser a matéria, mas a forma. A matéria sempre recebe a sua

---

14 Trata-se de uma matéria rigorosamente chamada de informe, porque não podemos obter conceitualmente sua forma, uma vez que não a captamos como objeto. Em outras palavras, nenhum de nós nunca teve experiência sensível da matéria-prima, mas podemos deduzir a existência dela; afinal, se vemos coisas materiais, isto é, coisas com uma porção individual de matéria, isso supõe que todas as coisas materiais tenham uma base comum. A essa base chamamos de matéria-prima ou matéria informe. Como curiosidade, podemos pensar que mesmo os filósofos que tomam a matéria como único substrato da realidade – os materialistas, por exemplo, sobretudo os marxistas – o fazem por dedução metafísica, não por observação empírica. A matéria em estado bruto, anterior aos indivíduos, ninguém jamais viu.

15 *Enteléquia*: termo aristotélico que indica a condição de algo que está em ato segundo sua finalidade e não se encontra apenas em estado de potencialidade.

16 E. Stein, *Potenz und Akt*, p. 184-185.

forma, não tirando-a de si, mas recebendo de algo outro. No entanto, de onde viria a primeira forma para a matéria-prima? Segundo Stein:

a matéria-prima pode obter a primeira forma que lhe dá o ser somente do ser primeiro. [...] Para a causalidade terrena, não é relevante a formação primeira, mas somente a transformação. [...] Cada elemento é uma espécie, melhor dizendo, é uma *species specialissima* [espécie especialíssima; espécie última] que não admite mais nenhuma diferenciação[17].

Já em contexto cristão, ao escrever *Potência e Ato*, Edith Stein considera a hipótese da criação e afirma que a matéria-prima encontra a sua última justificação no primeiro ato criador de Deus. Tudo o que acontece a título de transformação nas substâncias simples ocorre sempre em seguida a esse ato de criação; a causalidade intramundana, as relações materiais entre as coisas, as substancializações corpóreas de cada gênero são substâncias formadas *a posteriori*, depois da primeira admissão da forma da matéria.

A matéria-prima assume, portanto, o caráter de um meio teoreticamente necessário para tornar inteligíveis as relações de individuação-concreção. Edith Stein completa esse ato teorético à luz das verdades reveladas e não somente à luz das filosofias de Aristóteles e Husserl. Essa teoria, no entanto, possui caráter lógico, pois a consideração da hipótese da criação não é uma mera submissão a um dado religioso revelado; é uma aceitação de um dado revelado que permite chegar a uma compreensão racional de aspectos que a filosofia – racional em sua essência – não se mostra capaz de extrair apenas com seus recursos próprios.

A necessidade lógico-teorética de afirmar a existência de uma matéria-prima se explica, como é possível inferir também da obra *Ser Finito e Ser Eterno*, por duas razões: (i) é necessária uma matéria-prima anterior a qualquer matéria determinada; (ii) essa matéria-prima, para não duplicar os princípios formativos, deve encontrar sua origem mesma num *Fiat* criador (um *Faça-se!*). Essa foi a solução que Edith Stein encontrou para não repetir as mesmas ambiguidades nas quais se enredou Aristóteles. Quando o Estagirita declama Homero, dizendo "Não é bom

17 Ibidem, p. 195.

O PRINCÍPIO DE INDIVIDUAÇÃO DA PESSOA EM EDITH STEIN 39

ter vários senhores; tenhamos apenas um"[18], não se dá conta de que falseia o seu monismo, uma vez que a matéria-prima se torna igualmente imóvel ou eterna como o primeiro motor imóvel. Nas palavras de Edith Stein: "A admissão de uma matéria originária eterna e não sujeita ao devir significa considerar que nada pode derivar do nada, e que o que é não pode tornar-se nada."[19] Edith Stein tenta escapar dessa dificuldade, trilhando a estrada do criacionismo em relação à matéria-prima.

As matérias formadas são, por assim dizer, nos seus diversos estados, um grau de objetivação da individuação posterior em relação àquele elemento logicamente postulado que é a matéria-prima. Como seres finitos, nós, de fato, correspondemos exclusivamente a graus diferentes de formação da matéria, sem nunca encontrar frente a frente a matéria-prima, que tem sentido pleno somente na presença de um *Fiat* criador. A questão a esclarecer é o motivo pelo qual Edith Stein não considera viável a matéria-prima como princípio de individuação.

2.2. O Princípio de Individuação na Escola Tomista

Na filosofia medieval, são consideradas, em geral, duas dimensões na pessoa: seu ser de essência (*esse essentiae*) e seu ser de existência (*esse existentiae*). A fenomenologia trabalha no campo da essência. Por que o campo da existência não é importante para a análise fenomenológica? Porque a manifestação de nós mesmos é uma parte daquilo que somos na realidade essencial[20].

A questão central, que gerou tantas outras, é onde situar o princípio de individuação. Nas análises que se seguirão, veremos que o princípio de individuação é único. Como se chega a essa conclusão?

Edith Stein constrói boa parte de seu pensamento à luz da filosofia de Tomás de Aquino. A escola tomista diz que o princípio de individuação está na matéria assinalada pela quantidade

---

18 Aristóteles, *Metafísica*, 1076a4-5.
19 E. Stein, *Endliches und ewiges Sein*, p. 204.
20 Ao dizer isso, não pretendemos que a essência, na fenomenologia, represente um componente junto com a matéria (tal como se afirma na vulgata difundida do pensamento medieval), mas que ela remete à unidade de sentido que o fenômeno revela para a consciência.

(*materia signata quantitate*). Na linha de pensamento de Tomás de Aquino, observa-se que, quando a matéria recebe uma forma, significa que a matéria é formada quantitativamente, daí a denominação de matéria assinalada pela quantidade. Desse modo, dois indivíduos seriam diferenciáveis pelas suas materialidades formadas (suas porções determinadas de matéria, ou seja, quantitativamente assinaladas). Se considerássemos, porém, dois indivíduos idênticos materialmente, o que os distinguiria entre si? Suas posições no espaço. Assim, para a escola tomista, a *materia signata quantitate* e a dimensão espaçotemporal seriam suficientes para dizer o que individua uma pessoa.

Vamos compreender como Edith Stein analisou essa perspectiva tomista. Ela critica o pensamento de um dos mais lidos manuais de filosofia neotomista da época, os *Elementa philosophiae aristotelico-thomisticae*, de Joseph Gredt, e não aceita a posição do autor a partir do momento em que ele reduz a compreensão do ser individual às suas características perceptíveis (físicas). Stein se pergunta se seria possível que a individualidade se refira diretamente ao conteúdo sensível do ser singular. A diversidade de conteúdo não faz parte da distinção formal do ente, mas da distinção material, motivo a mais para considerar que ela corresponde de maneira original às influências externas.

A questão é fundamental para Edith Stein, porque se trata de fazer concordar ou não o princípio que individua (o princípio que faz este indivíduo ser este e não confundir-se com outro) com as determinações de conteúdo fisicamente perceptíveis (materiais). Naturalmente, por trás dessa questão se esconde a crítica de Edith Stein à teoria de Gredt, que defende a matéria assinalada quantitativamente como critério para distinguir um ser singular do outro. Tanto para Gredt quanto para Stein, é claro que não se trata da simples matéria-prima, uma vez que esta, dado seu nível de generalidade, não poderia em nenhum caso atuar como princípio de individuação; afinal, sendo a matéria originária informe, totalmente desprovida de qualquer determinação, ela não pode ser o fundamento que determina a coisa única (*Einzelding*). Edith Stein e Gredt se referem à matéria já predisposta à informação por meio das determinações espaço temporais; a matéria que foi acolhida pela forma e predisposta ou orientada à expansão, ou seja, *materia signata quantitate*.

O PRINCÍPIO DE INDIVIDUAÇÃO DA PESSOA EM EDITH STEIN   41

Porém, segundo Edith Stein, a *materia signata quantitate* da tradição tomista não pode ser o fundamento da coisa única, pois, mesmo sendo a forma o elemento ativo, enquanto a matéria é o elemento passivo, e ainda que o elemento ativo do ponto de vista do ser seja superior ao elemento passivo, permanece-se na relação genérica entre forma e matéria, não se dizendo, assim, nada sobre o ser essencialmente este indivíduo (um *tóde ti*, um isto aqui, *Gegebenheit*).

Alguns estudiosos como Sarah Borden, nos Estados Unidos, Rosa Errico, na Itália, e Christof Betschart, na Suíça francesa, foram muito competentes em justificar como Edith Stein está intimamente ligada a Tomás de Aquino no que concerne à *materia signata quantitate*. Mas a questão que se coloca agora é crucial, porque, se se afirma que o princípio de individuação está na *materia signata quantitate*, permanece-se no âmbito da existência, que é posterior ao da essência (vejam que tarefa difícil é estabelecer um diálogo entre filosofia medieval e fenomenologia!). Stein percebe que, se se admitir que o princípio de individuação se dá pela *materia signata quantitate*, ao sujeito restaria ser manipulado pelo exterior. Mas, seria possível dizer que a singularidade é apenas o que observamos exteriormente das pessoas?

2.3. O Princípio de Individuação Escotista

A questão que conduziu toda minha pesquisa doutoral partiu de uma afirmação que Edith Stein faz em *Ser Finito e Ser Eterno*. No Prefácio, ela diz claramente que o leitor se dará conta de que ela iniciou seus estudos com Tomás de Aquino, mas que, no final, dirigiu-se à filosofia de Duns Escoto. Diz Edith Stein: "Talvez, diante de alguns resultados deste livro, poder-se-á perguntar por que a autora se vinculou ao pensamento de Platão, Agostinho e Duns Escoto, no lugar de Aristóteles e Tomás."[21] Ainda, no oitavo capítulo, ela diz expressamente: "Se bem entendo, Duns Escoto também faz assim: ele considera o *principium individuationis* uma qualidade positiva do

---

21 E. Stein, *Endliches und ewiges Sein*, p. 6.

ente, que separa a forma essencial individual da forma essencial universal."[22] A partir dessa afirmação, iniciei minha pesquisa que percorreu todas as obras de Edith Stein, analisando os pontos de ruptura com a escola tomista e buscando entender a evolução do conceito de singularidade.

Alguns estudiosos afirmam que existem dois princípios de individuação, um externo e um interno. O externo seria o tomista; o interno, escotista. Após minhas análises, concluí que o princípio de individuação deve ser único, não pode ser o resultado de uma síntese; caso contrário, nunca se poderá falar de uma individuação.

2.3.1. A última realidade do ente

Na obra intitulada *Ordinatio*, *Quaestio 6*, Duns Escoto pergunta se a substância material seria individuada por meio de uma entidade positiva que teria a função de contrair a natureza comum (espécie), tornando-a singular e incomunicável (indivíduo): a unidade dessa entidade positiva deveria se combinar com a unidade específica da natureza comum e, por sua combinação, constituir-se-ia o indivíduo concreto, intrinsecamente uno e acabado em si. A perfeição da unicidade individual faz com que essa entidade assuma uma conotação positiva na ordem substancial, uma vez que é inadmissível a sua divisibilidade.

Duns Escoto constata que nem uma dupla negação (quer dizer, negar que o indivíduo comporta divisão e negar que ele é idêntico a outro), nem a existência mesma, nem a quantidade, ou ainda, nem a matéria podem atuar como possíveis fatores individuantes, uma vez que a individualidade não pode residir na natureza comum ou no ser acidental de um ente. Estes, por si, são insuficientes para explicar a impossibilidade de um indivíduo ser dividido em partes subjetivas e, por conseguinte, se distinguir de todos os outros. Por isso, Duns Escoto defende a necessidade de que uma entidade positiva torne individual a natureza comum, de modo que o resultado da contração seja um ente individual único e irrepetível em si mesmo.

22 Ibidem, p. 408-409.

O PRINCÍPIO DE INDIVIDUAÇÃO DA PESSOA EM EDITH STEIN 43

Resta, porém, definir a íntima natureza dessa entidade positiva capaz de elevar o indivíduo acima da espécie e, portanto, contribuir para a sua realização plena na ordem das coisas criadas. Na realidade, Duns Escoto não define o estatuto metafísico dessa entidade; em outros termos, não lhe confere uma denominação particular dentro da ordem substancial, mas procura definir a relação que existe entre esse princípio individuante e a natureza comum: o princípio individuante não é adicionado à natureza comum como algo vindo do exterior, mas deve provir de dentro dela para dar origem à unidade real do indivíduo. O passo no qual Duns Escoto explicita a sua solução e esclarece o que ele entende por entidade positiva é o seguinte:

Se me perguntas o que é essa entidade individual da qual se obtém a diferença individual – se é a matéria ou a forma ou o composto – respondo: toda entidade quididativa – seja parcial, seja total – de um gênero qualquer é, de per si e tomada como entidade quididativa, indiferente a esta ou aquela entidade, de modo que, tomada como entidade quididativa, ela é naturalmente anterior a esta entidade que é esta. Dado que essa entidade individual tomada como entidade quididativa é naturalmente anterior, então, assim como não lhe convém ser esta, também não lhe repugna, pelo que lhe é constitutivo [*ratio*], ser o seu oposto; e, assim como o composto tomado como natureza não inclui sua entidade, pela qual formalmente é isto, tampouco a matéria tomada como natureza inclui sua entidade pela qual é esta matéria; por fim, a forma tomada como natureza também não inclui sua entidade. Portanto, essa entidade individual não é a matéria, nem a forma, nem o composto tomados como natureza, mas a última realidade do ente, que é matéria, forma e composto.[23]

A entidade individual não dedutível nem a partir da matéria, nem da forma, nem do composto de matéria e forma tem

---

23   Duns Escoto, *Ordinatio* II, n. 187-188, p. 483-484): *Et si quaeras a me quae est ista entitas individualis a qua sumitur differentia individualis, estne materia vel forma vel compositum, respondeo: Omnis entitas quidditativa sive partialis sive totalis alicuius generis, est de se indifferens ut entitas quidditativa ad hanc entitatem et illam, ita quod ut entitas quidditativa est naturaliter prior ista entitate ut haec est, et ut prior est naturaliter, sicut non convenit sibi esse hanc, ita non repugnat sibi ex ratione sua suum oppositum; et sicut compositum non includit suam entitatem qua formaliter est hoc in quantum natura, ita nec materia in quantum natura includit suam entitatem qua est haec materia, nec forma in quantum natura includit suam. Non est igitur ista entitas materia vel forma vel compositum, in quantum quodlibet istorum est natura, sed est ultima realitas entis quod est materia vel quod est forma vel quod est compositum.* Trecho traduzido por Juvenal Savian Filho.

origem a partir da última realidade do ente (*ultima realitas entis*). A individuação encontra, assim, o seu fundamento ontológico na realidade última do ente, uma vez que o ser individual não pode ser reconduzido ao ser genérico derivante da matéria, da forma ou do seu composto (*sínolon*[24]). Isso implica que a entidade individual é formalmente distinta, em sua estrutura essencial, da natureza específica da espécie, independentemente do fato de se tratar de uma parte (matéria ou forma) ou de um todo concreto feito de matéria e forma. O indivíduo se torna, assim, o resultado da combinação entre a natureza comum (espécie) e a entidade individual. Ambas são distintas formalmente entre si[25], por meio de uma distinção formal da parte da coisa (*distinctio formalis ex parte rei*), de modo que a singularidade do indivíduo e a sua natureza comum são vinculadas indissoluvelmente entre si e ontologicamente inseparáveis.

Essa distinção formal não pode ser confundida com a distinção real entre duas coisas (*res et res*). A diferença individual não está para a natureza comum como uma coisa está para outra, mas como um atual está para um potencial em um mesmo ente. Eis por que Duns Escoto destaca que a diferença individual não pode ser uma forma acrescida à natureza específica, que no caso seria ainda comum, mas define o princípio de individuação como a última realidade da forma (*ultima realitas formae*)[26], a condição de ser coisa (ser coisa individual). A individualidade não pode ser a forma, pois todas as formas são compartilháveis, mas ela é o ato mesmo de realização que torna acabada a própria forma. Caso contrário, definir o princípio de individuação como uma forma individual corresponderia a considerar esta última uma coisa (*res*) que se acrescentaria a outra coisa, o que reproduziria a relação entre espécie e coisa, não permitindo chegar à coisa individual. A natureza comum

---

24 O termo *sínolon*, em grego, e *compositum*, em latim, pode ser traduzido por *um todo composto de partes*. Na concepção de Aristóteles, trata-se do composto em "uma só coisa", ou seja, o composto matéria-forma na substância primeira.

25 Duas entidades resultam formalmente distintas entre si se são elementos constitutivos de uma única e mesma realidade, mas nenhuma delas pode existir por si, nem entrar na descrição definida da outra. Sobre a distinção formal escotista, ver W. Park, Common nature and Haecceitas, *Franziskanischen Studien*, p. 188-192.

26 Cf. Duns Escoto, *Ordinatio* II, n. 180, p. 479.

O PRINCÍPIO DE INDIVIDUAÇÃO DA PESSOA EM EDITH STEIN   45

e a diferença individual devem ser concebidas mediante uma distinção formal e presente não entre coisas, mas entre perfeições da mesma forma como a composição da realidade atual e potencial em uma mesma coisa. Duns Escoto define essas perfeições como *realitates* (realidades, condições de ser coisa) e *formalitates* (formalidades)[27]. A íntima ligação entre a natureza comum e a diferença individual habilita o indivíduo a não ser meramente subordinado à natureza comum, mas a ser a última e a mais alta perfeição da criatura. A originalidade dessa solução está no fato de que Duns Escoto fundou a individuação nas profundezas do ser substancial, reforçando uma visão, digamos, transcendental, cuja base ontológica reside na última realidade da forma, ainda que o seu fundamento deva ser encontrado na realidade última do ente mesmo.

Em suma, para Duns Escoto, o princípio de individuação não é uma coisa que se acrescenta a partir do exterior à natureza comum, tornando-a assim individual, mas é uma entidade (*entitas*), a condição de ser um ente, algo interno e fundador para a própria natureza do ser. Em outras palavras, Duns Escoto propõe um novo modo de conceber o ser, para além da sua ordem categorial.

2.3.2. A solitude última de Duns Escoto e a liberdade do indivíduo

O tratamento dado por Edith Stein a essa problemática se torna ainda mais claro na segunda parte da obra *Contribuições para a Fundamentação Filosófica da Psicologia e das Ciências do Espírito* (Parte II: Indivíduo e Comunidade)[28], na qual a autora volta sua atenção ao eu individual, unidade básica, última e fundadora para a constituição do viver comunitário. Nesse texto, Edith Stein retoma os resultados já obtidos no que se refere ao eu puro[29]:

O eu individual é o termo último de cada vida de consciência. Aqui, por eu individual não se entende a pessoa com características determinadas

---

27 Ibidem, n. 188, p. 484.
28 Cf. E. Stein, *Beiträge zur philosophischen Begründung...*, p. 116-283.
29 Consultar Glossário. Uma exposição do eu puro feita por Husserl pode ser encontrada no Capítulo I da Segunda Seção do Livro II do volume II de *Ideias*. De Edith Stein, ver a Parte II, Capítulo 1, Seção 1 da *Introdução à Filosofia*.

46 PESSOA HUMANA E SINGULARIDADE EM EDITH STEIN

e, portanto, uma singularidade, mas em primeiro lugar e somente o eu que é *este* e nada mais, único e indivisível, assim como é experimentado enquanto ponto de irradiação de qualquer vivência.[30]

O eu individual, para Edith Stein, experimentado na sua unicidade, não pode ser uma característica acidental qualquer da pessoa, mas o centro que constitui o fundamento de sua atualização.

Para Duns Escoto, o indivíduo é uma intrínseca solitude última (*ultima solitudo*)[31], o que não indica uma clausura em si mesmo, mas um total estar em si; uma solitude que é o resultado de um livre desabrochar da profundidade do próprio eu. O autor destaca que "à condição de pessoa requer-se uma solitude última, ou seja, a não dependência atual nem aptitudinal"[32].

Aqui a investigação fenomenológica de Edith Stein se aproxima da reflexão de Duns Escoto, pois, com a ideia de *ultima solitudo*, ela considera que é "verdadeiramente maravilhoso como esse eu, não obstante a sua singularidade e a sua insuprimível solitude (*unaufhebbaren Einsamkeit*), possa entrar numa *comunidade de vida* com outros sujeitos"[33].

---

30 E. Stein, *Beiträge zur philosophischen Begründung...*, p. 119.

31 Literalmente, a solitude última quer dizer a condição de uma unidade individual irredutível, o estar-só que caracteriza todo indivíduo humano muito antes de associar-se a qualquer outro indivíduo ou compor uma comunidade.

32 Duns Escoto, inspirando-se numa fórmula de Ricardo de São Vítor, considera como característica da pessoa a sua existência única, uma incomunicabilidade/solitude que a torna irrepetível: "assumindo a definição de pessoa dada por Ricardo de São Vítor, no livro IV do *De Trinitate*, cap. 22, temos que pessoa é a 'existência incomunicável de natureza intelectual'" (Duns Escoto, *Ordinatio* I, d. 23, q. un., n. 15, p. 355). Para o emprego escotista do termo *aptitudinal*, que deriva explicitamente de *aptidão* (designando, portanto, mais do que uma mera possibilidade), ver os números 236-237 da questão 2 da Parte 5 do Prólogo da *Ordinatio*. Há uma cuidadosa tradução em português, feita por Roberto Hoffmeister Pich em Duns Escoto, *Prólogo da Ordinatio*, p. 381-383.

33 E. Stein, *Beiträge zur philosophischen Begründung...*, p. 119. É interessante destacar como Hedwig Conrad-Martius, nos seus *Diálogos Metafísicos*, analisa a mesma questão: "refiro-me, se posso assim dizer, a essa solitude imanente (*Verlassenheit*) que parece caracterizar o ser humano sobre o fundamento da sua própria essência. [...] Salientaria apenas que esse momento da solitude imanente, por certo independente da essência do ser humano empírico é, sobretudo, característico da pura ideia do ser humano, uma vez que o essencial ser-posto em si mesmo ou no próprio centro encerra em si essa possibilidade, ou é completamente idêntico a ela" (Hedwig Conrad-Martius, *Metaphysische Gespräche*, p. 93).

O PRINCÍPIO DE INDIVIDUAÇÃO DA PESSOA EM EDITH STEIN   47

O indivíduo, por sua natureza, é uma mônada[34] e, por causa da sua unicidade e do reconhecimento da própria singularidade, pode sair de si, abrindo-se livremente aos outros e ao mundo circundante. Somente sobre a base de uma *ultima solitudo* é que a transcendência[35] do outro se torna acessível, embora o reconhecimento imediato da singularidade alheia não significa que ela possa ser possuída pelo eu, pois jamais será apreensível plenamente. Nas palavras de Stein: "o eu individual é um sujeito que recolhe uma multiplicidade de eus individuais. Certamente eu sou o eu individual cheio de tristeza. Todavia, não me sinto só na minha tristeza, uma vez que a sinto como nossa"[36].

Desse modo, a característica da solitude última é sempre uma abertura em direção a algo ou alguém; consequentemente, uma solidariedade com outro eu, quer dizer, com um tu. Sobre o fundamento individual constitui-se a primeira dimensão comunitária e de abertura em direção ao outro.

Sob um aspecto variado, isso se confirma, para Edith Stein, pela constatação de que toda a vida intencional da consciência é sempre uma abertura em direção ao mundo, em direção aos entrelaçamentos presentes na realidade (na realidade natural ou individual e sociocomunitária ou espiritual) que condicionam as liberdades do sujeito:

Toda a vida intencional, na medida em que constrói um mundo coisal, mostra-se como uma vida objetivamente vinculada. [...] Existe uma rígida legalidade a regular o curso da vida intencional; podemos caracterizar tal legalidade como motivação. O sujeito não dá essas leis a si mesmo; ele vive de acordo com elas e não tem a liberdade para se desviar delas (elas mesmas, de fato, delimitam o âmbito de sua liberdade).

34 "Para penetrar na essência da personalidade, é preciso lembrar que a psique [espírito], tanto do singular como da comunidade, possui uma dupla natureza: esta é ora uma mônada voltada para si mesma, ora o correlato do mundo circundante, um olho aberto sobre tudo o que se define como 'objeto'" (E. Stein, *Beiträge zur philosophischen Begründung...*, p. 200).

35 Por razões didáticas, lembramos o leitor que o termo *transcendência*, em fenomenologia, remete a tudo o que é considerado diferente do sujeito e externo a ele. Sua dimensão interna é chamada de *imanência*. Nesse sentido, o mundo físico é transcendente ao eu, mas a consciência é imanente a ele. É preciso cuidar para não se associar simplesmente transcendência e divindade, como o uso corrente do termo costuma fazer.

36 E. Stein, *Beiträge zur philosophischen Begründung...*, p. 120.

48 PESSOA HUMANA E SINGULARIDADE EM EDITH STEIN

Chega-se a isso quando se faz uma reflexão sobre a vida do sujeito, desmembrando-a reflexivamente.[37]

Enfim, é possível verificar ainda a profunda vizinhança da reflexão de Edith Stein sobre o tema da liberdade com a *ultima solitudo* de Duns Escoto, porque ela considera que o que leva os indivíduos a constituir-se em comunidade é alcançado somente "na libertação do indivíduo da sua solitude natural (*seiner naturhaften Einsamkeit*)"[38]. Somente a abertura, fruto de uma livre tomada de posição em relação ao outro, elimina o risco que se esconde na *ultima solitudo*, o solipsismo[39], que concebe o eu como fechado ou recolhido em si.

2.3.3. A inteligibilidade do individual

A possibilidade de conhecer os entes na sua individualidade coloca, do ponto de vista epistemológico, uma série de questões com referência à inteligibilidade do individual em si e não para nós (*quoad nos*). Essa problemática evoca um tema da teoria platônico-aristotélica do conhecimento, reelaborada pelo pensamento medieval: (i) se conhecer é colher o que há de universal nos singulares, (ii) então, os singulares não podem ser conhecidos, mas apenas descritos, (iii) uma vez que não pode haver ciência de coisas particulares, mas apenas dos aspectos universais presentes nelas. Além disso, essa problemática remete ao que os medievais exprimiam da seguinte maneira: algo é inteligível/cognoscível em si quando, em sua definição, o sentido do predicado está contido no sentido do sujeito. Porém, mesmo inteligível em si, isso pode não ser inteligível para nós (*sed non quoad nos*); é o caso de quando a inclusão do predicado no sujeito não é evidente, imediata, ou de quando não conhecemos o sentido dos termos que compõem o sujeito e o predicado. Um exemplo de algo inteligível em si e também para nós (*et quoad nos*) é a proposição "O todo é maior do que as partes" (basta conhecer o que significa "todo" e "parte" para entender essa afirmação tão logo ela seja pronunciada)

---

37 Idem, *Potenz und Akt*, p. 252-253.
38 Idem, *Beiträge zur philosophischen Begründung...*, p. 247.
39 Consultar Glossário.

O PRINCÍPIO DE INDIVIDUAÇÃO DA PESSOA EM EDITH STEIN   49

um exemplo de algo inteligível em si, mas não para nós, é a proposição "Todo corpo é extenso" (é preciso uma compreensão mais elaborada do sentido de "extensão" e de "corpo" para poder entender a vinculação estabelecida entre eles). O problema do conhecimento do individual que se apresenta a Edith Stein neste contexto é o de que o indivíduo possa ser inteligível por si, mas não para nós, isto é, de não termos condições de entender imediatamente aquilo que define a individualidade. Pergunta-se: como é possível "agarrar" a objetualidade dos entes individuais se o ente é cognoscível somente enquanto é portador das características do gênero e da espécie? Dito de outra maneira: podemos chegar a sustentar que o individual/singular pode ser retido como objeto de conhecimento tanto quanto o geral? Podemos chegar ao conhecimento do individual?

Considerando que a essência geral do indivíduo não permite conhecer a sua característica individual (sendo que esta última, porém, permite distinguir em dois indivíduos da mesma espécie a singularidade típica de cada um), devemos estabelecer de qual tipo de conhecimento falamos quando afirmamos a individualidade do ente.

Em seu comentário ao *De Anima* de Aristóteles, Duns Escoto diz que a individualidade é a forma mais perfeita do ente, a qual é inteligível em si, mas não para nós (*quoad nos*)[40]. Na *Ordinatio*, ele considera que, se não podemos conhecê-lo, o individual/singular não é objeto nem de ciência nem de demonstração. Essa reflexão sobre a impossibilidade para nós (*quoad nos*) de conhecer o individual está ligada ao que Stein sustenta em sua obra *Introdução à Filosofia*, na qual ela afirma que se pode apenas colher intuitivamente o individual/singular, não sendo possível levá-lo plenamente a conhecimento[41]. Dizer, porém, que não é possível levar o individual plenamente a conhecimento não significa que não se pode saber nada sobre ele. Neste ponto, duas noções tornam-se indispensáveis: a de forma vazia (pois conhecer a individualidade será, como diz Edith Stein, conhecer por forma vazia) e a intuição. Trataremos da forma vazia um pouco adiante. Agora, dediquemo-nos à intuição.

---

40   Cf. Duns Escoto, *Quaestiones super librum secundum et tertium De Anima*, q. 22, n. 17, p. 231.
41   Cf. E. Stein, *Einführung in die Philosophie*, p. 98.

A intuição[42], como instrumento cognoscitivo, assume um papel fundamental na orientação fenomenológica porque a individualidade do ente é apreendida imediatamente e por si mesma, ou seja, sem o auxílio de nenhuma mediação para o seu conhecimento. Desse modo, sempre iniciando pelo individual, toda forma de conhecimento pressupõe necessariamente o ato intuitivo; cada processo cognoscitivo se origina a partir daquilo que se intui. A intuição, assim, funda e dá início ao conhecimento que se constrói sobre a base do material que lhe é oferecido. Consequentemente, uma vez intuído o ente, dá-se a percepção, ou seja, o ato no qual o ser coisal se apresenta em carne e osso e por si mesmo. O intelecto, em contato com o ente coisal-concreto, pousa o olhar sobre ele como é em si mesmo, apreende-o imediatamente em seu valor de ente, isto é, em si mesmo. Diz Edith Stein que "é próprio da percepção o fato de que ela seja percepção de um objeto individual de conteúdo completamente determinado"[43]. Apresenta-se, todavia, para o indivíduo, uma dupla modalidade de abordagem: enquanto as ciências da natureza conhecem o indivíduo apenas sob o ponto de vista geral (pois as ciências não elaboram teorias sobre este ou aquele ente, mas sobre espécies e gêneros), a percepção "apreende o objeto na sua plena concretude: o indivíduo com todas as suas particularidades individuais"[44].

Assim, tanto Edith Stein quanto Duns Escoto definem o conhecimento da individuação como o apreender as formas últimas do ser. Nesse ponto, os planos metafísico e fenomenológico se entrelaçam. Mas, por enquanto, isolamos apenas um âmbito; queremos agora questionar de modo diferente o individual/singular. Falando com termos próprios da investigação fenomenológica, queremos intuir sua essência. Para tanto, acompanhemos o modo como Edith Stein posiciona-se no debate entre Duns Escoto e a escola tomista, para, na sequência, dedicarmo-nos à sua própria solução.

---

42 Lembramos o leitor que aqui se fala de intuição no sentido husserliano e no sentido geral em que os filósofos falam de conhecimento sem mediações. Consultar os verbetes Essência, Intencionalidade e Noesis/Noema no Glossário.
43 E. Stein, *Einführung in die Philosophie*, p. 18.
44 Ibidem, p. 86.

2.4. *Tomismo* versus *Escotismo:*
A Solução de Edith Stein

Na análise crítica da resposta tomista ao princípio de individuação, Edith Stein refuta a *materia signata quantitate*, uma vez que o referido princípio não pode ser algo que constitui o indivíduo de modo quantitativo e meramente numérico. A constituição fundamental do ente consiste em matéria e forma e, se a matéria não pode ser levada em consideração, resta o conceito de forma como possível princípio de individuação. Porém, falar de forma é algo que pode incorrer em ambiguidade, porque se pode pensar na forma da espécie (geral, portanto, sem chegar à singularidade). É necessário falar de forma no ser singular (*Einzelsein*), sem, porém, dar a impressão de que uma forma singular seria uma forma que se acrescenta de fora à forma da espécie. Diante desse desafio, Edith Stein recorre a um modo de falar de forma inteiramente diferente da acepção geral normalmente dada a esse termo. Diz ela que a forma individual ou singular deve ser concebida ao modo de forma vazia (*Leerform*).

Como temos insistido, o princípio de individuação não pode ser considerado algo que se acrescenta do exterior ao indivíduo, mas uma qualidade positiva do ente (*etwas positiv Seiendes*) que já está contida no seu interior como perfeição do seu ser. A qualidade positiva consiste no fato de a natureza individual (o ser isto) não ser considerada como uma segunda natureza ao lado da natureza comum (espécie), mas a natureza comum realizada na natureza singular: nada é acrescido à forma específica de homem pelo ser Sócrates, mas é no ser Sócrates que está contida a forma de homem, assim como no ser Cálias, no ser Pedro, no ser Maria e assim por diante[45].

Enfim, mesmo que Stein não fale explicitamente da qualidade positiva do ente com a expressão *ultima realitas entis* de Duns Escoto, ela utiliza, na obra *Potência e Ato*, o termo escotista *haecceitas*[46] para designar a individualidade do ser singular.

---

45 Cf. Idem, *Endliches und ewiges Sein*, p. 402.
46 Consultar Glossário, verbete Ipseidade, e Anexo II (Termos Latinos e Partículas Alemãs), entrada *Haecceitas*.

A forma individual corresponde à *entitas positiva* de Duns Escoto, por cujo emprego o franciscano visa mostrar que a singularidade não é produto nem da matéria, nem da forma, nem do *sínolon* de matéria e forma, mas algo que, como realidade, se distingue formalmente da natureza comum e tem a função de contraí-la, tornando-a assim individualmente existente.

3. O PRINCÍPIO DE INDIVIDUAÇÃO SEGUNDO EDITH STEIN

3.1. *Preenchimento Qualitativo e Quantitativo*

Uma questão que se apresenta em relação ao princípio de individuação é se ele seria o mesmo, tanto para as coisas físicas em geral quanto para o ser humano. Com base na análise de duas versões disponíveis da obra *Potência e Ato* de Edith Stein (um manuscrito que ela enviou a Hedwig Conrad-Martius e a edição publicada oficialmente), podemos observar que Edith Stein diferencia a singularidade de uma coisa física e a singularidade de um indivíduo humano.

Essa diferença pode ser vista na edição inglesa de *Potência e Ato*, preparada sobre a base da primeira edição das obras de Edith Stein. Na passagem que trata da individuação, o curador da edição inglesa faz referência a preenchimentos qualitativos e quantitativos. Ocorre que, na nova edição crítica das obras de Edith Stein, constatamos apenas a referência ao preenchimento qualitativo. Isso leva a ver que, se na edição crítica foi retirada a referência ao preenchimento quantitativo, é porque ela era um acréscimo ao manuscrito original que serviu de base à primeira edição da obra (ainda não crítica). Segundo os critérios de toda edição crítica, acréscimos desse tipo devem ser tirados, pois não correspondem aos manuscritos originais. Aliás, na cópia do manuscrito original que Edith Stein enviou à sua amiga Hedwig Conrad-Martius, em 1933, não há nenhuma referência ao preenchimento quantitativo. Será, então, algo de que ela realmente não queria falar? Certamente não se trata disso.

A resposta é mais simples: para Edith Stein era óbvio que, ao pensarmos a individuação humana, o preenchimento com que se opera é qualitativo, não quantitativo, a ponto de sequer ser necessário acrescentar o preenchimento quantitativo ao abordar a especificidade da individuação humana. O acréscimo ao manuscrito deve ter sido feito por alguém com excesso de zelo, mas desvia, de certo modo, a atenção do leitor, que deveria concentrar-se no estilo límpido e direto de Edith Stein.

Numa palavra, para Edith Stein, o preenchimento qualitativo indica o elemento essencial que se liga à forma vazia e que nos dá o indivíduo; mas, para coisas físicas/materiais, esse preenchimento seria quantitativo, porque sua determinação está ligada à divisibilidade da matéria, ao espaço e ao tempo.

3.2. Forma Vazia e Princípio de Individuação no Ser Humano

Como vimos, a relação forma-matéria é encontrada em Duns Escoto e na tradição tomista, mas o conceito de forma vazia, aplicado ao problema da individuação, é encontrado somente em Stein. Ela conclui que o indivíduo, metafisicamente, tem um substrato, um fundamento. É difícil conceber essa forma esvaziada. De onde viria essa ideia?

Forma vazia (*Leerform*) é um conceito metafísico ligado ao *tóde ti* que Husserl elabora com base na expressão aristotélica. Assim, a forma vazia é o substrato, e esse substrato, isto é, a forma vazia à qual devemos chegar com a nossa razão, é o último fundamento do nosso ser. Devemos localizar a individuação não num estrato intermediário, mas no fundamento último; esse é o sentido do conceito metafísico de *Leerform*.

Procuremos entender, então, o caminho percorrido por Edith Stein para chegar a esse conceito. Uma das obras mais complexas e originais de Husserl, *Lógica Formal e Transcendental*, de 1929, consiste, para Stein, na referência explícita para direcionar a discussão sobre o conceito ontológico de forma vazia e seu respectivo preenchimento em indivíduos concretos. Ela se serve de duas expressões para representar os momentos constitutivos da individuação do ser singular: uma é a forma vazia ou o substrato determinado como estrutura formal-ontológica, e a outra é o preenchimento qualitativo como plenitude do ser. Por meio delas, Edith Stein esclarece que o indivíduo é não somente um portador estático das características de sua espécie, mas algo de singular, uma vez que o preenchimento qualitativo confere uma identidade própria e única em relação às outras singularidades da mesma espécie. Aqui, fica de fora da investigação o exame das características que pertencem de igual maneira à maioria dos indivíduos da mesma espécie, pois tais indivíduos só têm razão de ser com base no singular, portador de um princípio que necessariamente não deve dizer como os indivíduos se distinguem entre si, mas como sua estrutura constitutiva única e intangível é justamente a determinação qualitativa no preenchimento do substrato último do ser. A plenitude do ser (*Wesensfülle*) tem, portanto, prioridade sobre cada diferenciação individual entre os membros da mesma espécie.

Tudo isso comporta uma separação radical entre a singularidade como o único ato constitutivo interno do indivíduo e a causa de diferenciação entre os indivíduos da mesma espécie. Se se quer apreender exatamente o que é o fundamento último da singularidade, é preciso dirigir um olhar retrospectivo capaz de penetrar ainda mais profundamente na interioridade do ser singular, uma vez que, para Stein: "A diferenciação exterior remete à interior: remete para um último e simples *Quale*. [...] Por outro lado, a diferenciação exterior só é possível a partir da interior."[47]

Pode parecer que Stein tenha pensado que também as coisas físicas se individualizem somente pela forma, em razão da existência daquela diferença entre a primeira e a segunda versão de *Potência e Ato*. Não se coloca em discussão, porém, a convicção da pertinência da forma para a individuação das pessoas a partir do momento em que se abre a *ultima solitudo* no ser das mesmas; a referência às coisas físicas corresponde aos aspectos materiais presentes certamente também nas pessoas, mas essa presença não pode depor a favor da hipótese de uma duplicidade ou multiplicidade do princípio de individuação. O resultado é a concretude, termo utilizado por Edith Stein, que evoca a contração (*contractio*) de Duns Escoto.

Se quisermos entrar mais nas implicações presentes nesse conceito, podemos então dizer que, desde o início do segundo

---

47 E. Stein, *Potenz und Akt*, p. 59.

capítulo de *Potência e Ato*, Edith Stein busca uma determinação do conceito fundamental de cada ontologia. Diante da indiscutível subdivisão husserliana entre uma ontologia formal e outra material, Edith Stein extrai uma noção particular em relação aos conceitos centrais desses dois eixos da ontologia e, em relação à ontologia formal, chega ao conceito de forma vazia-qualificada, que deve reger toda a doutrina de uma fenomenologia da pessoa: a ontologia formal é, para Edith Stein, a doutrina das formas do ser e do ente. A forma é tudo aquilo que atualiza – no sentido de delimitar – qualquer conteúdo que faz parte da potencialidade de um indivíduo. Falando em termos de conteúdo, todos os indivíduos são irrepetíveis, tanto os materiais como os espirituais, uma vez que nesses indivíduos se encontra uma plenitude quali-quantitativa que constitui a sua concreção. Esse tipo de análise acaba constituindo uma doutrina sobre os entes independentes. Vejamos a seguir o esquema steiniano da ontologia[48]:

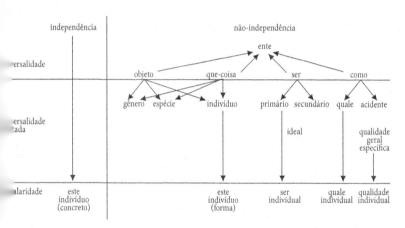

[48] Esse esquema ontológico se encontra no Capítulo II, Seção 3, da obra *Potência e Ato*. Nele, Edith Stein explicita e articula todos os conceitos que dele participam, como os de *que-coisa*, *quale* e as relações de independência e não-independência. Gostaríamos de observar, brevemente, a diferenciação que Edith Stein faz, nesse capítulo, entre os conceitos de *quale* e de qualidade. *Quale* corresponde ao acidente que não se separa da coisa (in-habita nela); por exemplo: cor e extensão. Já a qualidade é o acidente que tem caráter variável no estado da coisa; por exemplo: seco ou molhado. Para maior aprofundamento, a questão dos objetos independentes e dependentes dentro do estatuto fenomenológico também pode ser encontrada no Capítulo I, § 15 do volume I de *Ideias* de Husserl (cf. E. Husserl, *Ideias para uma Fenomenologia Pura e para uma Filosofia Fenomenológica*, p. 53-55).

56 PESSOA HUMANA E SINGULARIDADE EM EDITH STEIN

Todos os sentidos em que se diz a forma (forma espacial das coisas visíveis, forma como força vital de um organismo, forma como ideia) correspondem, portanto, à atualização de algo potencial, o qual, em última análise, é a matéria completamente informe.

Os gêneros últimos da ontologia formal e os gêneros e espécies subordinados se encontram numa relação de delimitação. Essa relação, em Edith Stein, não deve ser entendida sempre no sentido da especificação. Se a relação de especificação vale nas relações entre gênero e espécie (por exemplo, animal – animal racional), isso não é suficiente nas relações entre espécie e indivíduo, quer dizer, entre espécie e pessoa. Parece-me plausível dizer que, para Edith Stein, as relações de não independência são relativamente mais marcadas pela relação de especificação, mas essa relação parece não ser mais suficiente a partir do momento em que é necessário justificar a individuação pessoal, para a qual é mais conveniente o termo empregado anteriormente: concreção. É somente num isto-aqui concreto e independente que se realiza, por infusão, a individuação personalizante:

a cor pode se tornar específica somente dentro da escala das cores e não em diferentes formas espaciais, embora ela possa aparecer concretamente em diferentes formas espaciais. A diferença entre especificação, concreção e individuação destaca-se claramente aqui. A cor recebe a individualidade entrando na estrutura de um indivíduo concreto; [...] a concreção é o "concrescer" com os outros momentos que pertencem à estrutura do indivíduo[49].

Portanto, se esse conceito de concreção torna possível explicar as relações de independência já na esfera dos *sínola* (compostos) inorgânicos, ele deve ser ainda mais relevante para a individuação da forma pessoal, a qual, evidentemente, encontra a sua sustentação última justamente na *ultima solitudo* do seu próprio núcleo (*Kern*), o núcleo da personalidade, como explicitaremos no próximo capítulo. Acredito poder encontrar uma confirmação para essa interpretação nas seguintes palavras de Francesco Bottin:

---

49 Edith Stein, *Potenz und Akt*, p. 31.

O PRINCÍPIO DE INDIVIDUAÇÃO DA PESSOA EM EDITH STEIN   57

Stein, diferentemente de Escoto, parece disposta a admitir a individuação por meio da matéria, mas somente para realidades materiais. Para essas realidades, a via tomada por Tomás de Aquino pode resultar aceitável. Mas quando se trata de realidades espirituais ou de algum modo ligadas à espiritualidade, esse caminho não é mais viável.[50]

O indivíduo-pessoa, portanto, encarna a espécie em sua plenitude; espécies e gêneros são vazios em relação a ele, não se especificam simplesmente nos indivíduos-pessoas, mas se infundem ou se inserem neles; os indivíduos os exemplificam, mas superam o âmbito da forma essencial, põem-se de certo modo fora de um mesmo *quid*[51].

Somente as formas preenchidas, aquelas que se deixam encarnar em indivíduos, estão fora da relação de especificação e, portanto, fora da relação mereológica, dando lugar à singularidade concreta. Como nota Angela Ales Bello, isso permite a Edith Stein uma admirável síntese entre a abordagem essencialista típica da fenomenologia e a abordagem metafísica própria da tradição medieval, direcionando-se mais ao momento do *concretum* atual-real no qual se realiza a individuação:

Dada a estratificação trilhada sobre a linha das essências, são compreensíveis, então, também outras abordagens: a fenomenológica que, por meio da redução da atitude natural se aproxima do *quid* das coisas ou ao seu sentido *coisal* e no plano cognoscitivo alcança a consciência que apreende o *significado espiritual* das coisas, e também a abordagem linguística, porque, se se examinam as análises de expressão relativas à linguagem, encontra-se, justamente, o *significado linguístico*. Isso permite não excluir nenhuma perspectiva, melhor: permite compreender os diversos pontos de vista nos quais se articula a investigação filosófica. Portanto, segundo Edith Stein, entre a investigação fenomenológica e a metafísica não existe conflito: trata-se de duas vias de pesquisa que convergem sobre a mesma realidade, colocando em evidência ora um aspecto, ora outro. Certamente a individuação do ser essencial permite penetrar mais profundamente no sentido da realidade. Os entes essenciais se distinguem, de fato, dos temporais-atuais e dos somente

---

50   Francesco Bottin, *Tommaso d'Aquino, Duns Scoto e Edith Stein sull'indivi-duazione*, Il Santo: Rivista Francescana di Storia, Dottrina, Arte, p. 127.

51   *Quid*, em latim, refere-se àquilo que algo é. Edith Stein prefere empregar diretamente o pronome interrogativo alemão *Was*, que, substantivado, pode ser traduzido por *que-coisa*. Consultar Anexo Dois (Termos Latinos e Partículas Alemãs).

PESSOA HUMANA E SINGULARIDADE EM EDITH STEIN

pensados; todavia, os três momentos se encontram entrelaçados no ser humano.[52]

Com base em todas essas considerações, fica cada vez mais evidente que é do lado da forma que se pode procurar a individuação do ser humano e não do lado da matéria. Mas trata-se de uma forma que, paradoxalmente, não poderá mais ser considerada como a recolhedora de intenções generalizantes. Nisso consiste o conceito de forma vazia de Edith Stein. A forma vazia – como a linha de demarcação objetiva que, exteriormente, separa cada ente individual de todo o restante, de tudo o que ele não é, e, interiormente, delimita o substrato ou profundidade do ser – constitui o fundo da singularidade. Em que isso implica, particularmente no caso do ser humano? O ser singular não se distingue de modo algum em conteúdo quando comparado a outro ser singular. Na pessoa humana, encontramos características (tipos de conteúdos) que são compartilhadas por todos os seres de sua espécie; porém, cada indivíduo reúne esses conteúdos de modo inteiramente singular, por sua maneira individual de realizá-los.

Por essa razão, Edith Stein destaca somente a determinação qualitativa do preenchimento em relação à forma vazia, evidenciando, como faz Duns Escoto na *Ordinatio*, que o que-coisa (*Was*) não pode ser comunicado ao indivíduo pela espécie: o princípio de individuação deve ser diferente da espécie[53], porque cada singularidade, pelo fato de ser incomunicável, deve ter uma fundação no próprio indivíduo.

Para maior esclarecimento dessa questão e, considerando o exame do conceito ontológico de forma vazia, devemos analisar o porquê de a plenitude quantitativa não poder ser admitida como prioridade ontológica no preenchimento da forma vazia para a determinação da singularidade. Primeiramente, é preciso observar que a forma vazia não se apresenta empiricamente; na empiria, só captamos formas sempre preenchidas por um conteúdo. Se fosse incluída a plenitude quantitativa no processo de concreção, a singularidade seria determinada, necessariamente,

---

52 A. Ales Bello, Il singolo e il suo volto, em D. Vinci, *Il volto nel pensiero contemporaneo*, p. 184.

53 Cf. E. Stein, *Potenz und Akt*, p. 29.

O PRINCÍPIO DE INDIVIDUAÇÃO DA PESSOA EM EDITH STEIN   59

por fatores externos ao indivíduo, como a determinação espaçotemporal, perdendo, assim, seu caráter intrínseco e fundador que consiste em ter em si tudo o que a determina. Somente o que-coisa, como plenitude qualitativa, representa, portanto, a tonalidade individual do ser singular que subsiste em si não obstante todas as mudanças derivadas da dimensão quantitativa. Diz Edith Stein: "O indivíduo é algo de singular, uma coisa única; isso pode ser fundado no *que-coisa* ele é, uma vez que esse indivíduo não admite nenhuma repetição."[54] A irrepetibilidade como garantia da unicidade intangível do indivíduo pode pertencer somente à determinação qualitativa do seu ser e não à plenitude quantitativa (que por si é repetível em mais indivíduos). Em outras palavras, não é o preenchimento como conteúdo, mas é a tonalidade qualitativa do preenchimento que torna o indivíduo um ser singular de modo único e irrepetível[55].

Esclarecido o preenchimento qualitativo no processo de concreção, consideremos agora a forma vazia, conceito pertencente à ontologia formal. Segundo Edith Stein, "forma vazia significa que essa forma designa, *com* o seu completo preenchimento, um quê de singular, e vice-versa, que *somente* um quê de singular pode ser o seu preenchimento imediato"[56].

Precisamos identificar o sentido que Edith Stein atribui à "dupla forma de individualidade: uma forma, na qual a *haecceitas* [o ser um isto] é fundada na *quidditas*, e outra cujo fundamento se encontra para além do *quid*"[57]. Nos dois casos, Edith Stein descreve um âmbito diferente de preenchimento, em função de tratar-se da *haecceitas* em relação à última realidade da forma vazia ou da simples realidade material na qual o fundamento jaz fora do *quid*. Naturalmente, encontramo-nos diante de dois âmbitos categoriais diferentes do ser (forma vazia

---

54 Ibidem, p. 38.
55 A tonalidade pode ser evidenciada nas pessoas humanas do seguinte modo: todos compartilhamos os mesmos gêneros e espécies (de conteúdos); porém, esses conteúdos, em cada um de nós, adquirem um modo individual de ser. Todos sentimos dor, alegria ou temos o dom da escrita ou da matemática; mas ainda que se trate do mesmo conteúdo (a vocação para a música, por exemplo), cada pessoa o vivenciará ao seu modo e esse modo é único. A tonalidade, aqui, corresponde ao modo singular de cada ser operar ou possuir as mesmas capacidades compartilhadas pelos outros seres.
56 E. Stein, *Potenz und Akt*, p. 24.
57 Ibidem, p. 30.

e *sínolon* de matéria e forma): a individualidade, para fundar--se em si, deve pertencer intrinsecamente à última realidade da forma, enquanto o *sínolon* de matéria e forma é o âmbito no qual se manifesta, ou se torna visível, a individualidade. Não se pode, porém, procurar o fundamento da individualidade no composto de matéria e forma, pois tal fundamento tem origem somente na última realidade do ser. A forma vazia permanece a mesma, embora pudéssemos ser tentados a crer que, por causa da mudança radical das formas físicas, encontramo-nos diante de uma pluralidade de formas essenciais ou de uma pluralidade de entidades individuais. Isso explica por que Edith Stein fala de um fundamento individuante que jaz dentro do ente e de outro que é colocado fora do *quid* (em relação ao sínolon de matéria e forma). Trata-se de estabelecer, na mesma individualidade, a distinção entre o fundamento intrínseco ao ser singular e a sua manifestação externa, pela qual "cada indivíduo é 'a espécie no indivíduo' ou 'a quididade na istidade'"[58]. O suporte (substrato) do ser individual é, portanto, a forma vazia que, junto com o preenchimento qualitativo, designa a enteléquia do ser, com base na qual a estrutura ôntica do indivíduo se desenvolve de dentro para fora de modo único e irrepetível.

Como vimos, não é possível falar de duplo princípio de individuação no contexto steiniano, sobretudo no caso da pessoa humana. Essa unicidade pode ser explicada pela simples constatação de que o princípio de individuação deve se situar absolutamente fora de qualquer determinação material e formal (no sentido universalizável).

Pudemos também compreender a passagem da espécie ao indivíduo concreto, considerando que a individuação determina a pessoa na sua unidade natureza-espírito. O indivíduo é uno em si, primariamente e não em relação aos seus similares (a individuação não é mera distinção, pois consiste na autodeterminação subjetiva do indivíduo humano). Essa é a razão da contínua referência de Edith Stein à individuação como princípio intrínseco: "A forma vazia dos seres criados é preenchida por uma série de formas universais qualitativamente diferentes, que podemos indicar como *gêneros do ser.*"[59] O indivíduo, com

58 Ibidem.
59 Idem, *Der Aufbau der menschlichen Person*, p. 61.

a sua forma exterior, é percebido como uma realidade complexa cuja unidade vem de seu interior; sua peculiaridade é exatamente o seu formar-se a partir de dentro. A uma forma exterior corresponde uma forma vazia como substrato qualitativamente determinado, de onde o indivíduo adquire uma unidade de sentido na sua plena totalidade. No nosso caso, enquanto a forma vazia representa a estrutura interior capaz de ser preenchida por uma série de determinações qualitativas, estas últimas não representam a completude da individuação, mas somente uma parte dela.

III. Singularidade e Síntese Harmônica do Ser Humano

1. OS ESTRATOS DA PESSOA HUMANA

A singularidade, principal conceito a ser explorado agora, está intimamente ligada ao que Edith Stein define como o núcleo (*Kern*) da pessoa humana. Para melhor compreender em que consiste esse núcleo, é importante entendermos antes como se apresentam três estratos na análise steiniana da pessoa humana.

Edith Stein identifica três dimensões que se inter-relacionam na unidade da pessoa humana: o corpo, visto como corpo físico (*Körper*) e como corpo próprio/vivenciado (*Leib*), os quais compõem a dimensão material; a psique (*Psyche*), que corresponde à dimensão psíquica; e o espírito (*Geist*), referente à dimensão intelectiva que se abre ao âmbito dos valores, dos sentimentos etc.

1.1. O Corpo

Inicialmente, acompanhemos a distinção steiniana entre corpo físico e corpo próprio/vivenciado[1].

---

1 Consultar Glossário, verbete Corpo.

PESSOA HUMANA E SINGULARIDADE EM EDITH STEIN

Observando o mundo circundante, percebemos imediatamente a diferença entre um corpo animado e um inanimado. Em alemão, essa diferenciação pode ser expressa por dois termos precisos: em sua dimensão puramente material/física, o corpo é denominado *Körper*; o corpo do ser vivo racional, animado por uma força vital[2] que se infunde na dimensão física, é chamado de *Leib*. Na fenomenologia, o termo *Leib* é reservado aos seres racionais, pois somente eles podem dar-se conta da própria corporeidade por meio de reiterados processos perceptivos e reflexivos.

O corpo próprio/vivenciado (*Leib*) envolve todos os aspectos do eu psicofísico. Conforme define Edith Stein, "o indivíduo é um objeto unitário, no qual a unidade da consciência de um eu e um corpo físico se conjugam indissoluvelmente"[3]. Mas, como chegamos à consciência desse eu que é inextricavelmente entrelaçado a um corpo, o qual, por sua vez, sou eu como um todo?

Nossa percepção atua no que podemos chamar de campo perceptivo. Nele, percebemos sensorialmente a nós mesmos sempre envoltos pelo ambiente que nos circunda. A diferença existente entre meu corpo e outros corpos é evidente. Um dos aspectos que Edith Stein aponta como fator de distinção é a existência de uma série de corpos que estão sempre aí, a alguma distância, enquanto o meu corpo está sempre aqui[4]. Isso pode parecer óbvio, mas o que Edith Stein pretende enfatizar é que, assim como acontece com todos os corpos, a apreensão do meu corpo se dá por meio de uma sequência de aparições, percepções e sensações referentes aos corpos dos outros.

Porém, a apreensão do meu corpo por mim mesmo tem uma característica peculiar. Por exemplo, quando me toco, tenho uma

---

2   Para aprofundamento da noção de força vital, recomendamos a leitura da Parte I da obra *Contribuições para a Fundamentação Filosófica da Psicologia e das Ciências do Espírito* de Edith Stein. A força vital nos permite realizar todas as nossas ações. Na depressão, por exemplo, as pessoas sentem um cansaço; isso significa que a sua força vital diminuiu. Essa diminuição gera um desânimo que faz com que a pessoa não tenha disposição para realizar nenhuma atividade. Pelo contrário, quando a pessoa está animada pela força vital em seus níveis normais, consegue executar todas as suas tarefas cotidianas sem sentir cansaço. A diminuição da força vital afeta a capacidade física do indivíduo, fazendo com que seu corpo chegue a um estado de prostração.

3   E. Stein, *Zum Problem der Einfühlung*, p. 74.

4   Ibidem, p. 57.

dupla sensação tátil: quando minha mão toca meu braço, tanto a mão quanto o braço têm reciprocamente uma sensação ativa e ao mesmo tempo passiva; não é a mesma coisa que sinto quando toco um livro. Este é um exemplo banal apenas para elucidar o que poderíamos distinguir aqui como percepções internas e externas, embora a nossa percepção não atue propriamente em um dentro e um fora. Desse modo, é fácil admitir que cada um de nós só pode ter percepções internas do próprio corpo; estas não se reduzem somente a percepções sensoriais, mas se estendem a todas as afecções da dimensão psíquica.

Todavia, como já dissemos, não nos damos conta dessa interioridade somente a partir dela mesma: no campo sensorial em que está inserido, o *Leib* é o ponto zero de orientação de um mundo espacial; somente nos tornamos conscientes de uma corporeidade própria, deparando com outros corpos nesse campo, dos quais, de modo geral, temos uma percepção meramente externa, identificando-os como contrapostos a mim (não são eu). Dentre esses "não eu", conseguimos diferenciar não só os corpos animados dos inanimados, como também, gradualmente, distinguimos dentre os animados, outros *Leibe* como nós[5], ou seja: identifico estar diante de outro corpo como o meu, que também se apresenta como um campo sensorial com seu ponto zero de orientação.

1.2. A Psique

O segundo estrato corresponde à experiência psíquica. É a dimensão relacionada à intensidade e à qualidade de nossas ações, nas quais vivenciamos nossos estados emotivos de modo geral. Na psique, as operações se submetem à relação de causa e efeito, mas não ao modo da causalidade que identificamos no mundo da natureza, e, sim, ao modo da motivação[6].

As interações entre as pessoas, realizadas na dimensão física/corpórea são perfeitamente visíveis para os outros; por exemplo, quando tomamos uma criança pela mão, a criança

---

5   Segundo Edith Stein, a única explicação para essa apreensão seria a intropatia, como veremos adiante.
6   Consultar Glossário, verbete Causalidade e Motivação.

poderá oferecer ou não resistência física, e isso será notado exteriormente. Mas, quando, em um relacionamento, ocorre a dominação psíquica, isso não é tão fácil de ser percebido. Por essa razão, a dominação psíquica é a mais perigosa. A psique exige atenção especial nos relacionamentos interpessoais; se ela for negligenciada, pode vir não só a destruir um relacionamento, como afetar negativamente as pessoas envolvidas. Quando alguém interage com outro, detendo o controle de sua parte mais profunda, o outro se torna impotente. A dominação psíquica tem a possibilidade de embotar as potencialidades de uma pessoa; é como se existissem correntes invisíveis que a prendessem. Uma pessoa nessas condições não consegue vislumbrar perspectivas para o futuro e tende a viver no passado, dimensão na qual ela se sente segura; ela alimenta, então, a sua vida com as situações que já viveu e se ilude pensando que pode revivê-las[7].

Nessa situação de dominação psíquica, o comportamento da pessoa assemelha-se ao comportamento dos animais, pois eles também revelam ter, a seu modo, vida psíquica. Quer dizer, eles mostram uma vitalidade que envolve duas qualidades comuns com os seres humanos: a sensação e a emoção. A sensação significa ser tocado interiormente, provocando uma reação; a emoção seria a modificação operada interiormente pela sensação, mas sem envolver objeto, isto é, sem envolver uma tomada de consciência do sentido dessa operação. Nesse ponto, segundo Edith Stein, a comparação dos animais com os seres humanos não é inteiramente viável, pois nos seres humanos não há uma distinção rígida (como um visível intervalo de tempo entre uma coisa e outra) entre a emoção e o sentimento, pois passamos rapidamente da emoção ao sentimento, uma

---

7   Edmund Husserl diz que somente aquilo que eu vivo agora é uma vivência de natureza originária (em primeira pessoa na atualidade do instante da vivência mesma). O que vivi no passado trago para o presente; porém, de modo não-originário (em primeira pessoa, mas não na mesma atualidade do instante tal como ocorreu quando tive a vivência). Todas as vivências não-originárias, correspondentes a experiências transcorridas, lembranças ou expectativas futuras, fazem parte do meu percurso, consistindo em vivências que convergem para o agora: minha presença atual no mundo. Desse ponto de vista, o passado está no presente, mas não exatamente como aquilo que a rigor ocorre agora. Na obra *O Problema da Empatia*, Edith Stein trata da questão da originariedade, da não-originariedade e da co-originariedade das vivências. Ver, por exemplo, Parte II, Seção 2, na letra *b* e Parte III, Seção 5, letra *a*.

SINGULARIDADE E SÍNTESE HARMÔNICA DO SER HUMANO   67

vez que nossa atividade espiritual logo ilumina o que vivemos (como veremos na sequência). Mas, seja como for, para pensarmos a vida psíquica animal só podemos projetar neles o que vivemos em nós. E não parece incorreto dizer que eles também têm sensação e emoção. Poderíamos mesmo completar esse quadro, identificando em nós e nos animais, qualidades psíquicas como o desejo, a sensação de prazer e desprazer, com a constatação instintiva do útil e do danoso (a capacidade estimativa, como dizia Tomás de Aquino), e mesmo certa atitude ou disposição de ânimo duradoura, sobretudo na relação com os seres circundantes[8].

Nessa comparação, vemos que os animais também vivem num estado de atualidade, muito semelhante à nossa consciência, que é sempre presente. Mesmo quando, pela memória, vão para o passado, fazem-no ancorados no presente. Não temos, porém, base para atribuir a eles algo que constatamos em nós, a interioridade. Edith Stein o mostra por um exemplo bastante nítido: quando vemos uma planta ou um animal atrofiados, isto é, uma planta ou um animal cujas capacidades não se desenvolveram, atribuímos a causa da atrofia a condições de vida desfavoráveis (muitas vezes isso se deve ao ser humano que não cuidou deles como deveria ter cuidado); mas, no caso de um ser humano, além de condições externas desfavoráveis, somos levados a identificar uma parte da causa como interna a ele mesmo, pois ele não é inteiramente submisso às condições circundantes[9]. Isso exige que, além das qualidades indicadas acima como potencialidades psíquicas (a sensação, a emoção, a estimativa e o estado de ânimo), encontremos na alma humana outras qualidades que completem a descrição da sua especificidade. Trata-se do espírito, dimensão da alma que contém o conhecimento e o sentimento. Assim, de modo rápido e sucinto já atravessamos[10] a distinção entre *Körper* e *Leib* e a dimensão da psique. Passemos, agora, à dimensão mais importante da pessoa: o espírito (*Geist*).

8   Cf. E. Stein, *Der Aufbau der menschlichen Person*, p. 77.
9   Ibidem, p. 105.
10   *Atravessar* é um verbo muito importante na fenomenologia, pois remete à ideia de como se deve proceder para descrever os fenômenos, ou seja, perscrutando-os por dentro e por inteiro.

1.3. O Espírito

Com o termo *espírito* designamos nossa dimensão não física e não simplesmente psíquica. Não podemos restringir o uso desse termo à sua conotação religiosa, tal como o uso corrente costuma fazer, associando-o diretamente à alma, mas devemos tomá-lo no sentido relativo às operações da consciência, seja no que concerne às operações cognitivas, seja nas operações de adesão ao âmbito dos valores[11].

Não é difícil entender o que significam operações cognitivas, ou seja, relativas ao conhecimento intelectual (concretizado pelas diversas ciências, pela filosofia e de certo modo também pela arte e pela religião). Mas o conhecimento é apenas uma das funções ou qualidades do espírito. Ligada a ela, mas com características próprias, está a atividade valorativa, ou seja, nossa operação no âmbito dos valores. Falar de valores, no entanto, é algo que exige cuidado, pois valorar não é um ato rigorosamente cognitivo (uma vez que não obtemos valores por meio de raciocínios, mas os constatamos pela análise da natureza e da vida social), mas envolve cognição (pois identificamos valores, e identificar significa reconhecer). Paremos um pouco nesse ponto.

Atualmente, estamos condicionados por um modo de vida baseado no dinheiro. Então, quando ouvimos o termo *valor*, nossa primeira reação é dar a ele um sentido econômico (pensamos no valor e no preço de alguma coisa). Mas, felizmente, somos também capazes de compreender outros sentidos desse termo, como quando falamos de valor ético (pensamos nos ideais morais que orientam nossa vida pessoal e social; falamos de valores como justiça, veracidade, solidariedade, lealdade etc.). E, cavando um pouco mais, encontramos em nosso uso das palavras a possibilidade de dar ao termo *valor* um sentido amplo de apreciação e estima (como quando dizemos que uma obra tem valor artístico). Em fenomenologia, ao empregar-se o termo *valor*, tem-se em vista não apenas identificar coisas de valor (a justiça, um quadro, um emprego etc.), mas principalmente mostrar que certos atos de consciência não são neutros,

11 Consultar Glossário.

mas envolvem atração ou repulsa por seus objetos. Isso quer dizer que, ao deparar com certos objetos (ao pensar em certas coisas), a consciência é também solicitada a aderir a eles ou a repugná-los. Não é difícil notar a diferença entre ver uma placa que proíbe virar à esquerda (a placa, com seu sentido objetivo) ou fazer uma conta de matemática e conhecer uma pessoa visivelmente honesta. Esses dois tipos de operação consciente servem para mostrar que ver e entender uma placa não provocam atração nem repulsa; são indiferentes. Mas, encontrar uma pessoa honesta não é uma experiência neutra. Ela desperta atração. Caso fosse desonesta, despertaria repulsa, mas é ainda o valor da honestidade que age sobre mim, pois, mesmo quando estou diante da desonestidade, é a consciência do valor da honestidade que me faz sentir repulsa. Podemos entender que atos cognitivos *stricto sensu* não são, a rigor, valorativos (é claro que podem sê-lo, dependendo do ponto de vista), ao passo que os atos valorativos, embora não sejam atos cognitivos *stricto sensu*, também têm certo caráter cognitivo (pois requerem o conhecimento do sentido de algo). Segundo o vocabulário técnico da fenomenologia, diríamos que tanto os atos cognitivos como os atos valorativos operam com objetos (unidades de sentido que se apresentam à consciência).

Outro exemplo poderia nos ajudar a entender melhor a atitude valorativa: quando pouso minha mão sobre uma superfície muito quente, não preciso nem raciocinar nem fazer distinções mentais entre quente e frio ou entre conforto e desconforto. Simplesmente tiro minha mão automaticamente. Ainda, quando pressinto perigo (por exemplo, ao ver um vulto suspeito numa rua escura), também não faço cálculos nem distinções, mas sinto medo ou pelo menos entro em estado de alerta. Essas reações são do campo do instinto e da emoção. Não são atos espirituais (quer dizer, que envolvem a razão ou intelecto), mas apenas psíquicos (ligados à nossa vitalidade). Isso permite entender que um animal também tem instinto e emoção, mas uma planta não. Nós temos, além desses atos, outros, que envolvem pensamento e valoração. Os atos de valoração (que envolvem valor) são chamados de sentimentos em fenomenologia. Por exemplo, posso ter a emoção de apaixonar-me por alguém, mas o sentimento de amor só virá se eu reconhecer o valor do amor e escolher alimentá-lo. Posso inclusive continuar a amar alguém mesmo descobrindo seus defeitos, pois me fixo no amor, não nos defeitos. Assim, não sou eu que decido sobre o que é o amor, mas apenas o reconheço; constato que ele é um valor. Donde dizermos que o valor não é objeto de um ato cognitivo (pois não resulta de raciocínio), mas é o objeto do sentimento (objeto porque implica consciência). Em outras palavras, assim como a realidade é o objeto intencional do conhecer ou do intelecto, o valor é o objeto intencional do sentir ou do sentimento. Como tal, o valor indica um ato de escolha preferencial, mas não com base em razões (pois isso significaria recorrer ao intelecto), e, sim, com base no que aparece à consciência imediatamente como digno de adesão ou repugnância. A esse respeito, Max Scheler costumava dizer que o sentimento é um tipo de experiência cujos objetos são inacessíveis para o intelecto, pois o intelecto é cego diante deles, assim como a audição e o tato são cegos diante das cores[12]. A experiência do sentimento depara com objetos intencionais que guiam a adesão ou a repulsa e que não dependem de um ato propriamente cognitivo.

A reflexão sobre os valores leva a constatar que a dimensão espiritual do ser humano envolve não apenas razão e intelecto, responsáveis pelos atos cognitivos, mas também a vontade, a capacidade de lidar com o que se manifesta à consciência, movendo à ação. Certamente, grande parte de nossas ações é feita sem escolha, mas, por menor que seja, há um âmbito de ações que podemos considerar nascidas do eu individual. Diz Edith Stein:

O espírito, que com sua vida intencional ordena o material sensível em uma estrutura, e, ao fazer isso, vê em si um mundo de objetos, chama-se *razão* ou *intelecto*. A percepção sensível é a sua primeira e mais elementar atividade. Mas ele pode fazer ainda mais: pode voltar--se para trás, *refletir*, e, portanto, compreender o material sensível e os atos de sua própria vida. Pode, ainda, extrair a estrutura formal das coisas e dos atos da própria vida: *abstrair*. "Pode", quer dizer, é *livre*. O eu que conhece, o eu "inteligente", experimenta as motivações que provêm do mundo dos objetos, colhe-as e as segue, usando a *livre vontade*. Ele é necessariamente, ao mesmo tempo, um eu que quer; da sua

12   M. Scheler, *Der Formalismus in der Ethik und die materiale Wertethik*, p. 262.

SINGULARIDADE E SÍNTESE HARMÔNICA DO SER HUMANO 71

ação espiritual voluntária depende aquilo que ele conhece. O espírito é *razão* e *vontade* juntas; conhecimento e vontade estão em relação de dependência recíproca.[13]

Todas essas operações, no entanto, seguem uma legalidade racional (racional no sentido de inteligível, compreensível pela análise). É por isso que Edith Stein, em *O Problema da Empatia*, diz que "o sujeito espiritual é por sua essência subordinado às leis da razão, e suas vivências se encontram em relações inteligíveis"[14]. Somente quando operamos nessa dimensão é que conseguimos ter a experiência da intropatia[15], vivência fundamental para a intersubjetividade. Para podermos atuar nessa dimensão, devemos atravessar antes as duas primeiras.

Se observarmos nossas relações, muitas delas se restringem à satisfação de necessidades corporais e a uma afetividade de qualidade discutível, por vezes submetida a uma manipulação psíquica. Não é fácil não querer subjugar o outro, impedindo-o de se manifestar ou até de se desenvolver; mas devemos compreender que é muito mais fascinante interagirmos com alguém livre: a liberdade nos dá a possibilidade de ter diante de nós pessoas que se relacionam de modo diferente e que nos fazem ver novos horizontes. Essa é a verdadeira possibilidade de crescimento espiritual.

Nesse sentido, a psicologia não pode restringir a sua atuação à dimensão psíquica, negligenciando a espiritual e considerando que todas as ações e reações de uma pessoa possam

13 E. Stein, *Der Aufbau der menschlichen Person*, p. 108-109.
14 Idem, *Zum Problem der Einfühlung*, p. 115.
15 Na verdade, a intropatia é a base de nossas relações ou, como se diz, de nossas relações intersubjetivas. Um exemplo simples: quando alguém me diz que está triste, entendo do que se trata, porque conheço o que é "dor". Não vivo a dor do outro; compreendo o que ele vive porque conheço a essência da dor. Sob essa perspectiva, a intropatia é a base de nossa experiência da alteridade e de nós mesmos, na medida em que nos possuímos quando nos confrontamos com o outro. Nem sempre temos consciência do processo intropático em sua completude e, por conseguinte, não damos atenção suficiente ao dinamismo intersubjetivo, considerando que nunca poderemos invadir o outro em sua intimidade e que a imagem que dele temos precisa ser testada e sempre melhorada com base na comunicação. Em termos técnicos, a comunicação intersubjetiva permite escapar do solipsismo, do fechamento do sujeito em si mesmo (numa visão do mundo somente fundada naquilo que o sujeito tem em si). Em termos éticos, o reconhecimento do outro como sujeito possibilita sua não manipulação como se fosse uma coisa inanimada. Consultar Glossário.

ser determinadas estritamente pelo âmbito psicofísico, submetido à causalidade natural. A dimensão espiritual se apoia num conceito importantíssimo para Edith Stein: a motivação. Por meio desse conceito, ela nos faz compreender que, no âmbito espiritual, encontra-se a possibilidade para o exercício da liberdade, fundamental para que todo ser humano, dentro de uma relação, não seja submetido à força física[16] ou psíquica.

Essa liberdade é garantida a partir do momento em que a pessoa toma plena consciência de si mesma, do seu modo peculiar de ser, vale dizer, da sua singularidade, conceito que compreenderemos melhor a seguir.

2. SINGULARIDADE E AUTONOMIA

No Capítulo II, vimos que a individuação, sendo a concreção resultante do encontro entre forma vazia e preenchimento qualitativo, faz com que a distinção entre as pessoas não se dê nem pela forma essencial, nem pelo espaço, nem pelo tempo. Isso preserva a singularidade de cada pessoa em qualquer circunstância.

A fim de abordar o tema da liberdade, vamos agora, por um momento, nos reportar à passagem de Edith Stein por Auschwitz. Nas portas dos campos de concentração lia-se a seguinte frase: *Arbeit macht frei* (O trabalho nos liberta). Em si mesma, essa inscrição é verdadeira, pois o trabalho como forma de autorrealização dá a possibilidade de nos exprimirmos por inteiro. A intenção dos nazistas era explorar essa virtude do trabalho, fazendo os judeus pensarem que seu trabalho nos

---

16 A pessoa não é uma coisa e não pode ser utilizada como tal, mas nem sempre é isso que presenciamos. Quanto à sujeição de pessoas, vale lembrar uma polêmica recente, relativa ao tema da transmissão da fé, que ilustra bem a questão das relações intersubjetivas: Bento XVI, no discurso de Ratisbona, proferiu uma frase que suscitou a crítica de alguns mulçumanos; ele disse que não se pode levar nenhum homem à fé com a espada. Com isso, Bento XVI queria dizer que não podemos convencer ninguém por meio da força física. Se temos de persuadir alguém, devemos fazê-lo utilizando a razão. Para acesso à versão em português do Discurso de Bento XVI na Universidade de Ratisbona, ver o link: <http://www.vatican.va/holy_father/benedict_xvi/speeches/2006/september/documents/hf_ben-xvi_spe_20060912_university-regensburg_po.html>. Acesso em: 19 abr. 2014.

SINGULARIDADE E SÍNTESE HARMÔNICA DO SER HUMANO 73

campos de concentração os tornaria livres[17]. Quando, porém, os judeus entravam nesses campos ao som da música de Wagner, iniciava-se um processo de embotamento mental pelo qual as pessoas adormeciam a parte mais profunda de si mesmas. Ora, quando alguém entorpece desse modo o seu íntimo, permite que outro exerça poder sobre si. Assim, junto da força armada, o entorpecimento era a raiz do poder dos nazistas, que, por sua vez, tornavam-se cínicos diante do sofrimento dos judeus.

Mas também podemos constatar que, mesmo quando alguém pensa ter o poder de destruir completamente as pessoas e tirar-lhes tudo, ainda pode restar uma dimensão que não pode ser roubada, a dimensão do íntimo mais íntimo de cada um. Foi o que permitiu a Edith Stein manter-se íntegra em sua passagem por Auschwitz, assim como tantos outros prisioneiros dos campos de concentração. Podem nos tirar as coisas ou as pessoas mais importantes que temos, mas, como mostra Edith Stein, há algo que permanecerá sempre nosso: a marca pessoal, o timbre de cada um.

Edith Stein ensina que, mesmo numa situação crítica como a dos campos de concentração, uma pessoa pode continuar a ser ela mesma[18]. A filosofia de Edith Stein, antes de ajudar os outros, ajudou a própria autora, pois, não obstante a violência que circundou praticamente toda a sua vida (Primeira Grande Guerra, o machismo universitário, com as traições de alguns colegas, a ascensão do Nacional Socialismo etc.), ela conservou sua singularidade, o que lhe permitiu escrever toda a sua obra, consciente de que tinha algo a dizer como pensadora de primeira grandeza e não apenas como reprodutora de pensamentos alheios.

Desse modo, Edith Stein nos deu a possibilidade de entender que nossa singularidade não pode ser tocada por ninguém;

---

17 É importante que prestemos muita atenção às palavras: não podemos usá-las para manipular ninguém. Quando o fazemos, destruímos o bem mais precioso que possuímos: as pessoas. Isso tem um peso maior para quem detém o poder de educar nas mãos: é preciso se manter fiel à responsabilidade de garantir que as palavras proferidas sejam bem empregadas.

18 Conta-se, por exemplo, que mesmo desolada Edith Stein encontrava forças para ajudar seus companheiros de campo de concentração. Sabe-se, por exemplo, que ela cuidava das crianças e das pessoas que tinham mais dificuldades para sobreviver.

mesmo nas situações mais adversas, podemos ser sempre nós mesmos. Se nos deixamos influenciar pelo ambiente externo, por força da nossa condição social ou por outra razão qualquer, e se vimos a definhar, a responsabilidade por esse esmorecimento não está inteiramente do lado do que está fora de nós (o Estado, a sociedade, a política); nós também somos responsáveis, pois podemos ceder às investidas externas, desligando-nos de nosso fundamento interior. Deixamos que nossa autoconsciência fique embotada.

Para poder entender nosso fundamento interior, é preciso mudar nosso modo de ver. Do mesmo modo que há um olhar que vai para fora, uma intencionalidade que nos impulsiona em direção ao mundo, há também uma intencionalidade voltada para dentro, para nós mesmos[19].

A interação entre as pessoas se dá em diversos níveis. Veremos isso mais detalhadamente quando falarmos dos processos intropáticos. Porém, mesmo no nível mais profundo da intropatia, ninguém conseguirá jamais ultrapassar o limiar que protege a singularidade alheia. Isso permite à pessoa humana conservar sua plena autonomia. Na contrapartida, a manutenção de uma relação saudável exige o respeito total da plena autonomia das pessoas envolvidas.

---

19 Quando Edith Stein lê *O Castelo Interior* de Teresa d'Ávila e diz "Eis a verdade", isso não é apenas uma questão de fé. Ela se dá conta de que o caminho que Husserl faz em direção aos fenômenos, Teresa d'Ávila o faz em direção a si mesma. O método husserliano pode ser uma via para se alcançar aquilo que a pessoa vive em seu íntimo. Nessa obra, Teresa explora a imagem de um castelo para descrever os recônditos de nossa vida interior. Teresa d'Ávila diz que muitas pessoas não conseguem entrar no seu próprio castelo; agem como animais que ficam observando-o, girando em torno dele, mas não têm força para adentrá-lo, porque, para tanto, é preciso estar disposto a realizar um trabalho no nível espiritual. Muitas pessoas vivem somente no nível sensorial: como os animais, percebem as coisas, mas não têm o poder de perscrutá-las. Quando Edith Stein lê essa obra, percebe que a fenomenologia pode auxiliar as pessoas a trilhar seu caminho interior. Nesse sentido, a conversão de Edith Stein abraça, além do aspecto religioso, o caráter filosófico: o estudo é a pesquisa sobre o fenômeno, mas a investigação é sobre si mesma. Note-se, porém, que falar de castelo interior não significa que Edith Stein retome o dualismo moderno entre uma dimensão dentro e uma dimensão fora do sujeito. Fazer isso significaria não fazer fenomenologia. Quando Edith Stein, seguindo Teresa d'Ávila, fala de castelo interior, pretende indicar com isso que o olhar do fenomenólogo não se volta apenas aos fenômenos do assim chamado mundo exterior, mas volta-se para si mesmo, em busca de clarear o que ele mesmo, o fenomenólogo, é.

SINGULARIDADE E SÍNTESE HARMÔNICA DO SER HUMANO   75

Essa é a riqueza da autoconsciência da singularidade, uma vez que permite à pessoa interagir com os outros sem que ela sinta a necessidade de se confundir com eles, superando o medo de que, para poder viver bem, é preciso submeter-se ao modo de vida alheio. Quem tem pleno acesso à própria singularidade não se sente inseguro quando está só. Uma única pessoa que tenha consciência da sua singularidade pode ser mais livre do que mil pessoas que cedem aos condicionamentos externos.

2.1. As Vivências Específicas da Singularidade

Nem todas as nossas vivências são expressões da nossa singularidade. Na obra *Introdução à Filosofia*, Edith Stein diz que:

se por um lado falamos de uma individualidade de *todas* as vivências (graças à ação que se exercitam como estados reais do desenvolvimento psíquico, de todas as qualidades), por outro notamos que nem todas têm uma peculiaridade pessoal; portanto, pode não ser a mesma individualidade que aqui e ali constitui o momento distintivo[20].

Para explicitar isso, a nossa investigação tem início no eu puro, ponto originário de onde se irradiam todas as vivências. No eu puro, com seu fluxo de vivências, cada pessoa se constitui como um ser-si-mesmo-e-nenhum-outro; portanto, como um indivíduo absoluto que contém em si um timbre completamente singular. A individualidade reside no lugar originário do viver desse eu, a partir do qual o indivíduo desperto pode sentir que cada vivência, apreendida do centro do seu ser, é portadora de uma singularidade própria; isso o distingue dos outros. O eu desperto é condição indispensável para vivenciar a singularidade, a qual – por sua natureza – não é ligada a nenhuma dimensão espaçotemporal, uma vez que se refere somente à essência qualitativa das nossas vivências. Resta estabelecer como é possível apreender a vivência portadora da individualidade originária.

Edith Stein diz que uma vivência individual "não é algo que perdura; [...] antes, é acabado, concluído imediatamente,

---

20 E. Stein, *Einführung in die Philosophie*, p. 133-134.

constituindo-se como um inteiro"[21]. A dificuldade consiste, portanto, em apreender a nota individual da vivência, uma vez que no viver o instante no qual se desdobra, ela já desaparece totalmente atrás de nós com a sua particularidade individual. "O ser-consciente-de-si-mesmo não é um momento que permanece sempre idêntico durante todo o viver: tem um grau de consciência; a 'luz interior' pode iluminá-lo mais ou menos claramente."[22] A única possibilidade de apreender os traços da vivência individual é a contínua percepção da vivência, a qual, no seu ininterrupto fluir, manifesta seus traços essenciais e permite, assim, ser novamente percebida de modo sempre mais claro com reiterados preenchimentos. Mas quais são as vivências portadoras da nossa individualidade?

As inclinações sensíveis e as do intelecto pertencem às condições externas do desenvolvimento do indivíduo, não consistindo numa peculiaridade. Enquanto tenho sensações ou realizo uma atividade intelectual, estou consciente dessas vivências de modo irrefletido; nelas, não está atuando a consciência originária, uma vez que não sou consciente de mim mesmo como um indivíduo com características propriamente singulares. Somente as vivências da vida afetiva[23] trazem o timbre da singularidade; como diz Edith Stein:

está presente na essência de algumas vivências – vale dizer, de todas aquelas que pertencem à "vida afetiva" – o fato de que venham do profundo da alma e carreguem a marca da sua singularidade. Na realização de tais vivências, percebo essa "nota individual", sinto que a origem está a uma profundidade determinada e sinto também o grau de profundidade[24].

---

21 Ibidem, p. 107.

22 Ibidem, p. 108.

23 É preciso esclarecer que vivência afetiva não é sentimento, mas a qualidade com a qual uma pessoa direciona as suas ações. Nesse sentido, é importante observar que as vivências afetivas não são do domínio da psicologia, ciência que tem por objetivo analisar a psique de um ponto de vista da descrição da gênese das vivências afetivas (e não do da essência delas, perspectiva fenomenológica). As vivências afetivas trazem em si o como e não o quanto daquilo que a vivência é portadora. Isso é muito difícil de analisar. Nas obras *Potência e Ato* e *Contribuições para a Fundamentação Filosófica da Psicologia e das Ciências do Espírito*, Stein mostra as razões pelas quais as vivências afetivas consistem na unidade de medida da nossa singularidade.

24 E. Stein, *Einführung in die Philosophie*, p. 176.

SINGULARIDADE E SÍNTESE HARMÔNICA DO SER HUMANO   77

Entendemos, então, que as vivências que trazem a marca da singularidade do ser humano são as afetivas, as quais, segundo Stein, representam a qualidade plena do nosso viver. Somente essas vivências radicadas na profundidade do ser – não condicionadas por nenhum elemento externo – são portadoras da individualidade da pessoa humana[25], ou seja, de sua característica peculiar. É com base nisso que Stein, posteriormente, em *Potência e Ato*, irá falar do que é feita a vida espiritual.

2.2. *O Núcleo da Personalidade: A Marca Pessoal Imutável*

Já pudemos compreender que a singularidade é o que faz com que a pessoa humana conserve sua marca pessoal, mesmo estando sujeita a todo tipo de influências nas relações intersubjetivas. Essa marca pessoal, para Stein, tem uma propriedade permanente e se encontra no que ela denomina o núcleo da personalidade (*Kern*).

No primeiro capítulo da Parte I, "A Causalidade Psíquica", de *Contribuições Para a Fundamentação Filosófica da Psicologia e das Ciências do Espírito*, a autora observa o princípio segundo o qual o indivíduo possui um núcleo (*Kern*), subtraído de todos os condicionamentos físicos e psíquicos, que determina individualmente cada ser humano e colore qualitativamente, uma a uma, todas as suas vivências. Cada indivíduo psicofísico encontra, nesse núcleo, o seu momento propriamente individual.

Delimitar o território do núcleo equivale a considerar como a singularidade do indivíduo é por si uma qualidade autêntica

---

25 Individuadas essas vivências, é preciso retornar à fonte na qual elas são geradas, a nascente do viver originário do indivíduo, ou seja, o núcleo ou centro da sua personalidade. Essa questão é tratada por Edith Stein por meio da via proporcionada pelo eixo central da fenomenologia: a intencionalidade. "A intencionalidade, a inteligibilidade e a personalidade se deixam exibir como marca específica da vida *espiritual*" (E. Stein, *Potenz und Akt*, p. 83). A vida espiritual consiste essencialmente em atos cognitivos, valorativos, de prazer, de sofrer etc. Mas na vida espiritual dos espíritos subjetivos, encontra-se sempre certa gradação de matéria. Um primeiro estrato material é encontrado na abertura fundamental constituída pela intencionalidade, ou seja, o ser intenção-mundo. Nós, seres humanos, essencialmente finitos, somos projetados, abertos em direção a algo diferente de nós.

78   PESSOA HUMANA E SINGULARIDADE EM EDITH STEIN

que não se deixa vincular a nenhuma individuação quantitativa. Podemos, nesse sentido, falar de uma singularidade qualitativa que precede e funda cada determinação individual, à qual os parâmetros quantitativos estão ligados em segunda ordem. Essa prioridade ontológica do momento qualitativo pode ser justificada pela análise de dois requisitos que Edith Stein atribui ao núcleo da personalidade: a consistência do seu ser e a sua propriedade permanente. Partindo da investigação do processo psíquico, Edith Stein considera que esse processo "é também determinado pelo *núcleo da personalidade*, ou seja, a consistência imutável do ser individual que não é o resultado do desenvolvimento, mas que, ao contrário, impõe ao desenvolvimento certo andamento"[26].

No que se refere à sua consistência imutável, podemos, inicialmente, considerar que o núcleo do indivíduo seja a sua fonte ontogenética que se autogera e, à medida que realiza esse processo interno, adquire e dá consistência a todo o ser no seu contínuo desdobrar-se em direção ao exterior[27]. O indivíduo vive movimentando-se a partir desse núcleo, capaz de torná-lo uma pessoa qualitativamente unitária. Naturalmente, a vida espiritual e a singularidade são as determinações qualitativas em cujo núcleo se funda o seu ser originário e a sua in-habitação[28].

O segundo requisito do núcleo da personalidade é identificável, segundo Edith Stein, pelo seu ser uma propriedade permanente[29], o que também reenvia a um momento qualitativo bem determinado que permanece, não obstante todo condicionamento psicofísico. Ela afirma que o perdurar do núcleo é totalmente independente de cada processo psicofísico. Somente um núcleo intangível e que permaneça em si pode colorir cada

26   E. Stein, *Beiträge zur philosophischen Begründung...*, p. 84.
27   É possível que cada determinação quantitativa deva submeter-se ao momento qualitativo interno; às vezes, pode ser difícil apreendê-lo na sua totalidade pelo simples fato de que não podemos nos servir de nenhum princípio espaçotemporal ou elemento quantitativo para defini-lo plenamente. Esse foi um dos aspectos que direcionou Edith Stein a um profundo reexame da singularidade, dando-se conta de que a individuação quantitativa não bastava para resolver o problema do princípio de individuação.
28   A ideia veiculada pelo termo *in-habitação* é a de algo que habita a si mesmo, ou seja, possui a si mesmo.
29   Cf. E. Stein, *Beiträge zur philosophischen Begründung...*, p. 89.

SINGULARIDADE E SÍNTESE HARMÔNICA DO SER HUMANO

ato vivido[30]. Cada um de nós tem potencialidades individuais que existem antes de cada escolha consciente ou experiência educativa; a finalidade (*télos*) de cada indivíduo e o seu pleno desenvolvimento são pré-inscritos desde sempre no seu núcleo, origem da qual partir para alcançar a totalidade do ser.

Um problema central, estreitamente relacionado ao núcleo da pessoa, é o que entrelaça potencialidade e atualidade (matéria/potência e forma/ato) do ponto de vista da continuidade da vida temporal. Edith Stein observa que fazemos a transição da vida desperta para a vida semiconsciente ou mesmo completamente inconsciente passando por todos esses estados sem nos perder. Como ficam então essas lacunas no fluxo da consciência interna do tempo que liga a nossa identidade pessoal?

Haveria realmente, pelo olhar retrospectivo, um nada entre dois trechos de vida consciente e materialmente preenchida? Eu não creio que se possa dizer isso. A consciência interna do tempo que pertence ao meu "fluxo de consciência" cresce junto com ele e participa de seu desenvolvimento – a consciência da duração continuamente preenchida com a minha vida –, passando através dos trechos "vazios". Não existe aqui o mero saber de que entre ambos os trechos preenchidos deve ter transcorrido o tempo objetivo; na verdade, a duração vivente atravessa o todo, apenas o faz sem preenchimento constatável. Ao olhar retrospectivo, os trechos do fluxo que se desenvolveram na vida desperta certamente também não estão preenchidos sem lacunas; apenas está presente mais vezes a consciência de que "tinha algo lá", mas sobre *o que* era, a memória não pode dar nenhuma informação.[31]

30   O eu pessoal vive, por assim dizer, sobre a "crista da onda" dos seus atos, mas não vive em todos os seus atos em igual medida. Em geral, a vida atual é atravessada pela participação do eu, com a qual ele é conduzido em direção a determinados conteúdos materiais: as mesmas percepções podem proceder com maior ou menor participação pessoal. Isso significa que o eu pessoal é apreendido ou apreende os mais diversos conteúdos (sensoriais, emotivos, valorativos) com variado grau de profundidade. Edith Stein esclarece logo que essa profundidade não deve ser entendida pelo sentido espacial do termo; trata-se de um tipo de espacialidade própria da alma, não assimilável àquela tridimensional. A interação entre o conteúdo e a profundidade marca a apreensão do objeto, por meio da qual ele pode se fincar no profundo com maior ou menor força. Nesse sentido, uma leitura puramente materialista da elaboração dos dados sensíveis está completamente fora de cogitação para Edith Stein, uma vez que distorce os dados fenomenológicos: os modos pelos quais a apreensão (*Auffassung*) anima os conteúdos podem ser diferentes, mantendo-se a identidade dos mesmos conteúdos. Por essa razão, a diferença entre as diversas apreensões não pode ser explicada apenas pelo plano sensível-material.

31   E. Stein, *Potenz und Akt*, p. 105.

A solução continuísta adotada por Edith Stein a propósito da unicidade da vida pessoal do ser humano permite desvincular essa unicidade, enquanto contínua, das possibilidades de ativa rememoração, uma vez que estas são limitadas.

O núcleo da pessoa, portanto, é uma entidade contínua, situada na profundidade do seu ser, permitindo que alguns de seus hábitos venham à superfície na forma de atos que, em geral, manifestam o seu caráter. Em relação ao fluxo contínuo da consciência interna do tempo, o núcleo da pessoa se torna seu ponto de conexão, mas se situa fora dele. Enquanto tal, ele é o fundamento da *analogia entis* (analogia para conceber o ente)[32] entre ser humano e Deus. No que isso consiste especificamente em termos de potência e ato?

Esse núcleo é *actu ens* [ente em ato], ente atual em oposição à mera possibilidade, não somente à possibilidade lógica, mas também à mera potência no sentido de capacidade não desenvolvida; ele, porém, não é *actus purus* (ato puro), mas algo atual que é capaz de um crescimento no ser, ou melhor, na forma de ser da vida espiritual consciente. Em relação a esse crescimento, o seu ser pode ser chamado de potencial.[33]

O núcleo da pessoa se aproxima em simplicidade ao ser divino, distinguindo-se enquanto pode se concentrar nos seus atos somente de modo relativo. Por outro lado, a vida atual da pessoa não é fundada somente sobre o seu núcleo, mas também sobre o mundo objetivo com o qual está em contato, incluindo outras pessoas, na disposição absolutamente potencial de criar hábitos.

O núcleo da pessoa humana é, portanto, o polo profundo em torno do qual se coagula o caráter da personalidade individual; é a partir dele que se irradia a coloração que dará a tonalidade pessoal a cada ato vivido, permitindo que a contínua atualização das potencialidades individuais se realize em uma pessoa singular, única e irrepetível.

O eu, no seu viver, se dirige para o exterior a partir desse núcleo pessoal que contém em si a fonte das próprias particularidades individuais. O viver e o dirigir-se para algo constituem os

---

32 Consultar Glossário.
33 E. Stein, *Potenz und Akt*, p. 146.

SINGULARIDADE E SÍNTESE HARMÔNICA DO SER HUMANO 81

dois polos nos quais se torna visível a particularidade individual do eu que está em contínuo estado de vigília. Isso revela que o eu é sempre ativo; está sempre em ação. É aqui que o eu se constitui como pessoa com a sua estrutura individual, e é nessa atualidade que a sua vida, impelida em direção ao exterior, é continuamente despertada pelo presente. O eu possui uma atualidade própria, uma direção de vida unitária, um querer incondicionado para alcançar os níveis mais profundos do seu ser; um querer que, de modo sintético, reúne todos os quereres reais e possíveis. A reflexão sobre o núcleo permite ao eu alcançar a plena harmonia da sua vida com base na tomada de consciência do seu contínuo autogerar-se de dentro. Para Edith Stein, as qualidades individuais exprimem "a absoluta unicidade, a nota individual, que carregam em si: a 'característica pessoal'"[34]. Tudo o que a pessoa vive carrega em si a marca da sua personalidade.

Um aspecto importante a se destacar em relação ao núcleo é que ele não pode ser destruído, nem mesmo quando perdemos todas as nossas faculdades físicas e intelectuais. Edith Stein, em sua autobiografia, fala sobre sua tia Friederike, que havia sido acometida por uma enfermidade: "As mãos e os pés estavam paralisados. Progressivamente, perdeu não só a possibilidade de se expressar, mas também a capacidade de compreender. [...] Contudo, a perda de todas as faculdades intelectuais não pôde destruir o núcleo da sua personalidade."[35]

O fato de o núcleo nunca poder ser destruído nem modificado levanta uma questão ética muito importante: quando podemos dizer que termina a marca pessoal? Nunca. Mesmo quando não conseguimos mais compreender o que se passa ao redor. É por isso que, em termos éticos, ninguém pode parar o curso da vida das pessoas. A eutanásia é um problema ético porque viola o núcleo da pessoa[36].

34 Ibidem, p. 142.
35 Idem, *Aus dem Leben einer jüdischen Familie und weitere autobiographische Beiträge*, p. 13.
36 Não se pode querer evitar o sofrimento, porque o sofrimento, assim como a alegria, faz parte da vida. Ora, se aceitamos a alegria, não existe razão para não aceitarmos também o sofrimento. Viver a relação consigo mesmo significa atravessar os momentos de alegria e os de dor. Nesse espírito, Edith Stein escreve *A Ciência da Cruz*: ela entende que, para poder ver a luz da verdade, é preciso estar disposto, primeiro, a atravessar a escuridão.

2.3. O Sentir a Si Mesmo

Vimos, então, que é no núcleo da personalidade que se encontra a marca imutável da pessoa humana: sua singularidade. Tentaremos, agora, compreender como se alcança o fundamento último do ser singular.

Antes de tudo, devemos aplicar a *epoché* à simples manifestação externa do ser singular para, depois, realizar uma regressão até o ponto no qual não é possível mais nenhuma escavação. Isso significará que o substrato alcançado, determinado pela singularidade, é o fundamento último a partir do qual somente se pode subir de novo. Sob outro aspecto, poderemos responder à questão sobre a essência da singularidade, independentemente de sua simples manifestação exterior.

A unidade do ser singular é a síntese de uma dupla estratificação entre a determinação quantitativa (elemento material) e a qualitativa (âmbito espiritual). Na tomada de posição de cada sistema cognoscitivo, a determinação quantitativa, pelo fato de constituir a primeira via de acesso ao conhecimento de algo que está diante de nós, poderia nos induzir a considerar essa primeira experiência suficiente para esclarecer a determinação última da singularidade. Uma tentação à qual não se consegue resistir é a de se colocar diante do ser humano para analisá-lo como objeto de investigação, extrapolando algumas de suas dimensões constitutivas, como se ele se restringisse a um objeto meramente externo. Ao contrário, devemos fazer a distinção entre a aparente determinação quantitativa e o intrínseco princípio da forma como "'enteléquia' ativa a partir de dentro"[37]. Daí também a necessidade de distinguir entre a simples percepção sensível e a percepção espiritual do sentir (*fühlen*).

Segundo Edith Stein, com a intuição material – ato por meio do qual se apreende algo dotado de conteúdo específico – ainda não se alcança a última distinção do indivíduo. Aquilo que apreendemos com a percepção sensível não corresponde à plenitude qualitativa do ser. Tomar posse de si mesmo, com plena consciência do próprio que-coisa, isto é, como um si individual e simplesmente único, é um ato da percepção espiritual

---

37 E. Stein, *Potenz und Akt*, p. 54.

do sentir. Nas palavras de Edith Stein: "A 'tonalidade emotiva' é o estado de ânimo interior presente: neste momento eu estou *assim* – sobre o fundamento do que sou e do que me toca interiormente. O 'sentir' é a consciência dessa tonalidade emotiva."[38] Somente o sentir como percepção espiritual *ad intra* (voltada para dentro) permite penetrar ainda mais profundamente na interioridade, apreendendo o si mesmo em uma contínua série de atos perceptivos, retomados a partir da singularidade no seu renovado autogerar-se.

Com a percepção espiritual do sentir, o indivíduo, como por um impulso interior, se abstém de todo condicionamento externo e se eleva no interior da singularidade, em cujo âmbito se move livremente. Somente quando o ser singular mergulha nessa nova região do ser e apreende com o próprio olhar interior seu pleno si mesmo, distingue seu modo de ser do de outros indivíduos. Assim, o indivíduo apreende, em um primeiro momento, a sua qualidade individual, a essência fundamental do seu ser consciente de si mesmo, e sente fluir no seu íntimo a amplitude de uma esfera interior. Trata-se aqui de algo essencialmente novo, porque estamos diante de um experimentar originário do ser humano[39], diferente do experimentar comum, por si incapaz de apreender imediatamente a particularidade qualitativa da singularidade.

O indivíduo, por meio de um olhar retrospectivo, percebe que o seu ser-si-mesmo provém, por assim dizer, de uma fonte última do seu ser. É nessa fonte que o ser singular vive ancorado, em completa solitude, e parece perder progressivamente todo contato com tudo o que é exterior. Como diz Edith Stein: "Quanto mais ele vive em profundidade, mais claramente se manifesta o seu núcleo e menos importante serão as mudanças exteriores."[40] Trata-se de uma profundidade na qual a singularidade do indivíduo não é ligada a qualquer característica acidental, mas ao núcleo pessoal e irredutível que representa o fundamento de qualquer atualização.

---

38 Ibidem, p. 119.
39 Deve-se, porém, levar em conta que a singularidade, mesmo na objetividade do experienciar originário, não pode ser definida por nós (ou apreendida completamente), uma vez que ela foge de toda definição.
40 E. Stein, *Potenz und Akt*, p. 141.

Na última seção de *Potência e Ato*, que se encerra com uma comparação que Edith Stein enceta com os *Diálogos Metafísicos* da bióloga e fenomenóloga Hedwig Conrad-Martius, ela aprofunda tanto a compreensão da forma vazia quanto a relativa à determinação qualitativa do ser singular. A premissa ontológica da comparação é a natureza da vinculação entre alma espiritual (*Geistseele*) e corpo próprio/vivenciado (*Leib*), pois essa vinculação se entende por analogia como a relação entre forma e matéria. Aqui, mais do que definir a natureza dessa vinculação, procuraremos colher mais esclarecimentos sobre o conceito steiniano de forma vazia.

Edith Stein utiliza inicialmente o termo escotista *haecceitas* para designar a individualidade dos seres espirituais, uma vez que a istidade se funda na quididade (a forma essencial ou forma da espécie). Depois de ter analisado diversas posições, a autora passa a considerar a hipótese da alma como princípio de individuação do ser singular, entendida como enteléquia que guia o desenvolvimento do homem a partir de dentro: "Ser movido e ser formado a partir de dentro em direção ao exterior é coisa peculiar do ser vivente; é o seu modo de ser: isso é *vida*, e a intrínseca forma *vivente* que dá vida é a alma."[41]

Stein separa nitidamente a forma no seu devir como forma substancial (*Wesensform*), responsável pelo desenvolvimento do indivíduo, da forma como estrutura entelequial (*Was* ou quididade), na qual a singularidade ou a potencialidade da característica individual existe antes de cada escolha consciente ou experiência de si mesmo. Edith Stein pretende estabelecer uma correta visão da singularidade, a fim de refutar toda leitura reducionista que tome o desenvolvimento ou a simples experiência como chaves interpretativas para alcançar a singularidade como nota individual.

A partir da tomada de consciência de si mesmo por meio do ato da percepção espiritual do sentir, o ser singular compreende como a nota individual é também atribuída a outro eu, quer dizer, a um tu. Na relação intersubjetiva, o contínuo processo de retomada da fonte da singularidade faz com que o ser humano se dê conta da sua própria diversidade. Na realidade,

---

41 Ibidem, p. 164-165.

aqui tocamos o coração da hermenêutica steiniana sobre o fundamento ontometafísico do ser singular: a forma vazia. A plenitude qualitativa do ser preenche a forma vazia de um *quale* que "é percebido [*gespürt*][42] por todo indivíduo somente pela maneira na qual ele 'sente a si mesmo' [*sich selbst fühlt*] [...] e ao seu modo de ser específico, vale dizer, *como ele próprio do modo como ele mesmo é*"[43].

3. INTROPATIA E FLUXO DE VIVÊNCIAS

Compreendemos então que, por meio do sentir, tomamos consciência da própria nota individual, o que nos permite apreender também a nota individual de outrem. Para entendermos melhor o que possibilita essa apreensão, é muito importante conhecer o principal conceito examinado por Stein em sua tese de doutorado: a intropatia (*Einfühlung*), vivência fundamental que está na base de toda relação intersubjetiva.

No mundo, nós nos relacionamos com todo tipo de objetos, mas existe uma distinção entre relacionar-se com uma coisa meramente física e relacionar-se com uma pessoa humana. Por exemplo, em uma sala, vejo cadeiras e pessoas. Qual é a diferença entre cadeira e pessoa? Com a cadeira, experimento uma vivência que vai em direção à cadeira, mas a cadeira não me devolve nada em troca por essa vivência, não tem o poder de corresponder a ela. A pessoa, sim. As vivências que visam uma pessoa não seguem uma via de mão única como acontece em relação às coisas meramente físicas. Essas vivências chegam até a pessoa e retornam enriquecidas pelas qualidades que encontram. Por isso, podemos dizer que há um acréscimo ao nosso fluxo de vivências (*Urstrom*).

O fluxo de vivências é um dos elementos principais investigados por Edith Stein em sua tese sobre o problema da *Einfühlung*. Esse termo, quando usado por Husserl, foi

---

42 Seria preferível traduzir o termo *gespürt* (que em alemão significa experimentar, sentir, perceber) por ser tocado (interiormente). Mesmo tratando de uma experiência interior, distinguiremos o ser tocado interiormente da percepção interior do sentir (*fühlen*).

43 E. Stein, *Potenz und Akt*, p. 261.

86 PESSOA HUMANA E SINGULARIDADE EM EDITH STEIN

traduzido em italiano por Enrico Filippini como intropatia e não como empatia, a fim de melhor destacar seu caráter de experiência da consciência alheia contra a interpretação psicologista que poderia entendê-lo como simpatia[44]. Conforme a posição mantida por Angela Ales Bello, e eliminada qualquer interpretação de quem associa a intropatia à unipatia (*Einsfühlung*) de Theodor Lipps ou ao sentir em conjunto (*mitfühlen*) de matriz scheleriana, podemos considerar que "no individuar a vivência da intropatia, [...] os seres humanos mantêm sua individualidade, ligada profundamente à sua corporeidade, podendo também reconhecer-se e comunicar reciprocamente"[45]. Isso porque a vivência intropática, mediante um contínuo experimentar o outro, permite apreender o indivíduo no seu duplo aspecto constitutivo: como corpo próprio/vivenciado (*Leib*) e como personalidade. Enquanto ato, a intropatia, segundo Stein, não é mera percepção: a percepção é suficiente para apreender indivíduos puramente físicos, isto é, discrimina os vários istos do ponto de vista do corpo físico (*Körper*); mas, para constituir o vivente é necessária uma vivência totalmente nova que, além de ser capaz de perceber, seja também capaz de sentir.

Edith Stein, ao analisar a constituição do indivíduo psicofísico em relação ao eu puro, questiona o que entendemos por individualidade quando verificamos que esse eu é ele mesmo e não outro. Para alcançar a constituição do eu individual, devemos considerar a sua ipseidade (*Selbstheit*)[46] e o peculiar conteúdo de sua experiência vivida (*Erlebnisgehalt*). Inicialmente, podemos supor que apenas a diferença qualitativa das nossas vivências, por meio das quais cada um alcança a sua visão do mundo, baste para explicar a diferença individual que se dá entre um eu e um tu. Mas, para Stein, somente quando a "'ipseidade' é vivida e constitui a base de tudo o que é 'meu', [...] o eu não experimenta a individuação por se encontrar diante de um outro, mas pelo fato de que a sua individualidade

44 "Tal ato se distingue da simpatia, que é uma vivência posterior que pode acompanhar ou não a intropatia, individuada quase por via negativa, por meio de uma série de distinções operadas na evidenciação dos outros atos" (A. Ales Bello, *L'universo nella coscienza*, p. 141).

45 Ibidem, p. 141.

46 Consultar Glossário.

ou, como preferimos dizer, a sua ipseidade [...] é colocada em relevo por contraste com a alteridade do outro"[47].

A relação que ocorre em um processo intropático dá a cada um a possibilidade de se reconhecer como indivíduo mediante os três graus de atuação da intropatia[48] que, se de um lado permitem o dar-se conta da vivência alheia, por outro permitem, mediante a percepção do sentir, o viver a si mesmo na própria singularidade intangível.

Para entender como podemos alcançar a apreensão da nossa individualidade a partir do ato intropático, proponho um exemplo de Edith Stein: "Um amigo me diz que perdeu um irmão e eu me dou conta da sua dor."[49] No primeiro grau, a vivência alheia da dor aparece diante de mim, mas não tem as características da coisa percebida em carne e osso; em seguida, no segundo grau, experimento dor, envolvendo-me com o estado de ânimo dele e num ato da consciência em que esse estado de ânimo parece meu; no terceiro grau, tenho a vivência explicitada, ou seja, dou-me conta de todo o vivido. Esse dar-se conta, que não é nada mais que apreender a essência da vivência alheia, me revela não somente a alteridade do tu que está diante de mim, mas também a originalidade da minha singularidade (segundo grau) que, no captar a vivência alheia, fundamentalmente vive a si mesma como eu na sua totalidade. Chego, assim, a apreender também o meu eu pela contraposição com o outro. Isso acontece porque ao eu puro corresponde uma dupla consciência: a consciência relativa ao próprio viver, pela qual o ser do sujeito é consciente de modo pontual, e a consciência que inclui o outro sujeito.

Além disso, é no segundo grau do processo intropático que o viver a vivência alheia no presente dá vida à primeira forma comunitária, na qual o eu e o tu são capazes de constituir-se como nós. Anna Maria Pezzella considera que "não é possível falar de ser humano individual sem pensá-lo como crescido e

---

47 E. Stein, *Zum Problem der Einfühlung*, p. 54.
48 Segundo Edith Stein, "os três graus são: 1. o surgimento da vivência; 2. a explicitação que perfaz o preenchimento; 3. a objetivação incluindo a vivência explicitada" (Ibidem, p. 19).
49 Ibidem, p. 14.

formado dentro de uma comunidade"[50]. Mas o nós, que se constitui da vivência intropática de tal modo que a singularidade de cada um venha à datidade, não pode estar na base da relação, como afirma em seguida a própria Anna Maria Pezzella: "ele [o indivíduo] nasce antes como ser comunitário e depois se reconhece como sujeito individual, singular"[51]. Somente a plena posse da singularidade do indivíduo, mesmo que objetivada na vivência intropática, pode fazer nascer uma comunidade e não o contrário.

Poder-se-ia, enfim, objetar que quem não conseguisse viver os três graus da intropatia não possuiria uma singularidade, mas isso não faz sentido. Como vimos anteriormente, a singularidade, como tal, é percebida por todo indivíduo somente na maneira pela qual ele sente a si próprio como ele mesmo é. Além disso, é percebida também na contraposição com o outro, quando se é tocado interiormente. Por meio dessa peculiar individualidade, o indivíduo é inserido no mundo-da-vida, em uma relação recíproca com os outros que são seus pares, mas também diferentes dele.

Em suas análises, Edith Stein se dá conta de que a intropatia é uma vivência *sui generis*, inexplicável por comparação com qualquer outro tipo de vivência. Nas suas palavras "me sinto acompanhada por uma experiência vivida originária, a qual não foi vivida por mim, mas se anuncia em mim, manifestando-se na minha experiência vivida não-originária"[52].

É importante ressaltar também que a intropatia necessita do envolvimento de todas as dimensões da pessoa, a corporeidade, a dimensão psíquica e, sobretudo, o espírito, uma vez que fazem parte de toda e qualquer ação humana[53].

---

50 A.M. Pezzella, *L'antropologia filosofica di Edith Stein: Indagine fenomenologica della persona umana*, p. 116.
51 Ibidem, p. 116.
52 E. Stein, *Zum Problem der Einfühlung*, p. 20.
53 Todas as obras humanas podem ser entendidas como extensões das dimensões da pessoa, carregando consigo as marcas pessoais de quem as cria. Em um livro, por exemplo, entrelaçados na obra estão os traços de quem o escreveu. A leitura dos livros de Edith Stein torna-se ainda mais fascinante se conhecermos sua história, pois é possível vislumbrar, em várias de suas análises, o porquê de seu esforço para resgatar a dignidade da pessoa humana. Lembro que Edith Stein era uma judia e o Partido Nacional-Socialista procurou tolher sua dignidade.

4. A COMUNIDADE

Qual é a primeira comunidade que experimentamos? Certamente, muitos poderiam dizer que é a família ou a relação filial. Porém, a primeira comunidade que experimentamos somos nós mesmos. Na nossa comunidade, devemos juntar coisas diferentes e procurar harmonizá-las: devo aceitar o meu corpo, cuidar da minha psique e alimentar o meu espírito. Assim, a primeira comunidade é a nossa própria pessoa. Mas, num nível para além de nós mesmos, em que consiste a comunidade?

Na verdade, não existe uma comunidade externa a nós; é a nossa comunidade que se alarga para que os outros entrem. Quando alguém toca no outro, toca em mim. Trata-se da corresponsabilidade. Muitas vezes, não fazemos coisas em favor dos outros porque eles não nos são tão próximos ou nos são indiferentes. Dizemos que eles estão fora de nós. Isso, porém, não se dá dessa maneira. A comunidade é o alargamento da minha humanidade para incluir, fazer entrar os outros. Desse modo, mesmo quando o outro não está diante de mim, ele está sempre comigo.

Mas por que o ser humano vive em comunidade? De onde vem essa necessidade de ampliação para que os outros possam integrar nosso mundo?

No Capítulo II, vimos que todo ser humano vive, em seu interior, uma solitude última. Essa solitude é um limite ontológico do ser individual; é nela que se busca o motivo pelo qual os indivíduos se unem ao mundo da comunidade e dão vida a uma comunidade (*Gemeinschaft*), no sentido de algo "análogo a uma personalidade individual"[54]. Na realidade, é uma abstração considerar o indivíduo humano isolado; Edith Stein privilegia sempre, em todas as suas obras, a correlação eu-outros, considerando que a existência da pessoa humana está sempre inserida no mundo, num convívio comunitário.

A esfera da personalidade, que em sentido específico é chamada também de caráter individual (mas não se reduz a isso), faz transparecer a tonalidade irradiada pelo núcleo pessoal. Em outras palavras, o indivíduo realiza um movimento, de dentro

---

54   E. Stein, *Beiträge zur philosophischen Begründung...*, p. 200.

do próprio núcleo em direção ao exterior, pelo qual explicita a própria singularidade por meio das qualidades do caráter.

"O núcleo [...] é algo de individual, de indissolúvel e de inominável."[55] Sem a objetivação das qualidades de caráter, não seríamos capazes de apreender, nem mesmo de modo incompleto, a singularidade que está à nossa frente, a qual permaneceria completamente ininteligível de nossa perspectiva (*quoad nos*). É preciso manter um olhar interior que saiba reconhecer tanto na própria singularidade, quanto na alheia, as qualidades de caráter, as quais nada mais são que expressões de uma realidade bem mais profunda que nos transcende, uma alteridade interior que, justamente porque experimenta a si mesma, abre à pessoa a possibilidade de descobrir a transcendência do outro eu (*alter ego*).

No entanto, a abertura ao viver atual da dimensão comunitária necessita de um contínuo estado de vigília da pessoa, porque "quando a alma é colocada fora de circuito da vida atual, ao comportamento e à visibilidade do indivíduo falta a nota individual ou, como também poderia ser definida, a nota *pessoal*"[56]. Nessa situação, o viver não virá do núcleo do seu ser e será conduzido pelas forças psíquicas de outrem. Somente quando o viver individual é centrado na interioridade do seu núcleo é que se pode falar também de um caráter de comunidade formado por analogia com a personalidade individual. Todavia, a comunidade não possui um núcleo como a pessoa humana, uma vez que ela se funda justamente a partir dos núcleos das pessoas.

4.1. A Relação Qualitativa Com o Outro: Intropatia e Liberdade

Como vimos, na comunidade, a abertura ao outro implica em uma relação, para a qual é importante que cada um dos envolvidos se mantenha centrado na interioridade do seu núcleo. Daqui, surgem questões éticas que devem ter como objetivo

55 Ibidem, p. 208.
56 Ibidem, p. 212.

a salvaguarda da dignidade da pessoa humana em todas as áreas. Do ponto de vista político, podemos dizer que um Estado cresce à medida que a cultura das pessoas cresce. Mas de qual cultura se trata? Procuraremos responder a essa questão, acompanhando o percurso de Stein.

Já entendemos que a fenomenologia é a via filosófica que parte da vida, do mundo, para fazer suas investigações. Nesse sentido, Stein não escreveu manuais teoréticos: mantendo seu foco na compreensão da essência do ser humano e no resgate de sua dignidade, ela olhou para o mundo e, no decorrer de sua pesquisa, extraiu elementos de todos os campos da experiência (a literatura, a tradição filosófica, a ciência, a religião, a política etc.), priorizando sempre o âmbito intelectual.

Façamos um breve desvio, para exercitar-nos nesse método. Alguém pode perguntar: por que na Declaração Universal dos Direitos Humanos não aparece nenhuma religião? Porque a dignidade e o valor da pessoa humana devem ser reconhecidos antes de toda expressão religiosa ou cultural. Refletindo sobre esse tema sob a ótica do pensamento de Edith Stein, podemos dizer que essa é uma das novidades trazidas por ela. Com efeito, Edith Stein priorizava a investigação sobre o ser humano sob uma forma global, antes de qualquer aspecto cultural. Isso já fora ensaiado por outros filósofos, antes de Edith Stein, mas ela não excluía de sua análise, por princípio, nenhuma área da experiência humana. Donde seu interesse pela experiência religiosa muito antes de sua conversão ao cristianismo. Aliás, foi das religiões (tanto do judaísmo quanto do catolicismo) que ela extraiu os principais elementos que a ajudaram a conceber o indivíduo humano como pessoa.

O objetivo a que se propunha Edith Stein na análise da pessoa humana pode ser observado na crescente preocupação com aqueles que tendiam a "considerar o ser humano como determinado *exclusivamente* pelo seu pertencimento a um grupo social e a negar a personalidade individual"[57]. Toda a atenção de Edith Stein se concentrava, então, sobre os obstáculos que se opõem ao desenvolvimento de uma plena consciência da individualidade por parte da pessoa. Somente

---

57 E. Stein, *Der Aufbau der menschlichen Person*, p. 134.

desse modo a autora conseguiu evidenciar as distorções que nascem da anulação da personalidade individual. Ela descreveu, então, o trabalho interior que o indivíduo deve realizar para tomar consciência de que, uma vez em posse de sua individualidade, esta permanece inalienável. Isso requer, porém, uma responsabilidade por parte da pessoa, tanto diante dos conflitos consigo mesma, quanto em relação àqueles da esfera pessoal alheia.

A pessoa humana se constitui como única somente na tomada de posição da sua individualidade, que, por sua vez, habilita-a a sair de si e ir ao encontro dos outros. Na falta de uma consciente tomada de posição, o indivíduo é conduzido por eventos provenientes do exterior, sem que suas ações decorram do centro de sua personalidade; viver fundamentado em tal centro é a única possibilidade de assunção da total responsabilidade pelos próprios atos.

É por meio de um viver desperto que o indivíduo sente o fluir da sua individualidade, a qual pode ser objetivada por meio do reconhecimento da própria ipseidade e a partir da disposição de elevar-se no contínuo processo de regeneração que afeta não só a esfera pessoal, mas também cada resposta às solicitações provenientes do exterior.

Não obstante toda tentativa de suprimir a personalidade individual, nunca se chegará a anulá-la; ela é a realidade última do ser espiritual, fundamento que traz em si a marca do lugar originário e intangível da pessoa humana[58].

---

58 É importante destacar que duas pessoas somente têm uma relação qualitativamente fundada quando sabem estar uma diante da outra, em plena liberdade, reconhecendo-se reciprocamente com iguais valores.

5. A PLENITUDE DA PESSOA E A HARMONIA DO SER

A tomada de consciência da singularidade é um processo que precisa ser consolidado gradualmente. Como vimos, o benefício a ser alcançado por esse processo é a possibilidade de colocar em harmonia aquilo que pensamos com o que dizemos e fazemos. Procurar ser quem verdadeiramente somos. Seria um milagre se todas as pessoas agissem de acordo com aquilo que realmente são. A autoconscientização da singularidade nos ajuda a entender que o que pensamos precisa ser manifestado e concretizado em nossas escolhas. Se conseguirmos anular a divergência entre o que pensamos, o que expressamos e o que escolhemos, nutriremos nossa singularidade, preservando nossa marca pessoal, o que nos ajudará a viver no mundo plenamente, com o que somos por inteiro.

A autoconsciência da singularidade permite a síntese harmônica de todo o ser individual[59]. Uma pessoa é capaz de atuar no mundo de modo desperto somente quando consegue gerir o seu ser; caso contrário, estará sujeita ao domínio alheio, restringindo sua existência ao nível da psique e deixando embotado o seu espírito. Essa pessoa, sem vitalidade própria, dependerá de influências externas para realizar suas ações. Devemos ter o controle sobre nossas escolhas; devemos deter esse poder. Mas de que poder estamos falando exatamente?

Façamos de conta, por exemplo, que eu sentisse vontade de dar um soco em alguém. Eu tenho o poder de realizar isso? Sim, pois tenho a posse dessa ação no sentido de que tenho a capacidade de mover o meu braço e atingir o outro violentamente com a minha mão em punho. Porém, também tenho um poder mais importante, que é a posse da posse dessa ação, ou seja, tenho o poder de fazê-la ou não. Desse modo, temos dois poderes que devem andar sempre juntos: o poder de fazer e o poder de decidir não utilizar esse poder. Onde se encontram esses dois poderes?

---

59 No livro *Eichmann em Jerusalém: Um Relato Sobre a Banalidade do Mal*, Hannah Arendt fala sobre o conceito de singularidade nesse mesmo sentido. Lendo suas obras, é possível verificar que ela, quando fala da singularidade, também se refere à doutrina de Duns Escoto e à última realidade do nosso ser.

A posse da ação se encontra na psique; mas a posse da posse da ação se encontra na dimensão espiritual, na qual se funda a singularidade (o eu pessoal). É importante ressaltar a diferença que existe entre as dimensões da psique e do espírito. Na primeira está o poder do si, impessoal. Um cachorro tem o poder de morder alguém; mas ele tem o poder do poder de morder ou o poder sobre o poder de morder? Não, porque ele permanece na dimensão do si impessoal. Se ele morder ou não morder, sua ação será meramente instintiva, não baseada no poder de controlar seu poder.

O eu pessoal tem uma posição bem mais elevada que o si impessoal. Nós temos ambas as dimensões; é importante termos consciência disso. Na dimensão do eu pessoal, temos a possibilidade de entender que o poder do poder nos torna livres. Não somos livres quando exercemos o poder no nível da psique, mas quando decidimos sobre ele no nível do espírito.

Nesse sentido, podemos considerar que grandes personalidades são aquelas que, mesmo tendo a possibilidade de exercer determinado poder em detrimento dos outros e usufruir de sua condição superior, seja social ou intelectual, escolhem não fazê-lo. E agem assim em favor de um poder ainda maior que é representado por uma palavra muito valiosa para Husserl: a solidariedade. Solidariedade não é uma bandeira, não é um movimento político, nem prerrogativa de uma Igreja. Ela é dada a todos como possibilidade. Um exemplo típico vem dos intelectuais que, em vez de aproveitar-se de sua situação privilegiada para conquistar mais status, decidem priorizar a partilha de seu conhecimento para ajudar os outros.

6. PROJETO EDUCACIONAL
   CENTRADO NA SINGULARIDADE

A reflexão sobre uma nova antropologia filosófica nasceu, para Edith Stein, da exigência de poder conjugar os resultados alcançados pelas investigações fenomenológicas com um novo projeto educativo que visasse à formação do valor individual da personalidade. Historicamente, tratava-se para ela de uma tentativa de constituição de uma pedagogia católica na qual o método husserliano e a contribuição da filosofia medieval se encontrassem em um terreno comum: o estudo do indivíduo como realidade estratificada, oferecendo, portanto, uma nova leitura e compreensão da personalidade individual. Consequentemente, para tal projeto, a autora considerou inadequada uma antropologia que procedesse unicamente das ciências naturais. Como diz a autora:

ser exemplar de um tipo [espécie] não significa que o próprio ser derive e seja explicável totalmente partindo do tipo. Na verdade, o tipo não pode ser apreendido exatamente pelo modo matemático e seus exemplares não correspondem a ele como estampas de um clichê, mas o encarnam de modo mais ou menos puro. A encarnação mais pura também não é *somente* exemplar de um tipo, mas uma manifestação numa caracterização individual[60].

Acompanhando as análises steinianas, percebemos que o indivíduo não deve ser considerado como um exemplar ou um simples repetidor da espécie. Edith Stein se dá conta de que somente considerando a individualidade de cada pessoa humana é que se pode construir um projeto educacional capaz de conduzir o indivíduo ao reconhecimento de sua singularidade, elevando-o, assim, acima da espécie e de toda lei geral. É possível, portanto, compreender o programa que a autora pretendeu desenvolver a partir do momento em que percebeu a necessidade de agir de forma proativa, por meio de um sério projeto educativo contra o nefasto projeto do mito da raça, um projeto defendido pela cultura nacional-socialista predominante naquele período e que tentava, anulando no indivíduo sua nota individual para reduzi-lo a mero conceito geral, concebê-lo como uma simples intersecção de vários dados (idade, sexo, posição social, povo) e como produto da hereditariedade e do ambiente. A antropologia steiniana se realiza, no lugar disso, com a contribuição das ciências do espírito, as únicas capazes de integrar a individualidade em um processo educativo no qual a essência genérica do ser humano combina-se com a singularidade da pessoa em seu ser individual único e irrepetível.

60 E. Stein, *Der Aufbau der menschlichen Person*, p. 19.

Sob essa perspectiva, o papel do educador consiste, em primeiro lugar, em operar uma mudança de olhar. Para além da percepção exterior, é urgente que o educador chegue ao substrato determinado do indivíduo, tornando-se capaz de aproximar-se das peculiaridades individuais do aluno. Tudo isso, porém, com uma clareza indiscutível de que não se pode pretender uma compreensão total da singularidade do aluno, pois não se pode medir sua dimensão qualitativa.

A ação pedagógica é direcionada ao indivíduo que, mesmo participando do todo (espécie), é já em si um microcosmo dentro do qual a marca individual qualitativa não pode estar subordinada a conceitos gerais, nem pode ser expressa com termos gerais.

Não se compreende, portanto, a individualidade senão por meio de uma mudança no olhar capaz de tomar consciência da unicidade das qualidades individuais de cada pessoa humana antes mesmo de toda escolha consciente ou experiência educativa. O indivíduo se apresenta a nós como ele mesmo é. Gradualmente, o educador levará o aluno a conhecer e a compreender sempre melhor as qualidades individuais que ele já possui, mas que necessitam de uma tomada de consciência para florescer. Essa tomada de consciência se irradia pela pessoa como um todo, tornando-a capaz de alcançar a plena harmonia no desdobramento do seu ser espiritual.

Neste livro procuramos apresentar a fenomenologia de Edith Stein, enfatizando seu interesse antropológico. Vimos que, para alcançar a definição da singularidade da pessoa humana, Edith Stein percorreu um caminho que teve início com a fenomenologia husserliana e articulou conceitos e métodos vindos da filosofia medieval. A aplicação do método fenomenológico às elaborações medievais não foi tarefa fácil, mas Edith Stein nunca apreendeu acrítica e ingenuamente os termos transmitidos pela tradição; ela procurou esclarecer seu significado com uma terminologia própria. Em suas investigações, o entendimento da estrutura essencial do ser humano assumiu um valor prioritário.

As análises para a compreensão da singularidade fizeram com que Edith Stein se dirigisse para a questão do princípio de individuação. Essa questão – que busca o conhecimento do ser humano como ser individual – suscitou o interesse de muitos pensadores na história da filosofia, todos voltados a dirimir um problema aparentemente insolúvel. Edith Stein retomou essa problemática e, examinando particularmente tanto a posição tomista como a do franciscano Duns Escoto, elaborou uma teoria completamente original. Enquanto sua estrutura metafísica se aproxima da doutrina do ser de Duns Escoto, sua chave interpretativa continua sendo a noção husserliana de constituição: quando a consciência é direcionada a algo, ela intenciona aquilo a que se dirige como algum tipo de coisa. No caso da singularidade, esse tipo se apresenta como um tipo individual. Seu modo de apreensão é inicialmente mostrado em sua tese intitulada *O Problema da Empatia*, na qual a autora já aborda a individualidade.

A partir dessa obra, Edith Stein empreende um trabalho de construção, a fim de estabelecer bases válidas para fundamentar o caráter unitário do indivíduo humano. Ela identifica, primeiramente, duas dimensões entrelaçadas nessa unidade: natureza e espírito. A investigação da estrutura ôntica do indivíduo, na *Introdução à Filosofia*, levará Edith Stein a delimitar dois âmbitos diferentes para as análises que se seguirão: as ciências naturais seriam suficientes para a investigação da dimensão do indivíduo que corresponde à natureza (seus aspectos quantitativos), mas somente a filosofia e as ciências do espírito poderiam considerar a dimensão espiritual (aspectos qualitativos).

Essa perspectiva começa a ficar mais evidente na obra *Contribuições para a Fundamentação Filosófica da Psicologia e das Ciências do Espírito*, na qual Edith Stein identifica a marca qualitativa absolutamente única que "tinge", em primeiro lugar, o que a autora denomina de núcleo pessoal. Na última parte dessa obra, Edith Stein estabelece o núcleo como lugar principal da pessoa. Nesse ponto, convergem os conceitos de *ultima solitudo* de Duns Escoto e de insuprimível solitude da qual fala Edith Stein.

No decorrer de suas análises, Edith Stein explicita os traços indeléveis do núcleo da personalidade – a imutabilidade, a consistência e a propriedade permanente –, observando que é ele que impõe ao desenvolvimento da pessoa certo andamento e não vice-versa: é o núcleo que determina toda evolução psíquica e/ou física da pessoa e não o contrário. Esses aspectos permitem à autora afirmar que nenhum elemento quantitativo pode minar o núcleo da pessoa; tal núcleo assenta-se para além da dimensão espaçotemporal, escapando de quaisquer condições formais ou materiais de determinação. Ambas as condições se encontram, para Edith Stein, aquém da *ultima solitudo* pessoal

Essa *ultima solitudo* é concebida por Stein como um estar em si, um estar em contato com a profundidade do próprio eu. Para Duns Escoto, isso representava um limite ontológico. Ainda que caracterize o ser humano como tal, a *ultima solitudo* não tem, para Edith Stein, um caráter ou traço específico universalizável. A sua modalidade de aderência à pessoa humana, na verdade inextricável, é ditada por sua coloração, percebida por uma disposição única.

As instâncias metafísicas que Edith Stein encontra na filosofia medieval se entrelaçam com as análises e resultados obtidos sobre bases descritivo-fenomenológicas. Assim, na obra *A Estrutura da Pessoa Humana*, Edith Stein afirma que uma filosofia somente é radical na medida em que se lança até as últimas estruturas fundamentais do ser humano. Desse modo, descartando o que poderíamos chamar de dimensão extrínseca da pessoa humana, a autora empreende sua investigação a partir da dimensão intrínseca, o que a conduz a estabelecer a individuação como a concreção da forma vazia e o preenchimento qualitativo.

Considerando as análises constantes em *Potência e Ato* e a relativa formulação do problema da individuação nelas presente, pode-se constatar como Edith Stein, seguindo Husserl ao longo da determinação dos limites gerais da ontologia formal e material, contextualiza essa doutrina segundo as categorias medievais – aqui especificamente tomistas e, mais remotamente, aristotélicas –, a fim de reforçar uma concepção de individuação que se radica no conceito de núcleo pessoal. O resultado que considero fundamental salientar é que Edith Stein recusa que o princípio de individuação possa ser determinado remetendo-se a condições quantitativas da matéria (*materia signata quantitate*), conforme o pensamento tomista.

Isso fica ainda mais claro quando se consulta o capítulo VIII de *Ser Finito e Ser Eterno*, no qual Edith Stein afirma que a matéria assinalada da tradição tomista não pode ser fundamento da individualidade, porque com ela se permanece preso à relação genérica de matéria e forma, relação esta que, completamente geral, nada nos diz sobre a coisa ou pessoa única. Edith Stein defende que o princípio de individuação se funda não sobre uma simples forma vazia, mas sobre uma qualidade positiva do ente, que assume forma visível na concreção, ou seja, um modo particular de encontrar individualização (esclarecendo-se que, para isso, não é suficiente uma individualização no mesmo sentido encontrado no processo de especificação das categorias fundamentais do ser). O autêntico *tode ti* na personalidade é alcançado, segundo Edith Stein, não percorrendo as categorias formais do ente de modo descendente – o objeto, o que-coisa, o ser, o como, categorias não-independentes da ontologia formal reinterpretada com chave aristotélico-tomista –, mas fazendo-o descer diretamente, enquanto concreção, na independência.

Desse modo, Edith Stein mostra que a forma do *sínolon* ou o composto é ainda parte da estrutura comum do ser humano (espécie), embora existam também diferentes formas individuais. Mesmo tendo em comum as mesmas qualidades, cada indivíduo possui cada qualidade de modo completamente individual. O princípio de individuação, portanto, não é algo que possa ser extraído de uma simples abordagem que considere somente as especificações de gêneros e espécies, mas é o que pode ser alcançado na realidade humana somente quando apreendido sob o ponto de vista da plenitude qualitativa.

Para Edith Stein, o indivíduo tem em si o princípio da unicidade, capaz de torná-lo único na sua espécie, mas esse princípio é colocado além de toda condição, não dependendo nem da forma essencial ou da espécie (entendida no sentido de universalização), nem da matéria – porque ambas são ainda dois aspectos gerais –, nem mesmo da sua existência, porque esta última deve pressupor que o ser singular subsista. Sua singularidade – seu ser assim (*Sosein*) –, portanto, não pode estar subordinada a conceitos gerais, nem pode ser expressa com termos gerais, ou seja, não se individua por nenhuma forma de especialização ou universalização, consistindo no modo individual de realização das essências da espécie e dos universais em sua concreção. Desse modo, a natureza intangível da singularidade é única e, segundo Edith Stein, não seria plausível conceber a sua essência como uma espécie que poderia individualizar-se em uma multiplicidade de produtos iguais. Quando acreditamos ter conhecido o ser humano, encontramo--nos diante de algo que nunca poderia ser expresso em termos de propriedades genéricas, nem classificado dentro de um tipo, justamente em virtude da sua singularidade que o torna um ser absolutamente único e irrepetível.

A leitura aqui proposta quer se situar também dentro das discussões atuais que tentam uma naturalização da personalidade. Sobre bases fenomenológicas, Edith Stein mostra que os conceitos de *ultima solitudo* e de núcleo pessoal imutável e intangível, como garantias da extrema idiossincrasia da individualidade humana, não permitem reduzir a personalidade individual a qualquer categoria, seja ela qualitativa ou quantitativa. Do meu ponto de vista, o debate atual sobre a possibilidade de uma naturalização da fenomenologia encontra motivo de forte controvérsia nos territórios explorados por Edith Stein, considerando que essa naturalização queira avançar também dentro dos territórios específicos da personalidade. Não podemos admitir que instâncias de naturalização que consideram a personalidade humana como um produto exclusivo de fatores biopsicofisiológicos se tornem base para uma definição da identidade essencial de um indivíduo, uma vez que esses fatores se restringem a aspectos quantitativos, que, como vimos, estão sempre aquém daquilo que verdadeiramente qualifica a pessoa. Não acredito que os elementos essenciais da individualidade humana, a sua unicidade e a sua profundidade, possam se prestar a uma essencialização, isto é, não acredito que possam entrar em um conceito de identidade essencial que carregaria consigo o momento inevitável da universalização. Ser uma pessoa significa, para Edith Stein, sentir-se inserido em uma profundidade incomensurável, em uma *ultima solitudo* na qual se conjugam elementos qualitativos que não podem ser tratados sob o parâmetro de universais suscetíveis de alguma formalização. Como já exaustivamente dito neste livro, o princípio de individuação se situa, para Stein, bem além de toda condição quantitativa e formal, ambas instâncias que podem ser consideradas no âmbito da espécie.

De modo mais geral, surge uma dificuldade na naturalização da fenomenologia com relação ao ser humano, uma vez que a interpretação científico-quantitativa é colocada em crise pela fenomenologia. Na verdade, sobre a questão de como não é possível uma naturalização da fenomenologia – no pleno debate entre a dimensão não só quantitativa, mas também qualitativa do fenômeno em si –, retomo o pensamento perseverante de Angela Ales Bello ao defender, conforme o pensamento da escola fenomenológica, que a leitura científica da natureza não esgota a sua compreensão. Faz-se cada vez mais urgente a exigência de uma filosofia da natureza que coloque em evidência os elementos qualitativos.

A pesquisa sobre esse campo está certamente aberta, como aberta deve estar a comunidade científica, mas acredito que uma posição teorética que queira respeitar a pessoa humana como tal e as especificidades de cada ser humano não pode prescindir dos caracteres que a fenomenologia de Edith Stein atribuiu à singularidade da pessoa humana como legado cultural e filosófico à nossa disposição.

Desejo que o aprofundamento da antropologia de Edith Stein possa ajudar a compreender melhor a nós mesmos e os outros, fazendo com que nossas relações primem pela dignidade da pessoa, lembrando que, quando a negligenciamos, perdemos a oportunidade de melhor conhecer a experiência humana.

Convido todos os leitores a serem persistentes no estudo da fenomenologia, pois o fenomenólogo está sempre no início. Seguindo os ensinamentos de Edmund Husserl, lembremos que sempre que alcançamos uma meta, devemos retomar a investigação de sua origem. No processo de conhecimento do ser humano, o desafio é ainda maior, pois o mais importante é o que as pessoas não dizem. Desejo, assim, que vocês extraiam do arcabouço da fenomenologia aquilo que ainda não foi dito.

Debate

Transcrevemos, abaixo, algumas das questões levantadas pelo público, bem como respectivas respostas dadas pelo autor, durante o minicurso apresentado no II Simpósio Internacional Edith Stein.

No início de sua fala, você mencionou o "agora", jetzt em alemão, e isso me fez lembrar uma passagem do pensamento de Pascal. Vou tentar sintetizar porque ela é mais longa e mais bonita do que as palavras que vou usar aqui: "Nunca nos detemos no único tempo que nos importa: o agora. Fugimos para o futuro ou para o passado". Então, eu gostaria que você falasse um pouco sobre o "agora", sob a perspectiva de que a vida poderia ser totalmente diferente do que é, se lhe déssemos a devida importância.

Gostaria de lhe responder com Heidegger, que aprecio muito. Ele disse aos teólogos de Marburgo, se não me engano em 1924, em uma conferência sobre o tempo: o que é o tempo? Se eu medir o tempo, vou perdê-lo. Mas se penso no tempo, sabendo que amanhã não estarei mais aqui, o tempo que intercorre entre o agora e quando não existirei mais será o tempo da escolha. O verdadeiro valor do tempo é quando o meu agora se torna a escolha concreta. Sabem por que não temos consciência do nosso agora? Dizemos que nos conhecemos, mas, muitas vezes, os outros nos conhecem melhor do que nós. Devemos conhecer a nós mesmos muito bem. É como eu, aqui no Brasil, não conhecendo esta terra: mal saio do hotel, percebo que estou me perdendo e volto. Porém, o quarto do meu hotel, a esta altura, já conheço suficientemente bem; sou "dono" daquele lugar e, assim, posso fazer o que quiser. Assim é a nossa vida. Devemos ter cuidado conosco: somos muito preciosos. Temos de cuidar de todas as nossas partes que não são iluminadas por nenhuma luz; muitas vezes, não vivemos o agora porque estamos distraídos, habitando nossa própria casa como se fôssemos hóspedes. Somos uma "casa". Devemos aprender a abri-la, a habitá-la e também a fechá-la. E os outros, para poder entrar, precisam da nossa permissão. Devemos permitir a entrada de pessoas que nos ajudem a olhar a vida, o mundo, com novos horizontes. Hoje, em filosofia, é preciso fundar uma antropologia – assim como o faz também o professor Miguel, na psicologia – que observa os processos sociais e que quer dar ao ser humano, não respostas, mas indicações de caminhos. As respostas, as pessoas encontrarão. Por isso, a fenomenologia permanecerá eternamente: porque não produz respostas, mas gera perguntas.

Essa concepção de tempo que você apresentou lembra muito a concepção de Agostinho de Hipona. Um amigo filósofo me disse que Husserl foi um grande leitor de Agostinho. Eu gostaria que você se aprofundasse um pouco mais nessa relação também. É uma curiosidade que eu tenho: existem trabalhos atuais aprofundados nessa relação entre Husserl, Stein e Agostinho?

Essa pergunta me toca pessoalmente porque há quase oito anos venho trabalhando sobre a questão do tempo em Husserl, nos manuscritos de Bernau. Husserl tem três fases sobre o tempo. A primeira é de 1904 a 1905, a segunda de 1917 a 1918 (os manuscritos de Bernau) e a terceira em 1930. Husserl, na primeira publicação sobre o tempo, parte de Agostinho. Em *Ser Finito e Ser Eterno*, Stein fala do tempo porque é importante para pensar o agora. Ela também se utiliza de Agostinho, mas, sobretudo, de uma amiga filósofa, Hedwig Conrad-Martius, que era sua colega junto a Husserl. Deixe-me dizer por que para mim tudo isso é uma grande paixão: eu tive a sorte de trabalhar em Munique na biblioteca particular de Hedwig Conrad-Martius, onde tomei conhecimento de que ela fez um livro sobre o tempo, partindo também de Agostinho e ligando-se ao pensamento de Husserl. Há alguns anos trabalho na tradução desse livro que me é muito precioso, pois, para mim, os livros não são objetos, mas pessoas que caminham comigo: por trás de um livro tem toda a genialidade de quem o escreveu e, sobretudo, o seu suor. A dinâmica do tempo é pouco estudada porque é muito difícil. *Grosso modo*, para cada objeto, há uma mudança de consciência capaz de apreender o objeto agora, mas que se lembra do objeto de antes e que pode projetar o objeto depois. Isso é um pouco complicado: Husserl, na dinâmica do tempo, quer estudar a mudança pela qual a consciência passa nos processos de conhecimento. Ele fala do passado como retenção, do presente, e do futuro como protensão. Husserl despende quase oitocentas páginas para falar do tempo. Para poder entender esse livro, é preciso ser muito criterioso. Toda a escola da fenomenologia é coligada: Husserl, Stein, Hedwig Conrad-Martius, Heidegger, todos tratam da questão do tempo. Nesta escola, quando se chega a entender um autor, deve-se relacioná-lo com os outros. Por exemplo, o problema da individuação, que foi investigado sistematicamente por Stein, também foi investigado por Scheler e por Martius. Eu descobri, de fichas emprestadas da biblioteca de Munique, que os mesmos livros usados por Stein, também foram examinados por Martius e Max Scheler. No verão, essa comunidade de pesquisa se encontrava em Bergzabern, na casa da Martius, para estudar filosofia. Os textos de Stein constituem, hoje, uma verdadeira mina de filosofia. Por meio deles, podemos entender Heidegger, as influências de Scheler, a ligação de seu pensamento ao de Husserl e também o grande cenário da filosofia medieval: Agostinho, Duns Escoto, Tomás de Aquino, Boaventura etc. Com relação a Agostinho, foi feita uma tese na Itália, vinculando-o a Edith Stein, mas nada de sistemático até agora. Entretanto, se houve uma filósofa com quem Stein manteve um contínuo diálogo foi Hedwig Conrad-Martius, que eu tive a sorte de estudar e recomendo; dedico a essa pensadora parte da minha pesquisa com traduções, porque é uma autora muito difícil.

Depois dessa explanação das raízes do pensamento de Edith Stein sob a perspectiva da estrutura da pessoa humana, abarcando suas três dimensões, ou seja, a corporeidade, a psique e o espírito, penso que o maior desafio para nós não consiste tanto em operar nos âmbitos da corporeidade e da psique, mas no do espírito (na singularidade), pois é nele que se encontra o poder do poder da ação.

Para poder chegar à singularidade, devemos nos reapropriar seriamente, também, de toda a nossa dimensão corpórea e psíquica. Infelizmente, ainda hoje, vejo que muitas pessoas vivem "fora" de seu corpo sem ter plenamente consciência de quem são, sendo psiquicamente manipuladas. A obtenção das coisas mais valiosas exige dedicação e persistência. A consciência da própria singularidade é uma das coisas mais preciosas que podemos alcançar. As pessoas se sentem estimuladas a alcançá-la; muitas iniciam a sua busca com toda a força, mas acabam desistindo no meio do caminho. Esse é o problema. Acredito que a singularidade é importante, mas é um ponto de *chegada*.

Quando digo que a busca pela singularidade deve se concentrar na dimensão do espírito, não estou negando a corporeidade, mas insisto que a corporeidade jamais vai dar conta da questão da singularidade sozinha (nem a psique), porque é como uma relação dialética. É a singularidade que deve prevalecer sobre as dimensões psicofísicas.

O importante é ter consciência da própria singularidade. É como fazer *jumping*: é preciso ter a coragem de subir e fazer o percurso. Mas o que é importante? Chegar ao final do *jumping*? Não! Importante é sentir todo o medo da subida, todo o terror psíquico que se sente quando a corda se estica, a dúvida se ela vai se romper ou não. Depois, finda a empreitada, é preciso começar tudo de novo. Alcançar a consciência da própria singularidade requer reiterados processos de retomada de si mesmo, sempre a partir do próprio núcleo.

Estou pesquisando o tema da individuação e da singularidade porém partindo de Aristóteles e da leitura que Tomás de Aquino faz de Aristóteles. Não conheço bem a obra de Stein. Na pesquisa, parece-me, cada vez mais, que existem dois princípios: um de individuação e um de singularização. Isso consistiria em afirmar que existe uma diferença entre considerar a pessoa como um indivíduo e considerar a pessoa como alguém singular: do lado da matéria, do lado da natureza, considera-se alguém como um indivíduo; porém, além disso, há a singularidade desse ser que é pessoa. Nesse sentido, parece que a materia signata quantitate *é princípio de individuação, mas não de singularização, e que a alma seria o princípio de singularização. Que pensa disso?*

Pelos estudos que fiz, tenho certeza de que, na filosofia medieval, a partir de Boécio, o princípio de individuação deve ser único. A singularidade é ligada à individuação. No nível metafísico, quando se fala de princípio de individuação, fala-se de *individuum*. Quando se considera, em vez disso, o indivíduo na sua dimensão relacional, fala-se de pessoa. Stein analisa os dois níveis: o do *individuum* e o de comunidade, de pessoa. A filosofia recebeu da teologia trinitária o conceito de pessoa, pois, por destacar a dimensão relacional, aplica-se melhor ao indivíduo que vive numa dimensão comunitária. Se o senhor consultar os estudos de Gracia[1] ou todos aqueles que foram produzidos no âmbito do pensamento medieval, verá que uma coisa é muito clara: o princípio de individuação é único. A dificuldade presente na sua pergunta remete a uma problemática que foi identificada por alguns medievais e que Duns Escoto formulou com precisão: o princípio de individuação não pode ser um mero princípio de distinção. Por exemplo, para saber o que dá meu ser individual, único e irrepetível, basta perguntar: o que é que me distingue do senhor? Para Edith Stein e Duns Escoto, *o princípio de individuação diz aquilo que eu sou.* Assim, não devo partir daquilo que me distingue do senhor; o princípio de individuação deve ser uma realidade positiva que diga o meu ser. A *materia signata quantitate* acabava sendo só um princípio de distinção. Eis o porquê das perguntas: O que temos de diferente? A posição? O tempo? Para individuar uma pessoa, não pode ser utilizado um princípio de distinção. O senhor é aquilo que é com ou sem a minha pessoa.

---

1   Cf. J.E. Gracia (ed.), *Individuation in Scholasticism.*

Hoje em dia, nós temos acesso a outras fontes filosóficas que nos ajudam a procurar a presença do ser. Dentre elas, toda a riqueza das filosofias orientais. Eu penso muito no exercício da respiração, que por vezes usamos para nos "colocarmos presentes". Eu, especialmente, quando expiro – mais do que quando inspiro –, quando me esvazio, me sinto mais presente nesse esvaziamento. Edith Stein teria tido algum contato com o mundo oriental, com os orientais, teria dialogado com isso?

Stein teve a sorte de ter, entre os colaboradores de Husserl, Gerard van der Leeuw, um fenomenólogo da religião que a professora Angela Ales Bello estudou muito. Vou me apropriar de seus resultados para responder, uma vez que a minha bagagem pessoal não é suficiente nesse aspecto. Gerard van der Leeuw fala de diversas religiões, incluindo a islâmica. Isso permite dizer que certamente Edith Stein teve algum contato com formas do pensamento oriental. Aliás, todos os discípulos de Husserl se conheciam entre si e, quando vocês leem Stein e conhecem esses autores, percebem que todos sofreram diversas influências recíprocas. Então, ao frequentar Gerard van der Leeuw, Edith Stein certamente conheceu as religiões orientais. Para dar um exemplo referente ao Islã, permito-me contar a vocês que tive a sorte de conhecer Anna-Teresa Tymieniecka, companheira de estudos de João Paulo II e presidente do World Phenomenology Institute. Ela procurou explicar que tipo de vínculos Husserl poderia ter com a filosofia islâmica; seu estudo foi tão impactante que muitas publicações têm surgido na tentativa de investigar possíveis relações entre o conceito fenomenológico de intencionalidade e o conceito islâmico de iluminação.

Farei uma pergunta provocada pela surpresa que eu experimentei diante da sua fala. Você disse que fazemos fenomenologia chegando à essência do fenômeno. Por esse método, podemos chegar à compreensão de nós mesmos. Qual seria então o coração do ser humano?

Husserl, em *A Crise das Ciências Europeias*, fala do mundo-da-vida. O que é o mundo? É aquilo que eu "vejo" ou o que carrego "dentro"? Todas as coisas, todas as minhas experiências estão encerradas em mim. As ciências, de um modo geral tentam explicar o mundo "matematizando" os dados de vários elementos; mas o *sentido* que relaciona certos elementos uns aos outros, a ciência não consegue explicar. A fenomenologia estuda a qualidade e não a quantidade da coisa. Se eu tivesse que julgar uma pessoa apenas por aquilo que transparece para mim por meio de seus atos, o conhecimento não teria sentido. O verdadeiro conhecimento não se nutre de palavras, mas entende o outro quando está quieto. Entende o outro no seu movimento interior. Então, o coração da pessoa é o lugar onde, finalmente, ela não precisa mostrar nada a ninguém, não tem papéis para representar; é o lugar no qual se alimenta a plena liberdade. A pessoa humana deve viver de modo harmônico; no que consiste essa harmonia? Consiste em conciliar diferentes aspectos da sua personalidade – tudo o que você gosta ou não em si mesmo –, aceitando-se do modo como você é. Assim nasce a harmonia.

Você poderia comentar um pouco o conceito de autocontrole que Edith Stein apresenta na Ciência da Cruz?

Esse é um conceito importante. Na *Ciência da Cruz*, vemos que, naquele caminho interior, é preciso deter o controle de todas as nossas capacidades, deter sua "posse". Isso é muito importante na experiência mística. O conceito de possuir é, sobretudo, relacional. A relação precisa de uma plena posse de todas as nossas faculdades, porque aquilo que não possuo tem uma capacidade de ação incontrolável. É como o passado: nunca aconteceu a vocês de estar em algum lugar e o seu passado irromper sobre vocês, sem que o tenham solicitado? A mesma coisa acontece com as nossas faculdades. Somente detendo o controle de nossas capacidades, podemos estabelecer um bom relacionamento. Lembrem-se de que não podemos ter nenhuma relação mística sem antes considerar que a pessoa que está diante de nós é uma alteridade tanto quanto Deus.

Como posso ter a noção de espiritualidade se me encontro mergulhado na dimensão da psique? Tomo emprestado o seu exemplo do jumping: *é como se eu, estando numa dimensão inferior tivesse que "fazer uma escalada" para ter a noção do que é o mundo espiritual, para poder alcançá-lo.*

O senhor não tem que "subir", "escalar". A dimensão do espírito se abre para o senhor; não é preciso procurar nada. Quando entro na "primeira morada", que é a minha corporeidade, e a vivo, imediatamente me dou conta da minha dimensão psíquica e, vivendo essas duas dimensões, a dimensão espiritual automaticamente se abre para mim. Não sou eu que a procuro.

Se a individuação do ser humano é a concretização da forma vazia e do preenchimento qualitativo, então podemos dizer que esse preenchimento consiste na liberdade? É desse modo que nós nos diferenciamos dos outros seres?

Na singularidade, quando temos a concretização entre a forma vazia e o preenchimento qualitativo, damo-nos a possibilidade de experimentar o que é a liberdade. O que isso significa? Significa que quando a pessoa tem consciência de quem é, ela é livre para sair de si e viver no mundo. Quando eu falo de mundo não falo só de pessoas, mas também das coisas, de tudo. Ter consciência de si possibilita viver plenamente a liberdade. Observem que a liberdade tem sempre o outro diante de si, como valor. Devemos sempre nos recordar disso. Nunca existe uma liberdade só minha. A liberdade pessoal que eu tenho é aquela de ir em direção ao encontro de outrem e, então, aderir plenamente às outras singularidades. Aquilo que Stein descreve não é resultado de uma pesquisa, mas um objetivo a alcançar, um percurso a percorrer, um caminho no qual a liberdade dá a possibilidade de viver de maneira nova. O que significa viver de maneira nova? Utilizar tudo o que se tem sob uma nova perspectiva. Nós somos livres somente quando utilizamos a nossa bagagem, ou seja, todos os aspectos inerentes apenas ao *nosso* ser. É olhar para si mesmo de maneira nova. Olhar o mundo sob uma nova perspectiva significa dar a possibilidade para a mesma realidade de sempre, mesmo que feia, de ter um novo rosto; mas o material com que operamos é sempre a nossa própria bagagem. Eu penso que o tema da liberdade é muito interessante porque nos permite entender como podemos viver com os outros conservando a nossa singularidade e fazendo com que sejam livres. A liberdade é dar a possibilidade aos outros de serem eles mesmos e, portanto, livres.

Gostaria de falar um pouco sobre a questão do idealismo transcendental na fenomenologia. Algumas vezes, Husserl sofre preconceito por parte de estudiosos do pensamento contemporâneo, porque ainda propõe uma filosofia da subjetividade, o que leva à crítica ao idealismo transcendental e ao problema do solipsismo. Diante da sua explicação, ficaram claras para mim, ao mesmo tempo, as duas interpretações em relação ao pensamento husserliano. Kant, e depois Hegel na Fenomenologia do Espírito, *também já fizeram um processo parecido, reduzindo tudo à consciência; você colocou muito bem que, em Husserl, não se trata de uma consciência universal, mas que a consciência é o fundamento da realidade. Você poderia falar um pouco mais sobre a relação entre a consciência universal e o idealismo transcendental? A fenomenologia, de forma geral, seria presa à consciência absoluta ou poderia ser uma consciência relativa, uma vez que está presa aos fenômenos, ao fluxo das vivências? Eu gostaria também de saber mais precisamente em qual ponto Husserl não cai no idealismo transcendental.*

A questão de Husserl sempre foi construir uma fenomenologia rigorosa e, sem dúvida, um dos elementos fundamentais do seu pensamento é a sua nova concepção de consciência sob a perspectiva da intencionalidade. Quando estamos sozinhos com a nossa consciência? Nunca. Quando Stein fala do "eu" na experiência mística, por exemplo, esse "eu" é carregado sempre de um "tu". Ela diz que a pessoa vive sempre num contexto comunitário; nunca pode estar sozinha: nossa solidão é sempre uma solidão "habitada". Eu habito a mim mesmo e nesta minha habitação carrego minhas vivências; nelas, se incluem o mundo e todas as pessoas com quem já interagi. Por isso, a consciência para Husserl é aderência ao mundo. Tanto é que, nos originais em alemão e nas traduções em italiano, nunca se escreve "consciência e mundo", mas "consciência-mundo" com um hífen. Em alguns dos meus trabalhos, escrevo "conscienciamundo", tudo junto. Não se pode separá-los. Husserl nunca teve a intenção de dividi-los. Nas primeiras aulas em Göttingen, falando sobre o que é a fenomenologia, ele se dá conta de que o "foco" que ele deu à consciência tinha gerado polêmica; na realidade, como já disse anteriormente, ele tenta escapar da interpretação que considerava o seu pensamento como um retorno ao idealismo,

112 PESSOA HUMANA E SINGULARIDADE EM EDITH STEIN

inclusive inserindo novos termos, como *fluxo de vivências*. O foco, na verdade, são os fenômenos; a verdadeira investigação é o caminho que eu faço em direção aos fenômenos, porque cada caminho muda o meu mundo. Quando Husserl coloca o mundo entre parênteses, ele não está jogando o mundo fora; ele está "congelando" todos os pressupostos em relação ao mundo.

É possível fazer uma relação entre a forma vazia e a forma individual?
É preciso estar atento, porque são todos termos técnicos. Você tem razão. A "forma vazia" é um termo que Edith Stein aprende com a lógica formal (*Leerform*). Esse termo designa um conceito *geral* de forma. Quanto a Duns Escoto, ele diz que, para alcançar o princípio da individuação, é preciso, antes, chegar à forma individual, a *haecceitas*. A mesma ideia (mesmo sem falar de *haecceitas*) é encontrada também em Tomás de Aquino. Especificamente no final da *Ordinatio*, tratando do princípio de individuação, Duns Escoto fala de *ultima realitas entis*. A individuação é a última realidade do ente, um princípio positivo que, como consta na *Ordinatio*, não é nem matéria, nem forma, nem a união de matéria e forma, mas é a *ultima realitas entis*. Como disse anteriormente, quando falamos de *forma individualis*, trata-se ainda de um conceito *geral*. Não é o caso da *ultima realitas entis* que consiste na forma pela qual o ente alcança a sua última atualização como indivíduo. *Ultima realitas entis* dá uma noção de estrato; ela se encontra num terreno profundo. Stein, indo ao encontro desse pensamento, elabora sua concepção de forma vazia (*Leerform*), sobre as mesmas bases. Assim, se você entender a forma individual no sentido do ato pelo qual o indivíduo, em sua unicidade e irrepetibilidade, concretiza a forma da espécie, então pode associar a forma individual e a forma vazia. A forma vazia é uma expressão, acima de tudo, de caráter metodológico: ela permite que nos refiramos a algo sem considerar o conteúdo desse algo. Se lembramos que a intencionalidade da consciência obriga-nos a sempre pensar em algo determinado, ou seja, com um conteúdo, preenchido – consciência é sempre consciência de alguma coisa –, então entendemos a utilidade metodológica da forma vazia, pois vemos que ao usar essa expressão estamos apontando para a tentativa de pensar algo

DEBATE 113

formalmente, sem considerar as características que preenchem sua compreensão – que dão automaticamente sua identidade. No caso do princípio de individuação isso fica bem visível, pois todas as características que dão o preenchimento na percepção de um indivíduo – sua altura, sua cor, seu lugar, seu peso, seu caráter etc. – são características universais. Meu vizinho e eu podemos ser caracterizados a partir desses mesmos atributos; aliás, também podemos dizer que temos a mesma cor, a mesma altura, o mesmo caráter etc. Isso cria uma dificuldade: como falar da singularidade de um indivíduo sem falar de características que esse indivíduo comunga com muitos outros? É preciso "forçar" nossa compreensão e tentar falar da singularidade do indivíduo sem nos referirmos às características que ele tem em comum com outros. Em outras palavras, para nos referirmos a um indivíduo em sua singularidade, não podemos dizer que o conjunto de suas características é o que faz com que ele seja o que ele é. Precisamos referir-nos ao *modo* como esse indivíduo concretiza, de maneira única, tal conjunto de características. Portanto, a ênfase de nossa compreensão não recai sobre as características, mas sobre o modo como o indivíduo as concretiza. É justamente aqui que entra a noção de forma vazia, pois não damos atenção às características (o conteúdo que salta primeiro à vista), mas tentamos apontar para o modo individual de ser do indivíduo, sua realidade fundamentalmente individual de ente (*ultima realitas entis*). Então, nossa compreensão é "esvaziada" do conteúdo, para ater-se à forma, à vibração própria de cada indivíduo ao entoar a melodia típica de sua espécie. É aqui que entra a forma vazia. Dessa perspectiva, podemos dizer que a forma vazia é a forma individual. Mas não esqueçamos que Edith Stein também usa *forma vazia* para falar da matemática, da lógica, da percepção física etc. Quando vejo uma esfera, vejo só um lado da esfera. Mas posso falar de esfera como um todo ao modo de forma vazia, ou seja, mesmo não intuindo o todo da esfera, digo que ela é um "todo". No caso da análise do ser humano, é correto dizer que sua forma vazia é sua forma individual – não de um modo aristotélico, em que "uma forma" se une a uma porção de matéria, mas num sentido de atualização que inclui a estrutura material, sem se reduzir a ela.

Michel Henry diz que Husserl reduziu a verdade àquilo que salta aos olhos. Teria faltado a Henry destacar mais a vivência da intropatia em Husserl?

Façamos de conta que entre mim e o senhor existam quilômetros de distância. O que eu consigo ver do senhor? Talvez um pontinho e, então, penso: "parece uma árvore". Mas o fenômeno vai se aproximando de mim e para. "Não, não é uma árvore! Agora, parece uma pessoa!" Na verdade, trata-se de reiterados processos de conhecimento. O que mudou entre mim e o fenômeno numa situação e noutra? É que, gradualmente, conforme o fenômeno foi se manifestando, tornou-se mais "claro" para mim. Mas o fato de que era um pontinho era verdade? Sim. Assim como também era verdade que me parecia ser uma árvore e, posteriormente, uma pessoa. O que significa isso? Que a verdade de Husserl não se reduz àquilo que percebemos, mas que, no processo de conhecimento, a verdade é algo a ser procurado mais profundamente. Não há erro em ver alguém de longe e crer imediatamente ser uma árvore. O erro está em afirmar que é uma árvore sem ter a intuição clara de que é uma árvore. Vamos supor a percepção da imagem de um objeto para alguém que tenha uma deficiência visual. Mesmo que esse objeto esteja muito próximo, sua imagem, para essa pessoa, não será nítida; não passará de uma sombra. O que quero dizer com isso? Que no processo de conhecimento, precisamos de "instrumentos técnicos". A verdade que apreendo do objeto não se restringe à mera percepção inicial. Eis porque um filósofo francês – agora me falha o nome – estudou que a percepção é um processo *ad infinitum*. A crítica a Husserl diz: "mas chegaremos um dia a apreender a verdade sobre a coisa?" Immanuel Kant dizia que os fenômenos usam um *prósopon*, uma máscara, e se revelam, mas que, fundamentalmente não poderemos jamais conhecer a coisa em si. De outro modo, a verdade de Husserl está *entre* sujeito e fenômeno (numa interação de *copenetração*). A crítica de Michel Henry, pelo pouco que conheço, é direcionada ao problema da evidência; mas é importante observar que não tem nada a ver com a evidência de Descartes, porque aquilo que eu vejo, para Husserl, não é nunca o que vejo à primeira vista.

Gostaria de tratar da questão da fenomenologia inserida no processo psicoterapêutico. Eu concordo com o senhor quando diz que as vivências afetivas não são do campo da psicologia, mas da fenomenologia. Como psicoterapeuta, eu pergunto como se aplica a fenomenologia dentro do espaço terapêutico, considerando a análise de toda a complexidade dos aspectos relativos às dimensões da pessoa humana, conforme foi explanado no seu curso.

Por que é importante a fenomenologia na psicoterapia? Devemos ajudar o paciente com o material que ele mesmo oferece. Para poder fazer um percurso com ele, sobre o que devemos nos apoiar? Certamente não poderá ser sobre a dificuldade que a pessoa está vivendo, porque é justamente essa dificuldade que lhe deixa sem ação. Mas, ajudando a pessoa a tomar consciência da própria singularidade, a permanecer sempre em contato consigo mesma, estamos lhe mostrando o caminho para que enfrente qualquer dificuldade. Como educador, trabalhei numa comunidade de tóxico-dependentes que, em sua fase inicial de tratamento, tomavam metadona. Eles usavam drogas praticamente até o dia anterior ao seu ingresso na comunidade. Quando me encontrava com esse tipo de jovem, eu procurava colocá-lo na condição de sentir a si mesmo. Isso, no nível terapêutico, consiste em resgatar na pessoa sua capacidade de enfrentar toda e qualquer vicissitude, sofrimento ou perda. Quem aprende a lidar com o sofrimento recupera a sua capacidade de amar a si e os outros. No que diz respeito à relação entre fenomenologia e psicologia, Edith Stein, na sua tese de doutorado, tem um comentário muito esclarecedor: a psicologia lida com vivências já definidas, mas quem define essas vivências é a fenomenologia. Quer dizer, a fenomenologia investiga e ilumina as essências; a psicologia parte desse trabalho de definição e procura entender a gênese psicológica das vivências.

Anexo I

GLOSSÁRIO[1]

Damos, aqui, indicações de como se aproximar de alguns termos e expressões centrais da fenomenologia de Edith Stein. Para cada um deles, indicaremos citações da autora e um comentário didático na sequência. As citações dos textos da própria Edith Stein serão feitas da seguinte maneira: indicaremos o título da obra, a parte ou o capítulo (ou ambos, se houver), a seção interna ao capítulo (em geral, marcadas pela autora com marcadores de parágrafos – § – e subtítulos) e o item interno à seção (quando houver, pode ser indicado por número ou letra, conforme a obra). Por exemplo: *A Estrutura da Pessoa Humana*, Parte II, Capítulo III, Seção 1; ou então *A Estrutura da Pessoa Humana* Parte VI, Capítulo II, Seção 1, Item a. No caso da obra *O Problema da Empatia*, o leitor deve atentar para o fato de que a Primeira Parte que temos na edição alemã e nas traduções corresponde à Parte II do trabalho original de Edith, pois a primeira parte

---

1 Este Glossário foi composto sob a coordenação de Maria Cecília Isatto Parise e teve como colaboradores: Clio Francesca Tricarico, Gilfranco Lucena, Juvenal Savian Filho, Maria Cecília Isatto Parise e Mariana Bar Kusano. Ao final de cada verbete indicam-se as iniciais do respectivo autor.

118 PESSOA HUMANA E SINGULARIDADE EM EDITH STEIN

do trabalho original, um estudo histórico da noção de empatia, foi perdida. Aqui, portanto, falaremos sempre da Parte II. Felizmente, chegou até nós toda a análise fenomenológica: Partes II a IV. Os verbetes, aqui, estão em ordem alfabética.

ANALOGIA ENTIS

- "Totalidade, concordância do ser em todo ente, mas concordância à qual corresponde também uma ampla não-concordância" (*Ser Finito e Ser Eterno*, Parte II, Seção 4).
- "Em Aristóteles, a expressão *analogia entis* concerne à relação na qual se encontra tudo o que se chama ente; [...] a essa posição Santo Tomás acrescenta que o primeiro princípio [...] é o sujeito (suporte) do ser. [...] O que nos autoriza a falar de ser a respeito de Deus e da criatura é uma relação proporcional" (*Ser Finito e Ser Eterno*, Parte VI, Seção 4, Item 1).
- "A relação entre o 'Eu Sou' divino e a multiplicidade dos entes finitos é a *analogia entis* mais originária. Todo ser finito (ente) tem uma mesma significação porque tem seu arquétipo no 'Eu Sou' divino" (*Ser Finito e Ser Eterno*, Parte VI, Seção 4, Item 4).

A expressão analogia entis (*analogia do ente*) *é uma formulação proposta por alguns pensadores medievais a fim de designar aquilo que dizia Aristóteles sobre os diferentes sentidos em que se fala de ser: "o ser se diz de vários modos", repete algumas vezes o Estagirita. Assim, quando dizemos que "Sócrates é homem", não dizemos o "ser" no mesmo sentido de quando dizemos "Sócrates é branco" ou de quando dizemos simplesmente "Sócrates é" (existe). Todos os sentidos, porém, em que se diz o ser só são compreensíveis porque remetem a uma base comum de compreensão: o ente ou a condição de ente, o ser substância. Quer dizer, observando o ente entendemos o que significa o ser, mas ampliamos esse sentido e o atribuímos a outras coisas que não são entes assim como a substância primeira é ente. É o que permite dizer também que "O branco é", pois a cor branca não "é" do mesmo modo como Sócrates é (afinal, o branco só existe em outro ente, nunca por si mesmo). Esse procedimento é analógico; parte de uma base comum de significação e aplica-a a outros casos com*

ANEXO I

os quais ela combina, mesmo realizando-se de modo diferente em cada caso. Servimo-nos desse procedimento, por exemplo, quando dizemos que uma amostra de sangue é saudável; ora, ser saudável é uma qualidade própria do indivíduo (pois ser saudável é algo, produz bem-estar objetivo); o sangue, em si mesmo, não é nem saudável nem não saudável (porque, fora de um ser humano, não tem relação com o bem-estar). Mas, como a amostra de sangue analisada corresponde às condições normais do sangue de um indivíduo saudável, então dizemos, por analogia, que ela também é saudável. Em todo caso, chamar de saudável uma amostra de sangue não é o mesmo que chamar de saudável um indivíduo. Em linhas gerais, trata-se do mesmo procedimento que permite afirmar que o ser se diz de vários modos: falamos do acidente como ser ("Sócrates é branco" ou "O branco é"), do ser como gênero ("Sócrates é animal") etc., mas a referência para essas dicções do ser é o ser da substância primeira ("Sócrates é homem" ou "Sócrates é animal racional"). Na Idade Média, os autores exploraram ao máximo as virtualidades da analogia, aplicando-a ao caso mais explícito de discurso analógico, qual seja, o discurso sobre Deus. Com efeito, não se pode, em absoluto, falar do ser de Deus assim como se fala do ser das criaturas. Deus é a fonte, condição e sustentáculo (sujeito/suporte) do ser das criaturas, de modo que só por analogia podemos dizer que, assim como Deus é, também a criatura é. A tradição escotista, diferentemente da tradição tomista, procurará mostrar que ao aplicarmos o termo ente a Deus e às criaturas, não procedemos por analogia; ente seria um termo unívoco. Os escotistas chegaram a conclusões filosóficas impactantes com base na univocidade do ente. Todavia, isso não significa que eles negassem a analogia como procedimento para falar de Deus e das criaturas; eles negavam a analogia no emprego do termo ente, não a analogia entis em geral. Edith Stein costuma falar da analogia do ente ao referir-se ao ser divino, o Eu Sou do texto bíblico que converge com o primeiro princípio da metafísica escolástica. [JSF]

CAUSALIDADE E MOTIVAÇÃO (*Causalität und Motivation*)

- "Causalidade quer dizer a relação de dependência colhida intuitivamente; não quer dizer relação determinada de modo fisicalista-exato" (*O Problema da Empatia*, Parte III, Seção 5, Item k, Nota de Rodapé 34).

- ◆ "A motivação segue a legalidade da vida do espírito" (*O Problema da Empatia*, Parte IV, Seção 2).
- ◆ "A motivação, entendida em nosso sentido geral, é a vinculação que conecta os atos [de consciência] uns aos outros" (*Contribuições para a Fundamentação Filosófica da Psicologia e das Ciências do Espírito*, Parte I, Capítulo III, Seção 1).
- ◆ "Quando a motivação vivenciada baseia-se em uma relação de fundamentação racional, então falamos de 'motivos racionais'. Mas, quando há só uma conexão compreensível, então ao motivo também podemos chamar de 'estímulo'" (*Contribuições para a Fundamentação Filosófica da Psicologia e das Ciências do Espírito*, Parte I, Capítulo III, Seção 1).

A concepção steiniana de causalidade marca explicitamente sua orientação fenomenológica e sua diferença com a filosofia moderna, sobretudo empirista. Quando ela fala de causalidade, não pretende que o discurso indique alguma coisa existente entre as coisas que estão em relação de causa e efeito e ao qual chamaríamos de causa. Causalidade refere-se ao modo como os fenômenos oferecem-se à consciência que, em certos casos, não pode ver um fenômeno senão na dependência para com outro fenômeno. Assim, se digo que a bola de bilhar branca é causa do movimento da bola de bilhar vermelha, isso não quer dizer que a bola branca transmitiu alguma coisa à vermelha; não observo um terceiro elemento, ao qual chamaria de causa. O que quero dizer ao afirmar que uma bola de bilhar causa o movimento da outra é que esse fenômeno, ou melhor, essa bola que se moveu, não pode, de modo algum, ser pensada sem a bola branca que a antecedeu em seu movimento (isto é, sem o fenômeno precedente). Isso não quer dizer que Edith Stein adote uma postura kantiana, como se afirmasse que, independentemente do que ocorre com as coisas mesmas, é a consciência que só pode conhecer estabelecendo relações de causalidade. Edith vai ao cerne do problema, que ela já identificava em Hume, qual seja, o da análise do fenômeno mesmo (e não do simples operar da consciência), chegando à problemática da relação entre a consciência e a coisa conhecida. Quer dizer, ela pretende chegar a uma análise e a uma descrição dos fenômenos

ANEXO I 121

como objetos em toda a plenitude e concreção com que eles se nos oferecem e da consciência que lhes corresponde. Dessa perspectiva, sua análise da causalidade não deixa de afirmar que há uma relação de causalidade entre as coisas mesmas, embora essa análise não pretenda fornecer um discurso sobre a coisa-em-si ou a essência do mundo segundo um esquema dualista em que a essência da coisa conhecida se oporia à consciência. Essa mesma relação de dependência ocorre nas experiências tipicamente humanas, ou seja, nas experiências espirituais (relativas à consciência). Isso quer dizer que, na experiência racional, espiritual, costumamos dizer que uma vivência foi causada por outra, ou melhor, que uma vivência B não pode ser entendida sem referência a uma vivência A, que a precedeu. Para designar essa dependência entre vivências é que Edith usa o termo motivação*. Sem conceber a relação entre os atos da consciência como uma vinculação por contato (num esquema compreensivo fisicalista), Edith falará de* fluxo da consciência*, usando a expressão de Husserl, para mostrar que, embora vinculemos os atos da consciência segundo uma relação de causa e efeito, essa vinculação não é marcada de necessidade e determinismo. Donde o vocabulário da causalidade para o mundo físico e psíquico e o da motivação para o mundo espiritual.* [JSF]

CORPO (*Körper/Leib*)

Corpo físico (*Körper*)
◆ "Nas pessoas que conhecemos é talvez a exterioridade o primeiro dado que nos chama a atenção: são altas ou baixas, de tom de pele claro ou escuro etc. A forma, a altura, a cor são características de toda coisa material, e o ser humano, por sua constituição corporal, está submetida às mesmas leis, inscrevendo-se no marco da natureza material" (*A Estrutura da Pessoa Humana*, Parte II, Capítulo III, Seção 1).
◆ "Percebemos o corpo com sua forma determinada, estruturado em si mesmo e segundo leis, como algo inteiramente concatenado. Sua figura externa é configurada por dentro. Leva em si algo que faz dele o que é em cada caso; isso sucede em um processo de configuração progressivo: o corpo sofre mudanças em sua configuração. O configurar-se por dentro é um peculiar modo de ser, é o modo de ser

dos seres vivos" (*A Estrutura da Pessoa Humana*, Parte iii, Capítulo ii, Seção 1).

- "Como se constitui meu corpo vivo (*Leib*) para mim na consciência? Por um lado, tenho como dado meu corpo físico (*Körper*) em atos de percepção externa, mas se crêssemos na ficção segundo a qual o corpo é dado só dessa maneira, então se constituiria para nós um objeto bastante estranho. [...] Enquanto nos apegarmos à ficção de que nosso corpo físico se constitui só de percepção externa e não propriamente como corpo vivenciado/próprio, não será possível prever como se pode distinguir entre o movimento das coisas e o movimento do corpo físico. [...] Enquanto eu mantenho abertos meus olhos, meu corpo está sempre aí. [...] Mas com isso chegamos ao limite da ficção que acabamos de mencionar, pois mesmo quando fechamos fortemente os olhos e estendemos nossas mãos longe de nós, de modo que nenhum membro toque em nenhuma parte do corpo, ainda assim não nos livramos de nosso corpo, o corpo vivenciado/próprio (*Leib*). Precisamente essa ligação, esse pertencimento a mim, não se pode constituir apenas em percepção externa. Um corpo vivenciado/próprio (*Leib*) percebido apenas externamente sempre será só um corpo físico (*Körper*) especificamente classificado, singularizado, porém nunca 'meu corpo vivenciado/próprio'" (*O Problema da Empatia*, Parte iii, Seção 4, Item a).

Corpo vivenciado/próprio (*Leib*)
- "Eu relaciono as partes do meu corpo vivenciado/próprio, assim como toda a espacialidade que há fora dele, com um 'ponto zero de orientação' que o meu corpo vivenciado/próprio envolve" (*O Problema da Empatia*, Parte iii, Seção 4, Item a).
- "O corpo vivenciado/próprio como um todo está no ponto zero de orientação; todos os demais corpos estão fora dele. O 'espaço corporal' (*Leibraum*) e o 'espaço externo' são completamente diferentes um do outro. Percebendo só externamente, eu não chegaria ao primeiro; e percebendo só corporalmente eu não chegaria ao outro. Mas, como meu corpo vivenciado/próprio se constitui duplamente (ou

ANEXO I

seja, como corpo vivo senciente percebido corporalmente e como corpo físico do mundo externo percebido externamente), nessa dupla apresentação é vivenciado como o mesmo, conserva um lugar no espaço externo, preenche uma parte desse espaço (*O Problema da Empatia*, Parte III, Seção 4, Item a).

Os termos Körper *e* Leib *podem ser traduzidos de várias maneiras. Para designar* Leib, *encontramos as expressões* living body *em inglês,* corpo vivente *em italiano, e* cuerpo animado *em espanhol. Em português, traduzimos por* corpo próprio, corpo vivo *ou* corpo vivenciado. *O termo* Körper, *por sua vez, recebe em inglês a expressão* physical body; *em italiano,* corpo físico; *em espanhol,* massa corporal *ou* cuerpo fisico. *Em português,* corpo físico. *Temos um corpo físico, material, ao qual não levamos necessariamente à datidade, ou seja, ao qual não prestamos necessariamente atenção reflexiva. Porém, mesmo quando não nos vemos como seres corporais e não tomamos consciência do dinamismo físico que nos constitui, é por meio de nossa unidade material que percebemos o mundo. Essa percepção não é dada como um dentro e um fora, como se minha existência corporal fosse apenas o invólucro carnal de minha mente. Ao contrário, quando digo que me percebo como ser físico, minha percepção tem sempre um raio de alcance que vai além do que se chama de "dentro" do meu corpo. Para ilustrar isso, é interessante notar que, quando presto atenção em mim, sempre presto atenção, ao mesmo tempo, no que me cerca: este livro, a cadeira em que estou sentado, as paredes de meu quarto (se eu estiver lendo no quarto) ou as árvores do parque (se eu estiver lendo num parque), as pessoas que se aproximam, o chão, o ar, os sons, o gosto do café ou do suco que acabei de tomar etc. Em outras palavras, quando percebo "meu corpo", essa percepção sempre inclui, ao mesmo tempo, elementos que vão além do que aparece como o invólucro de minha dimensão interior, e que, no entanto, mostram-se claramente diferentes de mim (afinal, não me confundo com o livro, nem com o banco, nem com as outras pessoas, nem com o café ou o suco). Assim, nunca me percebo exclusivamente a mim mesmo; sempre me percebo em meio a situações físicas que, no entanto, não fazem parte de mim. Esse é o modo pelo qual somos corpóreos (ainda que não prestemos necessariamente atenção nisso) e a esse modo corpóreo de ser chamamos de corpo vivenciado/próprio: ele é próprio porque é meu corpo, marcado como unidade inconfundível em meio a um raio de percepção que inclui necessariamente sempre elementos que se distinguem de mim* (Leib); *não é apenas este corpo que posso tocar como minha carne e meus ossos* (Körper). [MBK]

DATIDADE (*Gegebenheit*)

- "É óbvia a comparação com os lados de uma coisa que não são mostrados à minha vista. Mas tal comparação resulta assaz imprecisa: de fato, por meio da percepção progressiva, é sempre possível que eu leve à datidade originária os lados remanescentes da coisa; por princípio, cada um dos lados pode assumir esse modo preferido de datidade; a expressão do rosto transtornado pela dor [...] posso considerá-lo pelo lado que eu quiser, por princípio; porém, não chego nunca a uma 'orientação' na qual, no lugar da expressão, me venha à datidade a própria dor" (*O Problema da Empatia*, Parte II, Seção 2, Item a).

- "Independente de tudo o que se encontra realmente dentro do contexto da experiência do simples saber e não sobre o fundamento da percepção de nós mesmos que se dá em carne e osso, a natureza infinita se reduz àquilo que preenche, vez por vez, o nosso campo visual ou – mais em geral – ao quão acessível é aos nossos sentidos. Agora, vimos que também para essa delimitação somos devedores da maior parte do que é dado em relação a uma apreensão que ultrapassa o que nos é oferecido de modo sensível. Em primeiro lugar, a coisa se dá por meio de sentidos diferentes, mesmo se algumas de suas qualidades, que pressupõem sentidos determinados, como lugares nos quais tais qualidades são percebidas, são dadas simultaneamente, quando outras datidades em carne e osso estão ao alcance" (*Introdução à Filosofia*, Parte I, Capítulo 3, Seção 3).

O termo datidade *provém de "dado" (mantendo a raiz latina de* datum) *e designa a condição de algo enquanto é dado, concebido;*

ANEXO I

mais precisamente, dado e concebido na consciência. É usado, de modo geral, para indicar a condição de algo tomado como alvo de atenção da consciência individual. O sufixo -dade é acrescido a adjetivos para formar substantivos que expressam a ideia de estado ou situação. Assim, a datidade consistiria na condição/ situação do que é dado. Mas no que consistiria essa condição/situação de ser dado? De modo geral, chama-se dado algo que se apresenta a um sujeito cognoscente sem nenhuma mediação conceitual. Na análise fenomenológica, o dado é o que se obtém quando se isolam as pré-concepções e opiniões que podem condicionar uma investigação. O dado é a coisa como tal, donde a insistência de Husserl quanto a voltar para as coisas mesmas, remontar dos discursos e das opiniões às próprias coisas, interrogar as coisas em seu dar-se (cf. o § 19 de Ideias I). *A datidade, então, consiste na situação primordial da coisa que se apresenta no modo como ela se oferece genuinamente, situação que, por um lado, alcançamos após aplicar a* epoché, *deixando o objeto pronto para nossa apreensão no sentido de estar livre de qualquer pressuposto, mas que, por outro lado, não deixa também de ser a situação da qual partimos para a investigação do fenômeno.*

[CFT]

EMPATIA / INTROPATIA (*Einfühlung*)

- "Tudo o que se refere à experiência vivida alheia remete a um gênero de atos nos quais é possível colher a mesma experiência vivida alheia" (*O Problema da Empatia*, Parte II, Seção 1).
- "Experiência da experiência alheia" (*O Problema da Empatia*, Parte II, Seção 5).

A empatia designa precisamente o ato pelo qual alguém percebe o o conteúdo do ato de consciência de outrem no exato momento em que ele o vivencia. Responde, pois, a uma pergunta precisa: "De que modo temos experiência da consciência alheia?". Não se trata de proceder a uma descrição de dinamismos psicológicos, mas de esclarecer o ato de compreensão daquilo que é vivido por outro indivíduo e não necessariamente expresso por índices físicos. Por exemplo: quando alguém vivencia dor, sou capaz de entender o que ele vive, não porque tenho a mesma vivência que ele, mas porque, já tendo eu tido a vivência da dor, possuo sua essência e posso identificar que aquela vivência precisa que o outro manifesta é a de dor, não de alegria ou de fome. Em outras palavras, pela empatia compreendo a essência implicada no ato de consciência de outrem, pois eu mesmo conheço essa essência. Nesse sentido, não vivencio originariamente (em primeira pessoa) aquilo que o outro vivencia (pois sua vivência é só dele), mas, pela minha vivência co-originária, tenho a possibilidade de captar o sentido da sua vivência. A empatia é o tema que mais oferece riscos de má compreensão no estudo do pensamento de Edith Stein, pois se observa a tendência a associá-la com simpatia, generosidade, compreensão psicológico-moral ou identificação afetiva com o outro. Edith Stein, porém, fala de empatia numa descrição precisa da percepção. Dito de outra maneira, a empatia é um conceito "epistemológico", não psicológico ou ético-moral.

[JSF]

EPOCHÉ

- "O escopo da fenomenologia é a clarificação e, com isso, a fundamentação última de todo conhecimento. Para atingir esse escopo, a fenomenologia exclui de suas considerações tudo aquilo de que se pode duvidar e que pode ser, de algum modo, eliminado. [...] Todo o mundo que nos circunda é submetido a uma redução ou a uma colocação fora de circuito (*epoché*), seja o mundo físico seja o mundo psicofísico, tanto os corpos como as almas dos humanos e dos animais (salvo a própria pessoa psicofísica daquele que indaga). [...] Permanece na sua inteireza o 'fenômeno do mundo', embora o ato de afirmar a existência do mundo tenha sido suspenso. Esse tipo de 'fenômeno' compõe propriamente o objeto da fenomenologia" (*O Problema da Empatia*, Parte II, Seção 1).

- "Por enquanto, deixemos de lado a questão da *existência* do mundo. Não se lhe nega a existência não fazendo uso algum da experiência natural, mas se exercita, sobretudo, uma suspensão de juízo – a *epoché*, como os céticos a definiram" (*Introdução à Filosofia*, Introdução, Parte B).

ANEXO I

De acordo com o método husserliano, claramente expresso nas Ideias para uma Fenomenologia Pura e uma Filosofia Fenomenológica, *havia que se impor uma modificação radical da tese da orientação natural segundo a qual o eu, o mundo, o* cogito *e os outros sujeitos são considerados como dados objetivos das ciências teoréticas, com base nas quais se produz todo um discurso em torno do que é considerado como efetivamente existente. A modificação da tese natural consiste na efetuação de uma* epoché *peculiar, certa retenção de juízo, uma colocação entre parêntesis da tese de orientação natural, um colocar fora de circuito ou fora de ação o juízo de orientação natural. Como assegura Husserl, temos plena liberdade de praticar, em relação a toda e qualquer tese, essa* epoché *peculiar, certa suspensão de juízo que é compatível com a convicção da verdade, convicção que permanece inabalada e eventualmente, por sua evidência, inabalável (cf. E. Husserl,* Ideias I, § 31*). O que se coloca entre parêntesis na* epoché *fenomenológica, fora de circuito e de ação, é o mundo natural efetivamente disponível e que permanecerá, na parentetização, aí disponível; não se nega esse mundo, como se fosse um sofisma, nem se duvida de sua existência, numa atitude cética; apenas se impede que seja feito qualquer juízo de existência espaçotemporal (cf. E. Husserl,* Ideias I, p. 81*).* [GL]

ESSÊNCIA (*Wesen*)

* "A intuição não é somente a percepção sensível de uma coisa determinada e particular, tal como essa coisa está aqui e agora. Há uma intuição do que a coisa é por essência e isso pode ter um duplo significado: pode significar aquilo que a coisa é por seu *ser próprio*, como também aquilo que ela é por sua *essência universal*. [...] O ato no qual se capta a essência é uma *percepção espiritual*, que Husserl denominou *intuição*. A intuição reside em cada experiência singular como fator indispensável, pois não poderíamos falar de homens, animais e plantas, se em cada 'isto' que percebemos aqui e agora não colhêssemos um universal que indicamos com um nome universal. Mas a intuição pode se separar dessa experiência particular e ser efetuada por si mesma" (*A Estrutura da Pessoa Humana*, Parte II, Capítulo II, Seção 2).

128 PESSOA HUMANA E SINGULARIDADE EM EDITH STEIN

- ◆ "a essência universal é o que uma coisa compartilha com outra" (*Ser Finito e Ser Eterno* Parte VIII, Seção 1).
- ◆ "possuir uma essência faz com que se possa expressar conceitualmente de uma maneira geral – *este* homem é 'homem' e a humanidade é passível de ser apreendida em geral –, mas o ser individual não se reduz a essa essência" (*Ser Finito e Ser Eterno*, Parte IV, Seção 2, Item 10).

Para nos aproximarmos do significado de essência na fenomenologia, é útil observar o modo como Husserl mostra que, nos juízos que emitimos sobre nossa percepção, há limites que impedem a livre ação de nossa fantasia. Por exemplo, quando digo "a parede é amarela", há uma série de essências implicadas nessa afirmação, pois não posso, por exemplo, conceber a cor como separada da parede; afinal, é impensável uma cor sem a base na qual ela está dada. A cor é um objeto, no sentido de algo do qual temos consciência, e, como tal, posso fazê-la variar pela imaginação. Mas, se nessa variação retiramos o fato de que uma cor sempre está dada em alguma superfície, simplesmente deixamos de pensar em uma cor. Como diz Husserl, chegamos a uma consciência de impossibilidade relativa à cor (impossibilidade de não estar dada em alguma superfície). Esse procedimento de variação revela a essência da cor. Aliás, a variação é que revela a essência, não só no caso da cor. Ela revela a essência ou o ser do objeto, procedendo arbitrariamente e constatando as impossibilidades de variar (tratando de um triângulo, não posso imaginá-lo não convexo; tratando de uma cor, não posso imaginá-la não ligada a uma superfície; tratando de um som, não posso imaginá-lo sem uma duração). Quando obtenho dados invariáveis de um objeto, obtenho sua essência ou ideia (não ideia ao modo de mero constructo mental, mas de legalidade ideal). Esse sentido de essência como o ser próprio de uma coisa é o que subjaz ao trecho de A Estrutura da Pessoa Humana citado acima. Nos outros trechos, extraídos de Ser Finito e Ser Eterno, Edith Stein adota a linguagem escolástica que fala da essência em contraposição com a existência, ou seja, de uma visão formal que se pode ter da coisa que existe na ordem da Natureza ou só do pensamento (como os objetos matemáticos, por exemplo). Na obra Ser Finito e Ser Eterno, Edith Stein distingue três modos de falar da essência, todos baseados em

Aristóteles: a essência primeira (protè ousía), correspondente à substância; a essência segunda (dêutera ousía), correspondente à forma ou essência propriamente dita; a essência segunda "assim" (dêutera ousía pôs), correspondente à determinação da essência como determinação dada por um modo de ser (para verificar essas distinções, sugere-se a leitura dos itens 10 e 11 da Seção 2 da Parte IV de Ser Finito e Ser Eterno). *Em um vocabulário mais próximo da fenomenologia, poder-se-ia dizer que a consciência pode ver uma coisa ou uma unidade de sentido como o algo que salta à vista (substância), como algo dotado de uma estrutura inteligível fundante ou uma essência (essência segunda), e como algo que tem um modo individual de concretizar a essência dada pela espécie (essência segunda assim).* [JSF/MCIP]

EU PURO (*reine Ich*)

- "Falamos do eu puro como sujeito do vivenciar, interpretando-o ora pelo lado do sujeito, ora pelo lado do objeto" (*O Problema da Empatia*, Parte II, Seção 2, Item c).
- "Até agora falamos apenas do eu puro como sujeito da experiência vivida mas privado de qualidades [...]. Em vários autores – por exemplo Lipps – encontramos a concepção do eu não como um 'eu individual', mas que se torna tal somente em contraste com um 'tu' e um 'ele'. O que significa essa individualidade? Acima de tudo, quer dizer que esse 'eu' é um 'si mesmo' e não um outro. Essa 'ipseidade' é vivida e constitui o fundamento de tudo o que é 'meu'" (*O Problema da Empatia*, Parte II, Seção 1).
- "o eu não experimenta a individualização na medida em que outro está frente a ele, mas pelo fato de que a sua individualidade ou, para dizer melhor, a sua ipseidade (porque ainda devemos reservar a designação 'individualidade' para algo distinto) destaca-se em confronto com a alteridade do outro" (*O Problema da Empatia*, Parte III, Seção 1).
- "Podemos tomar o eu em um segundo sentido, como unidade de um fluxo de vivências. [...] O enlace de todas as vivências do fluxo ao eu puro que vive no presente constitui a unidade desse fluxo que não se rompe em parte alguma" (*O Problema da Empatia*, Parte III, Seção 2).

♦ "Em oposição ao eu que se oculta por trás da experiência vivida, da qual se tem consciência imediata, Husserl chama de *eu puro* aquele do qual se tem imediata consciência na vivência. Provisoriamente não se tratará mais do que este, enquanto nos limitaremos ao campo do imediatamente consciente, do que nos é próximo e do que não podemos nos separar. Husserl, ao referir-se a este consciente imediato, disse que não tinha conteúdo e que não podia ser descrito: é um 'eu puro e nada mais'. Isto quer dizer que se trata do eu presente em cada atividade: eu percebo, eu penso, eu concluo, eu me alegro, eu desejo. O eu está orientado de tal ou qual maneira sobre o que é percebido, pensado, desejado etc." (*Ser Finito e Ser Eterno,* Parte II, Seção 6).

O primeiro sentido em que se fala de eu na fenomenologia é o eu deste indivíduo que vive naturalmente, cercado por um meio ambiente, formado por um mundo de coisas e um mundo de valores. É o eu empírico. Mas, como vemos pelos trechos de Edith Stein citados acima, há um segundo sentido, ao qual se acrescenta o adjetivo puro. Ao falar de eu puro, os fenomenólogos preten-dem que o eu empírico defina-se também pela possibilidade de exercer um pensamento, uma cogitatio *em relação com tal ou tal* cogitatum, *sendo constituído por um fluxo de vividos/vivências intencionais. É o que justifica falar de eu puro: não se trata de uma entidade à parte dos indivíduos conscientes, mas de mostrar que a cisão entre uma esfera psicológica da vivência e um outro ente real que corresponderia ao objeto não faz sentido numa análise fenomenológica. O eu puro é uma referência à consideração das vivências puramente em função da essência delas e do a priori que é suposto por essas vivências. Isso não implica uma separação entre o eu puro do cogito e a intencionalidade, o estar-voltado- -para. O eu puro não remete à esfera da efetividade ou à ordem das coisas (o que se diz, em alemão, real ou pertencente à* Realität, *a realidade material exterior), nem a algo da ordem da existência dos diferentes atos de pensamento que se sucedem em cada fluxo temporal (considerado* reell *em alemão); é preciso atribuir-lhe o status de uma transcendência original, como diz Husserl no § 57 das* Lições *sobre os Problemas Fundamentais da Fenomenologia; o status de uma transcendência no seio da imanência.* [MCIP]

ANEXO I

131

EXISTÊNCIA (*Existenz*)

- "O ser temporal é movimento existencial: é um brotar de atualidade contínuo e perpétuo. O ente que é temporal não possui o seu ser, mas este lhe é dado a cada momento. [...] O ser temporal é finito" (*Ser Finito e Ser Eterno*, Parte VI, Seção 1).

- "A dor pela perda de uma pessoa amada não é tão profunda quanto o amor por esta pessoa, se tal perda significa o fim da existência desta pessoa; como o valor pessoal dura para além da sua existência e o amor [dura] para além da alegria pela existência do amado, assim também o valor pessoal é superior ao valor de sua realidade, e o sentimento de valor em questão possui raízes mais profundas" (*O Problema da Empatia*, Parte IV, Seção 3).

A existência é o fato de uma coisa ou uma pessoa ser, existir. Tudo o que existe aparece no tempo e com suas particularidades, podendo ser apreendido como fenômeno para a consciência. No entanto, a existência das coisas mostra-se independente da apreensão destas pela consciência, pois a intersubjetividade mostra que não são as consciências individuais que dão existência às coisas, uma vez que essas consciências individuais, sendo diferentes, têm percepções idênticas das coisas. Afirmando isso Edith Stein neutraliza a crítica caricatural de idealismo, que condicionaria a existência das coisas à consciência que se tem delas. Por outro lado, também não adota um mero realismo, pois considera a intencionalidade um fato fundamental para falar da existência. [MCIP]

EXPERIÊNCIA / VIVÊNCIA (*Erfahrung / Erlebnis*)

- "Pode-se duvidar de que eu exista verdadeiramente, este eu empírico, ao qual é dado um nome e uma posição social, e que resulta guarnecido de qualidades particulares. Todo o meu passado poderia ser um sonho e a sua recordação um engano. [...] Mas 'eu', sujeito da experiência vivida, que considero o mundo e a minha pessoa como fenômenos, 'eu' sou na experiência vivida e apenas nessa permaneço, de tal modo que não podem ser cancelados ou postos em dúvida nem o eu nem a experiência vivida" (*O Problema da Empatia*, Parte II, Seção 1);

- ◆ "Aparece a experiência que um eu em geral pode colher de outro eu em geral. É desse modo que o homem apreende a vida anímica [*das Seenleben*] de outro". (*O Problema da Empatia*, Parte II, Seção 2, Item c).
- ◆ "[...] o eu vive em cada vivência e não pode isolar-se dela. É inseparável do conteúdo vivencial [*Erlebnissgehalt*], mas não deve ser considerado como uma parte propriamente dita desse conteúdo. Seria mais justo dizer que cada vivência lhe pertence; o eu é o que vive em cada vivência; a corrente na qual se vão formando novas unidades de vivência é sua vida" (*Ser Finito e Ser Eterno*, Parte II, Seção 6).

O termo experiência, *tal como usado por Edith Stein, corresponde à sua superação do discurso moderno que cindia o mundo entre uma esfera objetiva, externa ao sujeito, e uma esfera subjetiva, interna àquele que conhece. A experiência, nesse esquema, seria o ato pelo qual o sujeito representa internamente o mundo objetivo externo. Já usando o termo* objeto *para designar a presença de algo na consciência (e não algo externo e oposto a ela), Edith Stein serve-se do termo* experiência *para referir-se à tomada de consciência, à presentificação de algo na consciência. Nesse sentido,* experiência *é sinônimo de vivência. As vivências são os atos em que captamos unidades de sentido dos mais variados tipos (sensível, afetiva, racional, física, psíquica, espiritual). Falamos de vivências puras quando analisamos os fenômenos do ponto de vista das essências que eles revelam e quando analisamos a vida do eu desligada das contingências do seu aparecer (quando colocamos as particularidades de sua existência "entre parênteses"). Todas as vivências do eu são sempre originárias quanto ao seu conteúdo, pois são vividas por ele em primeira pessoa, mas podem oferecer-se de modo não originário, como acontece na recordação, na espera, na fantasia. O eu também pode vivenciar, de modo originário, um conteúdo não originário, tal como ocorre na empatia, onde se dá a experiência da consciência alheia.* [MCIP]

ANEXO I 133

FLUXO DE CONSCIÊNCIA (*Bewusstseinsstrom*)

- "O fato de que o eu puro, que vive no presente, esteja conectado a todas as outras vivências desse fluxo, constitui a unidade desse fluxo, que não pode interromper-se em nenhum ponto. Diante desse 'mesmo' fluxo de consciência comparecem 'outros' fluxos de consciência: ao fluxo do 'eu' se coloca à frente dele o fluxo do 'tu' e aquele do 'ele'" (*O Problema da Empatia*, Parte III, Seção 2).
- "O fluxo de consciência originário é um puro devir; a vivência flui dele e vai adiante, e uma nova vivência se acrescenta em constante geração, sem que se possa perguntar 'por meio de que' se gera (se causa) o devir. [...] No fluir das fases umas nas outras não surge uma série de fases interrompidas, mas precisamente é uma única corrente que vai se incrementando de maneira constante" (*Contribuições para a Fundamentação Filosófica da Psicologia e das Ciências do Espírito*, Parte I, Capítulo 1, Seção 1).

O fluxo de consciência constitui o conjunto das vivências do eu. Este percorre e transita pelas suas vivências de modo mais ou menos consciente, podendo também apreender o que viveu no passado por um ato de presentificação da memória. Sendo assim, o fluxo sempre é vivido no presente, como um continuum *e em uma unidade. Apesar de falarmos dele como uma "ligação" ou "sucessão" de vivências, estas não podem ser consideradas como "partes" de uma unidade maior, conectando-se entre si por uma relação de tipo causal, onde uma nova vivência que surge "apagaria" uma vivência anterior. A vida do eu se dá em um contínuo fluir de suas vivências; algumas são experimentadas como "vivas" enquanto outras passam e "perdem" a sua vitalidade, permanecendo uma consciência mais ou menos desatenta à vivência passada que depois pode retornar ao fluxo vivo em sua fase atual.* [MCIP]

INTENCIONALIDADE (*Intentionalität*)

- "Tão logo nós dirijamos o olhar para as próprias sensações, elas se nos tornam estados de nosso corpo vivenciado/próprio, este 'objeto' apropriado nos é dado por meio delas, e elas se anunciam então em uma nova função. Com isso, se nos desentranha a forma fundamental da vida anímica especificamente humana: a *intencionalidade* ou o estar direcionado para objetualidades. A isso pertence uma triplicidade: o *eu* que está voltado para um objeto; o *objeto* para o qual o eu se volta; e o *ato*, no qual o eu ocasionalmente vive e se direciona deste ou daquele modo para um objeto" (*A Estrutura da Pessoa Humana*, Parte VI, Capítulo II, Seção 2).

+ "Existem múltiplas espécies de vivências intencionais. A intenção perceptiva se distingue de modo particular, porque nela se acredita haver diante de si um ente em carne e osso e em si mesmo" (*Introdução à Filosofia*, Introdução, Parte B).

+ "Em todas as vivências intencionais há dois aspectos que se devem ter presentes na percepção: um aspecto subjetivo e um objetivo. Husserl os indicou como *noesis* e *noema*" (*Introdução à Filosofia*, Introdução, Parte B).

Husserl emprega o termo intencionalidade *com base nas investigações de Franz Brentano, verificando que o caminho para a investigação fenomenológica deveria se constituir em seu âmbito. A intencionalidade seria a estrutura que constitui a própria natureza de um fenômeno psíquico. O próprio Brentano chega a acentuar explicitamente que o que ele fez foi apenas retomar o que já Aristóteles e os escolásticos conheciam. Com efeito, Brentano constata que todo fenômeno psíquico é caracterizado por aquilo que os escolásticos, na Idade Média, denominavam a existência íntima* (Inexistenz) *de um objeto intencional e que nós nomearíamos como a relação a um conteúdo, a direção para um objeto ou a objetualidade imanente (cf. Franz Brentano,* Psychologie *I). Segundo Brentanto, em seus livros sobre a alma, Aristóteles diz que o sensível existiria como sensação sentida no senciente, que o sentido assumiria a sensação sentida sem a matéria e que o pensamento existiria no entendimento pensante. Husserl dirá que ao caracterizar a intencionalidade pelo fato de que na percepção algo é percebido, na representação algo é imageticamente representado, na enunciação algo é enunciado, no amor algo é amado, no ódio algo é odiado, no querer algo é querido e assim por diante, Brentano teve em vista a totalidade que é concebida*

ANEXO I

em tais exemplos (cf. Husserl, Investigações Lógicas II) *quando caracteriza o fenômeno psíquico como a relação à objetualidade imanente. Porém, Husserl não se apropriou do conceito simplesmente, mas procurou compreender fenomenologicamente a intencionalidade como sendo a estrutura da consciência pura. Logo se revelou para ele que a intencionalidade é uma estrutura da vivência como tal, e não simplesmente estados de alma constituídos na vivência ao lado de outras efetividades. Husserl viu na direção do próprio fenômeno que perceber é um direcionar--se-para que conduz diretamente à intuição da essência de um dado na consciência. Em todo perceber mostra-se a intenção e o que é intencionado na intenção, a* intentio *e o* intentum *como momentos fundamentais da intencionalidade, na qual a coisa em si mesma se mostra e se constitui como dado em si mesmo para a consciência que percebe. Esse dado, como dirá Edith Stein, se torna um dado de fato não suprimível, que nenhuma nova experiência pode contestar. Conforme ela também assegura, tudo o que pertence a este fenômeno pode ser descrito e tal descrição não deve ultrapassar o limite do estado fenomênico da vivência (cf. Stein,* Introdução à Filosofia). *Em tal estado pode-se verificar que um sujeito dirige-se para um objeto e com isso somos solícitos a indicar o dirigir-se para um objeto como intenção.* [GL]

IPSEIDADE (*Ipseitas / Selbstheit*)

+ "Em vários autores – Lipps, por exemplo – encontramos a concepção de que este eu não é um 'eu individual', mas torna--se tal em contraste com um 'tu' e um 'ele'. O que significa essa individualidade? Acima de tudo, quer dizer somente que este eu é um 'si mesmo' e não um outro. Essa 'ipseidade' é vivida e constitui a base de tudo o que é 'meu'. Ela é levada a diferenciar-se nos confrontos com uma outra, quando se dá uma outra ipseidade. De início, uma não se distingue qualitativamente da outra – desde que ambas sejam privadas de qualidades. A diferença aparece somente com o fato de que a outra é uma "outra", e essa alteridade manifesta-se no modo da datidade. A outra revela-se como uma outra com relação ao meu eu no momento em que me é dada de um modo diverso do 'eu': porque é um 'tu'. Mas esse 'tu' vive a si mesmo assim como eu vivo a mim mesmo, pois o 'tu' é um 'outro eu'" (*O Problema da Empatia*, Parte III, Seção 1).

Usa-se o termo ipseidade *para referir-se à condição de ser algo único (no sentido de sujeito) e com uma identidade própria, para além da identidade comum; algo que, sendo um mesmo, pode relacionar-se com outro. É possível remeter esse termo à* haecceitas *de que fala Duns Escoto quando chama a atenção para o fato de que o que distingue uma coisa individual de outra coisa individual é sua istidade, sua condição de ser um isto, seu modo de ser individual.* [JSF]

MOTIVAÇÃO: *ver* CAUSALIDADE E MOTIVAÇÃO

NOESIS E NOEMA

- "Em toda vivência intencional há dois aspectos que devem ser levados em conta na percepção: um aspecto subjetivo e um objetivo. Husserl lhes indicou como *noesis e noema*" (*Introdução à Filosofia*, Introdução, Parte B).
- "O mundo natural, que serviu como ponto de partida para definir o campo de investigação da fenomenologia, não apresenta exaustivamente a totalidade dos correlativos da consciência. As reflexões de nossa contemplação mostram-nos novos estratos de objetos constituídos de um nível inferior (*noemata*, na linguagem das *Ideias*). Assim, por exemplo, *da* coisa da natureza, que é uma mesma e única coisa para todos os indivíduos que têm experiência, remontamos à coisa tal como se apresenta aos indivíduos que a contemplam em cada caso. Da coisa material completa podemos desligar o *phantom* [o fantasma, a imagem], quer dizer, a forma espacial preenchida sensivelmente, sem qualidades reais-causais, e dela podemos desligar, por sua vez, a simples 'coisa vista', que está constituída de maneira puramente virtual. A isso correspondem múltiplos 'matizes', de acordo com a orientação adotada pelo sujeito contemplante e a maneira em que se apresenta toda qualidade sensível: cor, figura etc. Finalmente, como o nível mais inferior dos correlativos da consciência, encontramos

ANEXO I

os dados de sensação, que todavia não se concebem como qualidades de um portador material. A todas essas multiplicidades 'noemáticas' correspondem as 'noéticas', quer dizer, propriamente a vida da consciência. A consciência atua ('atuação' entendida em um sentido amplíssimo) em cada nível de maneira diversa e, graças a essas atividades da consciência (noéticas), as unidades noemáticas de nível inferior convertem-se em multiplicidades nas quais se constituem as unidades de nível superior" (*Contribuições para a Fundamentação Filosófica da Psicologia e das Ciências do Espírito*, Introdução).

A faceta subjetiva de uma cogitatio *na imanência é denominada por Husserl de* noesis, *ao passo que a faceta objetiva da mesma* cogitatio *como* cogitatum, *dada também como imanente, é chamada de* noema. *Ambos se constituem na imanência da consciência intencional em orientação fenomenológica. É muito provável que Husserl teve em vista dois textos platônicos para constituir essa terminologia. Um deles é o trecho da metáfora da linha, na* República VI, 509d – 511e, *na qual Platão distingue dois âmbitos de consideração, o do visível e o do inteligível, e, neste último, caracteriza dois modos como a alma ou consciência procede, denominando um dos modos com o termo* dianoia *e o outro com o termo* noesis. *Ora, aqui, a* noesis *está justamente caracterizada como um modo de apreensão psíquica no âmbito inteligível de constituição das essências, que parte de hipóteses para princípios não hipotéticos, usando somente de ideias tomadas em si mesmas, passando de uma a outra e terminando em ideias (Cf.* República, 511c). *Daqui, portanto, emerge a intuição de que a* noesis *é uma modificação da consciência em ato intencional, e que constitui um modo de apreensão da consciência. Mas o que seria o* eidos (*a forma*) *apreendido pela* noesis, *constituído na consciência em um modo específico de apreensão? Há uma passagem no diálogo* Parmênides, *em que Sócrates, levado por Parmênides a se interrogar sobre como deve ser compreendido o* eidos, *Sócrates chega à seguinte formulação: "Mas Parmênides, disse Sócrates, talvez cada uma dessas formas seja um pensamento* noema *nas almas" (132b 3-5). Na perspectiva de uma tradução próxima à terminologia husserliana isto seria: "cada uma dessas formas é um pensamento nas consciências", ou seja, cada um desses aspectos essenciais constituídos na imanência é um pensamento nas consciências, imanentemente à consciência em ato intencional. Assim, o eidos caracteriza-se justamente como um pensamento* (noema, cogitatum) *na consciência* (psyche, anima) *em seu modo de apreensão de essência* (noesis, cogitatio). *Por isso, no § 88 de* Ideias I, *ao falar dos componentes reais e intencionais da vivência, Husserl caracteriza a vivência intencional como sendo a consciência de algo em momentos diversos, tais como a percepção, a recordação, o juízo, a vontade, o prazer etc. E assegura que, graças a esses seus momentos noéticos, toda vivência é justamente vivência noética, dizendo ainda que é da essência dessa vivência noética guardar em si algo como um "sentido" e, eventualmente, um sentido múltiplo. Aos múltiplos dados do conteúdo real, noético, corresponde uma multiplicidade de dados, mostráveis em intuição pura efetiva, num "conteúdo noemático" correlativo ou, resumidamente, no* noema. *Assim, deve-se ter claro que a percepção, por exemplo, é uma* noesis. *Ou seja, se constitui como um momento noético, que tem o seu* noema e, *no nível mais baixo, o seu sentido perceptivo, isto é, o percebido como tal. Diz Husserl: "Da mesma maneira, cada recordação tem o ser recordado como tal, justamente como seu, precisamente como aquilo que nela é 'visado', aquilo de que nela se é 'consciente'; o julgar tem, por sua vez, o julgado enquanto tal, o prazer, aquilo que apraz enquanto tal etc. Em tudo é preciso tomar o correlato noemático, que aqui se chama 'sentido', (em significação bem ampla), exatamente assim como ele está contido de maneira imanente na vivência de percepção, de julgamento, de prazer etc., isto é, tal como nos é oferecido por ele, se interrogamos puramente essa vivência mesma"* (Ideias I, § 88). *Desse modo, para Husserl, "resta manifestamente uma relação entre percepção e percebido (assim como entre prazer e aquilo que apraz), uma relação que entra na condição de dado eidético em 'pura imanência'", o que mais uma vez caracteriza o que para Platão se mostrava no âmbito da consciência como inteligibilidade, "a saber, puramente com base na vivência de percepção e de prazer fenomenologicamente reduzida, tal como se insere no fluxo transcendental de vivências"* (Ideias I, § 88). *Continua Husserl: "Em nossa orientação fenomenológica, podemos e devemos pôr*

ANEXO I

a seguinte questão de essência: o que é o 'percebido como tal', que momentos eidéticos ele abriga em si mesmo como este noema *de percepção".* [GL]

PERCEPÇÃO (*Wahrnehmung*)

♦ "É próprio da percepção o fato de que esta seja percepção de um objeto individual cujo conteúdo é totalmente determinado" (*Introdução à Filosofia*, Introdução, Parte B).

♦ "A percepção é percepção de um objeto que aparece em um certo modo e permanece verdadeiro mesmo se a percepção se mostra enganosa e o objeto da percepção não exista ou seja algo diverso daquilo que se crê enquanto perdura a vivência da percepção" (*Introdução à Filosofia*, Introdução, Parte B).

A palavra latina perceptio *possui etimologicamente a mesma característica da palavra grega* dianoia, *isto é, possui o caráter de uma apreensão dos dados que se mostram à consciência por meio do pensamento (o que caracteriza ao pé da letra a tradução de* dianoia *ou* perceptio). *A percepção não é, portanto, a mera sensação, mas a apreensão do conteúdo totalmente determinado de um objeto, como diz Stein. Trata-se, portanto, de um tomar por certo e verdadeiro no pensamento* (Warhnemmen). *A percepção é, portanto, apreensão direta do objeto, inclusive em seu caráter de atualidade originária, distinguindo-se de outras formas de direcionamento para os objetos. Como assegura Edith Stein, o ser em carne e osso disto que se apreende distingue a intenção perceptiva daquela da recordação e da fantasia, que se apresentam unicamente pela imaginação (cf. Stein,* Introdução à Filosofia). *Perceber é um tomar a coisa em um sentido determinado e preciso.* [GL]

PESSOA (*Person*)

♦ "Tudo o que chamamos geralmente de pessoa é uma *rationalis naturae individua substantia* (substância individual de natureza racional) no sentido de que contém em seu ser-algo ou ser-coisa (*Was*) algo que não compartilha com nenhum outro" (*Ser Finito e Ser Eterno*, Parte VII, Item 1).

140 PESSOA HUMANA E SINGULARIDADE EM EDITH STEIN

- ◆ "Ser pessoa quer dizer ser livre e espiritual. Que o homem é pessoa: isto é o que o distingue de todos os seres da natureza" (*A Estrutura da Pessoa Humana*, Parte VI, Capítulo II, Seção 1, Item a)
- ◆ "O homem, com todas as suas capacidades corporais e anímicas, é o 'si mesmo' que tenho de formar. Mas o que é o eu? Denominamo-lo pessoa livre e espiritual, cuja vida são os atos intencionais" (*A Estrutura da Pessoa Humana*, Parte VI, Capítulo II, Seção 2, Item b, Subitem a).
- ◆ "Mas a razão e a liberdade são as características essenciais da pessoa. O nome graças ao qual cada pessoa se designa a si mesma enquanto tal é 'eu'" (*Ser Finito e Ser Eterno*, Parte VI, Seção 4, Item 3).
- ◆ "Por pessoa entendemos o eu consciente e livre. É livre, porque é dono de seus atos, porque determina por si mesmo sua vida sob a forma de atos livres. Os atos livres são o primeiro campo de domínio da pessoa" (*Ser Finito e Ser Eterno*, Parte VII, Seção 3, Item 4).

Edith Stein, em continuidade com a tradição filosófico-teológica que fez o termo pessoa *entrar no vocabulário filosófico, emprega-o para designar a característica que distingue o ser humano em meio a todos os seres da Natureza. Assim, nos seus escritos, o termo* pessoa *também designa a individualidade de cada ser humano, marcada essencialmente também pela capacidade racional da espécie humana. Edith Stein, na esteira de Tomás de Aquino, concebe o ser pessoa como o que há de mais perfeito na Natureza, por tratar-se do único tipo de existência em que há espiritualidade e, portanto, liberdade (afinal, a liberdade supõe autoconsciência e possibilidade de autorrealização). Isso significa que o ser pessoal ou espiritual é aquele capaz de voltar sua atenção para si mesmo, para sua própria interioridade, e dizer, por meio desse ato reflexivo-espiritual, que possui um eu. Não somente se reconhece como ser pessoal, mas reconhece também a necessidade de formar-se a si mesmo, tarefa esta que envolve a liberdade e a responsabilidade.* [MBK]

ANEXO I

SENSAÇÃO (*Empfindung*)

+ "O ser atingido interiormente, que desencadeia o movimento reativo, nós caracterizamos como sensação, o sentir daquilo que vem ao encontro da essência vital (já na terminologia meramente psicológica a sensação é caracterizada como reação)" (*A Estrutura da Pessoa Humana*, Parte IV, Seção 2).

+ "A sensação de pressão ou dor ou frio é de algum modo algo dado absolutamente, tal como as vivências de juízo, de vontade, de percepção etc. Ora, a sensação é caracterizada frente a todos estes atos da seguinte maneira: ela não faz brotar, como aquelas, o eu puro, nunca assume a forma do *cogito*, no qual o eu se direciona para um objeto [...], mas é sempre um 'onde'. [...] Esse 'onde' não é um lugar vazio no espaço, mas algo espacialmente sensitivo; e todos esses algos nos quais minhas sensações vêm ao encontro encerram-se conjuntamente em uma unidade, a unidade do meu corpo, são propriamente posições do corpo vivente próprio" (*O Problema da Empatia*, Parte III, Seção 4, Item a).

A sensação é o caráter próprio do ser anímico sensitivo. Em alemão, o termo Empfindung *é formado a partir do verbo* finden, *que quer dizer encontrar e sentir. A sensação é de algum modo o que o ser anímico sensitivo sente face ao que lhe vem ao encontro. Como diz Edith Stein, o animal sente o que lhe vem ao encontro em* (an) *seu corpo, intimamente* (in) *e com* (mit) *seu corpo vivente/próprio* (Leib) (*cf.* A Estrutura da Pessoa Humana). *Ela procura caracterizar bem esse caráter da vida anímica ao tratar do homem como animal, isto é, o ser anímico do homem como ser sensitivo, o que tradicionalmente foi conhecido como* psyché aisthetiké, *em grego, e que foi vertido para o latim como* anima sensitiva. *Já no tratado sobre a empatia, procura pensar a sensação quando se propõe investigar como se constitui no âmbito da minha consciência meu corpo vivente próprio. "Cada* [...] *coisa que eu vejo me diz: toque-me, sou a coisa real que se dá, sou uma coisa concretamente apreensível, não um fantasma; cada coisa tangível me grita: Abra os olhos e me verá. Os sentidos tátil e visual* [...]

se solicitam reciprocamente como testemunhas" (O problema da empatia, Parte III, Seção 4, Item a). Mas, nenhuma dessas coisas tangíveis ou visíveis que se me mostram falam de meu corpo vivente próprio. São "as sensações" (die Empfindungen) que mostram na vivência meu corpo como corpo vivente próprio. Vê-se por essa caracterização que as sensações não são meras qualidades corpóreas, seja dos objetos percebidos ou de uma capacidade própria do organismo psicofísico. A sensação é um meio pelo qual o corpo vivente próprio se constitui como meu corpo espacialmente sensível, por meio da qual o corpo vivente/próprio está aí a cada vez para mim (cf. O Problema da Empatia). [GL]

SOLIPSISMO (*Solipsismus*)

+ "Há duas implicações na afirmação da 'intersubjetividade' da experiência: que a experiência do mundo externo compreende o ser dado de outros sujeitos que experimentam (pelo menos como possibilidade); e que o conteúdo da experiência, apesar das diferenças individuais, é idêntico. Considerar outros co-sujeitos de experiência tem um particular significado metafísico. Há um ser, que também o filósofo idealista não quer relativizar, que ultrapassa a consciência que tem a experiência e é independente dela. Porém, há um ponto de vista filosófico – o *solipsismo* – que considera o próprio eu como única realidade. Não obstante, o solipsista abandona seu ponto de vista já quando o explica, pois, ao explicá-lo, supõe um interlocutor que compreende. Quer dizer, para demonstrar que não há "outro", volta-se para um "outro". Não aceita que deve calar-se para ser realmente solipsista" (*Introdução à Filosofia*, Parte I, Capítulo 3, Seção 7).

O solipsismo é uma posição filosófica segundo a qual cada pessoa não tem acesso ao que sentem e pensam as outras pessoas nem ao que o mundo é, mas somente ao modo como a própria pessoa vê o mundo. Em outras palavras, o que uma pessoa poderia saber é só aquilo que ela concebe em seu mundo interior, nunca nada que não venha dela mesma. Ela seria, portanto, prisioneira de si mesma. Em geral, é pejorativo em filosofia dizer que

ANEXO I

um pensador é solipsista, pois isso significa dizer que ele não foi capaz de encontrar uma explicação para pretender que aquilo que ele pensa sobre o mundo tem alguma correspondência com o mundo mesmo. Husserl, ao falar da empatia (posteriormente à tese defendida por Edith Stein), dizia que a vivência empática é o "canto escuro onde aparecem, para os infantes filósofos, os fantasmas do solipsismo" (Lógica Formal e Lógica Transcendental, § 95). *É exatamente o solipsismo que Edith evita com sua investigação da essência da empatia, pois, pela comunicação intersubjetiva, uma pessoa pode testar, verificar ou retificar aquilo que ela pensa sobre o seu interlocutor e sobre o mundo. A base para que Edith afirme a intersubjetividade ou a comunidade de experiência é a dupla constatação de que, embora as sensações possuam algo de subjetivo, pois pertencem sempre a um sujeito individualmente, aquilo que elas captam e "representam", ou seja, o objeto da experiência, é algo comum a todos os que o experimentam.* [JSF]

SUBSTÂNCIA (*Substanz*)

- "Tudo o que é designado por esses nomes é chamado de ente. O *tì estí*, no entanto, não se encontra por acaso no topo da lista. A ele é dado um lugar de destaque com relação aos outros entes; é o pressuposto das outras categorias. Porque é o que é a coisa. Assim designa mais especialmente o que é, do que se dissesse que é tal, e tão grande, que está em relação com outra coisa, que é ativo ou passivo. Por isso, o ente de todas as demais categorias está designado como algo agregado ou adjudicado (*accidens*). Àquilo que é a base é designado com o nome latino de *substantia*. Aristóteles emprega o nome de *ousía*" (*Ser Finito e Ser Eterno* Parte IV, Seção 2, Item 1).

- "Para a *ousía* encontramos já o seguinte significado: o ente no sentido eminente do termo. Mas esta preeminência existencial poderia comportar diversos significados: o do existente frente ao que é simplesmente pensado, o do real frente ao possível, o da realidade independente frente à realidade dependente, que não possui um ser que lhe pertença como próprio, senão que participa do ser de um fundamento. Todos estes traços particulares estão reunidos no ente, que se considera tradicionalmente como a substância" (*Ser Finito e Ser Eterno*, Parte IV, Seção 2, Item 1).

- "Quando descrevemos a substância como um ente particular, quisemos dizer simplesmente que este ente é ele mesmo e possui uma essência e um ser que lhe pertencem propriamente" (*Ser Finito e Ser Eterno*, Parte IV, Seção 5, Item 2).
- "Chegamos à conclusão de tudo isso: a *ousía* ou *essentia* num sentido mais estrito e mais particular do termo, que é o que mais interessava Aristóteles, é uma substância, ou seja, um real em si que contém e desenvolve sua própria essência. *Essentia* é a essência enquanto determinação quídica inseparável do ente e que pertence irrevogavelmente a seu ser e lhe serve de fundamento" (*Ser Finito e Ser Eterno*, Parte IV, Seção 5, Item 2).
- "No momento nos limitamos a explicar esta forma fundamental do ente, designada pelo termo de *ousía* ou de substância e que encontra uma realização em todos os campos do real segundo seu gênero" (*Ser Finito e Ser Eterno*, Parte IV, Seção 5, Item 2).

A substância ou o que Aristóteles prefere chamar de dêutera ousía *designa o ente. Os seres vivos, cujo ser provém da formação progressiva de um corpo material graças a uma alma, são, para Edith Stein, substâncias. Também os seres não vivos, porque existem individualmente, são substâncias. Nos seres vivos é manifesta a forma essencial, responsável por informar e animar a matéria, dando-lhe vida, justamente porque o seu próprio ser é vida. Compreende-se a vida como uma progressiva realização material, uma progressiva realização da essência que anima a matéria. A substância, portanto, no exemplo dos seres vivos, é o que contém e desenvolve a sua própria essência, integrando o seu ser e servindo-lhe de fundamento.* [MBK]

SUJEITO (*Subjekt / Träger / Grundlage*)

- "A constituição da coisa faz-se de maneira particular. O fato de possuir qualidades essenciais pertence à sua 'estrutura/armação' (*Gerüst*), a isso que nela é estável e imutável. Mas, nem todas as suas propriedades pertencem

ANEXO I

a um estado permanente. Seu estado permanente pode ser considerado o fundamento ou suporte (*Träger*) de tudo o que muda, de tudo o que se insere na coisa como num lugar previsto para isso" (*Ser Finito e Ser Eterno*, Parte IV, Seção 3, Item 18).

- "quando chamamos a coisa de suporte de sua cor, queremos dizer que a cor da coisa – como todas as suas outras qualidades mutáveis – é algo de não independente que deve ter como suporte algo real e não dependente" (*Ser Finito e Ser Eterno*, Parte IV, Seção 3, Item 18).

- "chamamos suporte (*hypostásis*, substância subsistente) o todo independente com relação às suas partes constitutivas. Falando propriamente, é a coisa particular (e não aquilo que subsistiria se pensássemos separadamente do todo o 'o que é' da coisa (*Was*) e o seu 'como é' (*Wie*). Mas também podemos aplicar esse nome de suporte à forma vazia do todo independente como tal, com relação às formas de suas partes. Posto que o conteúdo pertence às partes constitutivas, sem as quais o todo não pode existir, o todo realizado em um conteúdo é o suporte do conteúdo (todo o 'o que é' com o 'como é'), assim como a forma do todo é o suporte da forma do conteúdo: por mais paradoxal que isso possa parecer, pertence à construção formal da coisa o ter um conteúdo. A coisa particular é, assim, ao mesmo tempo, fundamento e suporte, mas sob pontos de vista diferentes" (*Ser Finito e Ser Eterno*, Parte IV, Seção 3, Item 18).

- "Falamos do eu puro como sujeito do vivenciar, interpretando-o ora pelo lado do sujeito, ora pelo lado do objeto" (*O Problema da Empatia*, Parte II, Seção 2, Item c).

Edith Stein serve-se da palavra sujeito (*suporte, substrato, coisa individual*) *em continuidade com o pensamento aristotélico-tomista, para o qual o sujeito é cada coisa, cada ente, cada unidade mínima de ser, no sentido de um ser independente, que não existe em dependência de outro ente finito. É preciso, porém, cuidar para não pensar simplesmente que Edith abandona a filosofia fenomenológica e volta a um realismo aristotélico-tomista. Para ela, o problema do realismo* versus *fenomenologia seria,*

146 PESSOA HUMANA E SINGULARIDADE EM EDITH STEIN

no limite, um pseudoproblema. O que ela faz, ao servir-se do termo sujeito, *é mostrar como, na investigação da autodoação dos fenômenos, podemos continuar a supor que há sempre unidades mínimas de sentido, nas quais é possível distinguir: (i) o que é essa unidade (coisa), no que ela tem de comum com outras unidades (coisas) do mesmo gênero – sentido da forma; (ii) como essa unidade (coisa) é o que ela é, ou seja, a realização individual e própria daquilo que é comum no gênero e na espécie – sentido da individualidade ou forma individual; (iii) a coisa mesma, como unidade independente, sem distinguir o seu "o que é" (i) nem o seu "como é" (ii) – sentido da substância. Assim, quando Edith usa o termo* sujeito *para se referir ao indivíduo humano, o faz em um uso também mais amplo do que o sentido moderno de sujeito do conhecimento. Essa é a razão de termos registrado a citação de* O Problema da Empatia, *na qual aparece o termo* sujeito, *somente depois das citações de* Ser Finito e Ser Eterno, *pois, embora não se possa dizer que Edith, ao escrever* O Problema da Empatia, *já tivesse consciência de tudo o que desenvolverá em* Ser Finito e Ser Eterno, *ainda assim o sentido em que o termo* sujeito *aparece na sua tese de doutorado é mais amplo do que o de simples sujeito do conhecimento.* [JSF]

VALOR (*Wert*)

- "A matéria sujeita à formação espiritual não é constituída por meras sensações e o mundo em que vivemos não é só um mundo perceptivo. Ambas as coisas estão ligadas. O animal sente desejo e repulsa e é assim determinado nas suas reações. O ser humano sente desejo e repulsa frente a certas coisas que lhe parecem, por isso, agradáveis ou desagradáveis. Ele se sente oprimido ou elevado; donde as coisas lhe parecerem ameaçadoras ou sublimes. Sua vida sentimental é, ao mesmo tempo, uma escala de estados interiores, na qual ele se encontra a si mesmo como tendo este ou aquele humor e uma multiplicidade de atos intencionais nos quais se dão qualidades objetivas que denominamos *valor*" (*A Estrutura da Pessoa Humana*, Parte VI, Capítulo II, Seção 2).
- "O mundo, no que concerne aos objetos, revela-se como mundo de valores, como um mundo do agradável e do

desagradável, do nobre e do ordinário, do belo e do feio
[…]. Mas também como um mundo do útil e do danoso,
do entusiasmante e do repelente, do que faz sentir bem
e torna feliz e do que deprime e abate. A primeira série
é tomada como a escala de valores objetivos; a segunda,
como escala do significado que os valores assumem para
o sujeito. Além disso, revela-se ao ser humano uma estrutura peculiar da sua alma que é tocada por valores com
profundidade diversa, com força e duração diferentes. Analogamente ao que ocorre com a percepção, temos aqui um
jogo combinado de passividade e atividade, de ser ligado e
de liberdade. Poder, aqui, tem muitos aspectos. Os valores
também requerem uma observação mais atenta […]; posso
aderir a eles ou não […]. Porém, o ser ligado interiormente
oferece à liberdade um ponto de partida; posso entregar-me
a uma alegria que surge em mim, posso permitir-me agir,
posso fechar-me a ela e reprimi-la, sem deixar-lhe espaço.
Enfim, ainda um terceiro aspecto: os valores motivam não
apenas um avanço no âmbito cognitivo, nem somente uma
resposta determinada dos sentimentos. Mas eles também
podem ser *motivos*, em um novo sentido: podem exigir
determinada tomada de posição da vontade e uma ação
correspondente. Por exemplo, o crime exige não só indig-
nação, mas também castigo e defesa. É possível, ainda,
assumir uma posição e um agir reativo" (*A Estrutura da
Pessoa Humana*, Parte VI, Capítulo II, Seção 2).

◆ "Existem espontâneas tomadas de posição em uma pessoa que remetem imediatamente a outra pessoa com suas
qualidades individuais e colhem o seu centro: amor, confiança, gratidão e mesmo o que chamamos de fé no ser
humano, ou, em vez disso, desconfiança, antipatia, ódio
etc. […] As tomadas de posição espontâneas na contraposição com outra pessoa dividem-se em positivas e negativas
[…]. Como em todos os atos concernentes aos valores, a
positividade e a negatividade não esgotam todas as possibilidades. […] É possível um comportamento indiferente,
nem de amor nem de ódio. […] Porém, se tomo posição de
modo positivo ou negativo, a pessoa me é proposta como
digna ou indigna. Não contradiz essa constatação o fato de

148   PESSOA HUMANA E SINGULARIDADE EM EDITH STEIN

que posso descobrir defeitos em uma pessoa que amo ou méritos em uma pessoa que odeio. Posso dar-me conta do pouco valor da pessoa amada, mas não a amo enquanto possui pouco valor; o pouco valor de uma qualidade ou de uma ação é ofuscado e absorvido pelo valor contido no modo de ser complexo da pessoa. A dor pelo pouco valor não faz diminuir o amor, mas dá a ele uma coloração particular. A relação entre a aceitação do valor e as tomadas de posição nos confrontos do valor [pode ser vista assim:] o fato de colher um valor e a tomada de posição adequada com referência a ele reclamam-se mutuamente, e, até que a tomada de posição requerida não seja vivida, o valor não é considerado plenamente vivo. Pode-se, então, afirmar com certa razão, no tocante ao amor, que ele se fundamenta sobre o valor da pessoa amada; por outro lado, somente quem ama colhe o valor de uma pessoa de modo pleno e total" (*Contribuições para a Fundamentação Filosófica da Psicologia e das Ciências do Espírito*, Parte II, Capítulo II, Seção 2.2, Item d).

A investigação steiniana da noção de valor *baseia-se, como é de se prever, no trabalho de Edmund Husserl (basicamente, no* texto Vorlesungen über Ethik und Wertlehre), *mas a maior influência sobre esse aspecto de seu pensamento talvez venha de Max Scheler, com a obra* Der Formalismus in der Ethik und die materiale Wertethik. *Assim, para bem acompanhar o tratamento dado por Edith Stein à noção de* valor *convém evocar a distinção feita por Max Scheler entre emoção e sentimento. Pode-se dizer, de modo geral, que a emoção é uma qualidade da vida psíquica e corresponde às modificações de natureza passiva sofridas pelo sujeito a partir de uma sensação. A rigor, um estado emotivo não contém uma referência intencional a um objeto, ainda que possa estar ligado a alguma situação fática ou mesmo simbolizá-la. Por exemplo, posso estar de mau humor sem conhecer um porquê para o mau humor (sem objeto), mas também posso ter uma dor que anuncia uma doença (nesse caso, a dor não é um objeto, mas é ela mesma sinal de um objeto ou de uma situação). Por sua vez, o sentimento é uma qualidade da vida espiritual, pois envolve o intelecto e a vontade; consiste numa reação específica ao estado*

ANEXO I

emotivo, num modo variado e mutável de assumir uma atitude perante a emoção (permiti-la, nutri-la, suportá-la, rejeitá-la etc.). Para tanto, o sentimento, diferentemente da emoção, não é referido de maneira indireta ou por meio de sinais ao objeto ou ao fato; ao contrário, refere-se imediatamente ao objeto numa relação análoga àquela existente entre uma representação e a coisa representada. Em outras palavras, o sentimento mantém com seu objeto uma relação intencional. Seu objeto é precisamente o que se denomina valor. *Mas é preciso cuidado na investigação da relação entre sentimento e valor (objeto), pois não se trata de uma ligação causal, uma vez que o sentimento vincula-se ao valor de maneira imediata, sem um ato de reflexão. Scheler dá como exemplo dessa vinculação o fato de sentir-se imediatamente a beleza dos montes cobertos de neve ao pôr do sol. Trata-se de um ato espiritual porque há consciência do objeto (do contrário, o sentimento seria o mesmo que a emoção sensível), mas o sentimento não se confunde com um ato cognitivo nem é uma parte dele. Max Scheler chegava a dizer que o sentimento é um tipo de experiência cujos objetos são inacessíveis para o intelecto, pois o intelecto é cego diante deles, assim como a audição e o tato são cegos diante das cores. Com efeito, os valores são os objetos intencionais do sentimento, assim como a realidade é o objeto intencional do conhecimento. Os valores não resultam de atos cognitivos nem são deduzidos, mas são encontrados numa hierarquia objetiva. Edith Stein praticamente subscreve a teoria scheleriana dos valores e assume que essa hierarquia tem quatro grupos fundamentais: (i) os valores do agradável e do desagradável; (ii) os valores vitais (saúde, doença); (iii) os valores estritamente espirituais (estéticos e cognitivos); (iv) os valores religiosos. É importante notar, assim, que a fenomenologia de Edith Stein não opera apenas com a associação entre valor e valor moral, como faz o uso corrente do termo* valor, *mas remete à vivência ou ato da consciência em que o sujeito não apenas se vê diante de um fenômeno, mas sente imediatamente atração ou repulsa por ele.* [JSF]

VIVÊNCIA: *ver* EXPERIÊNCIA E VIVÊNCIA

Anexo II

TERMOS LATINOS E PARTÍCULAS ALEMÃS[2]

De modo geral, pode-se estabelecer a seguinte série de correspondências entre os termos latinos e os termos alemães empregados por Edith Stein:

Das	=	*Id quod est*
Etwas	=	*Aliquid*
Seiendes	=	*Id quod est / Aliquid*
Was	=	*Quid / Quod*
Wie	=	*Quomodo*
Aliquid	=	*Etwas / Seiendes*
Id quod est	=	*Das / Seiendes*
Quid	=	*Was*
Quod	=	*Was*
Quomodo	=	*Wie*

---

2 Este estudo introdutório à correspondência dos termos latinos e alemães foi composto por Juvenal Savian Filho.

152   PESSOA HUMANA E SINGULARIDADE EM EDITH STEIN

Cabe informar ao leitor que Edith Stein usa poucas vezes os termos latinos, já que a pensadora optava por empregar diretamente os termos alemães. De qualquer modo, os tradutores e comentadores apreciam introduzir esses termos em suas edições das obras de Edith Stein. Em geral, essa prática dá um bom resultado, mas, às vezes, ela mais prejudica do que auxilia a compreensão do texto original. A fim de oferecer uma síntese das correspondências entre esses termos, bem como de esclarecer algumas expressões usadas pela filósofa, observem-se as indicações abaixo:

ACTU ENS: expressão que significa "ente em ato" por oposição a "ente em potência", numa referência ao par conceitual ato – potência em Aristóteles.

ACTUS PURUS (*DER REINER AKT*): expressão que designa uma realidade na qual não há mescla de atualidade e potencialidade, mas que é "ato puro", ou seja, que não está inserida no devir que caracteriza todas as coisas que conhecemos. Por isso mesmo, ela se reserva à realidade divina. Tudo indica que o primeiro pensador a formulá-la foi Tomás de Aquino, a fim de exprimir o pensamento aristotélico sobre o primeiro motor imóvel ou Deus. Edith Stein, em linguagem fenomenológica, diz: "Nosso ser, que é um devir, uma passagem permanente que se apresenta sempre como algo em marcha rumo ao ser verdadeiro, revela-nos a ideia do ser verdadeiro, perfeito e eternamente imutável: o ato puro (*der Reiner Akt*)" (*Ser Finito e Ser Eterno*, Parte II, Seção 4).

ALIQUID (*ETWAS*): pronome latino indefinido na forma neutra (no masculino tem-se *aliquis*; no feminino, *aliqua*). Em português corresponde a "algo", "alguma coisa". Tudo o que é, é algo, um *aliquid*. A ênfase não é posta no preenchimento, pois este faria pensar na identidade ou no conteúdo da coisa, mas no fato de que algo existe como indivíduo, suporte de outros predicados. Edith Stein, ao falar, por exemplo, do sentido do termo "objeto" (*Gegenstand*), diz: "Em todo ente finito, este que ele é convém ser distinguido tanto de o que ele é quanto do seu próprio ser. Deste que ele é nós dizemos 'o que' ele é e também 'que ele *é*. Chamamo-lo um objeto, empregando esse termo tanto em um sentido amplo como em um sentido restrito. Em sentido amplo, ele significa 'alguma coisa' (*Etwas*) em geral, isto é, algo que pode ser conhecido e do qual se pode fazer uma afirmação" (*Ser Finito e Ser Eterno*, Parte IV, Seção 3, Item 17).

HAECCEITAS (*DIESES SEIN*): O termo latino cunhado por Duns Escoto poderia ser traduzido em português pelo termo *istidade*. Embora pareça um barbarismo, *istidade* indica adequadamente a condição de ser um isto e tem sido utilizado no vocabulário filosófico não apenas para traduzir o termo latino em questão, mas também a palavra inglesa *thisness* (que, aliás, foi cunhada por estudiosos anglófonos para traduzir *haecceitas*). O sentido básico do termo é o da condição de algo que pode ser apontado (um isto). A ênfase recai sobre a condição. Portanto, trata-se da condição de algo individual, com identidade própria e irrepetível. O termo *haecceitas* era um neologismo na época de Duns Escoto. Ele se baseou na forma latina do pronome demonstrativo *hic* (masculino), *haec* (feminino), *hoc* (neutro) e, pelo acréscimo de um sufixo, criou uma forma de exprimir a condição de ser algo determinado, um ente, um isto. Edith Stein exprime o pensamento escotista de um modo muito preciso, dizendo: "Jedes Individuum ist 'species in individuo' oder quidditas in haecceitate", quer dizer, "cada indivíduo é 'espécie no indivíduo' ou a quididade na istidade" (E. Stein, *Potez und Akt*, p. 29). Poderíamos parafraseá-la da seguinte maneira: cada indivíduo é sua espécie (quididade) existindo nele, ou seja, realizando-se na sua condição individual (istidade). Graças à sua istidade, cada indivíduo é também uma ipseidade (*ipseitas*, *Selbstheit*).

ID QUOD EST (*SEIENDES* OU *ETWAS*): expressão que significa literalmente "isto que *é*". A forma latina é uma perífrase para traduzir o termo grego *tò ón* (que também pode ser traduzido em latim por *ens*; em português, *ente*; em alemão, *Seiendes*). Designa a condição de algo que existe como substância, como ente, em contraposição com a essência tomada em sentido universal e com os acidentes (que só existem unidos a uma substância, não como indivíduos). A ênfase da perífrase é posta no fato de que a coisa existe como indivíduo, de que ela subsiste, embora também se possa associar a *aliquid* (*Etwas*) quando se deseja indicar que tudo o que subsiste é sempre visto como algo, como uma coisa que só pode ser conhecida com uma identidade determinada. Diz Edith Stein: "'Algo' (*Etwas*) e 'ente' (*Seiendes*) são idênticos, e o ente mesmo deve ser considerado como uma forma vazia? Quando dizemos que cada ente é o preenchimento de algo, já respondemos negativamente a essa questão. O ente, em sentido pleno, é um 'algo preenchido', e o 'algo' é uma forma do ente" (*Ser Finito e Ser Eterno*, Parte v, Seção 3).

MATERIA SIGNATA: expressão que vem de Tomás de Aquino e que serve para indicar o fato de que nossa experiência da matéria (o estofo das realidades físicas) é sempre feita por meio da percepção de uma porção da matéria-prima. Em outras palavras, não temos experiência da matéria ou da matéria-prima em geral, mas sempre da matéria de alguma coisa, por exemplo, desta pessoa, deste animal, desta planta, deste mineral. Assim, a matéria ou a matéria-prima são conceitos obtidos por um procedimento metafísico; só temos experiência da matéria que se manifesta em coisas individuais. Daí Tomás de Aquino falar de *materia signata quantitate*, quer dizer, "matéria assinalada por uma quantidade". Também se fala de *materia determinata* ou *materia designata*. Diz Edith Stein: "A matéria pura é algo de absolutamente indeterminado; não se pode dizer sobre ela 'o que' ela é, e é por isso que ela não é absolutamente quando a tomamos sem nenhuma determinação" (*Ser Finito e Ser Eterno*, Parte IV, Seção 2, Item 4).

QUALE: Forma latina neutra do pronome interrogativo *qualis* (qual?). Substantivado, o termo *quale* é usado, desde o vocabulário medieval, para marcar a diferença entre uma qualidade propriamente dita (*qualitas*, ou, como dizia Aristóteles, *poiótes*) e aquilo pelo qual algo é determinadamente aquilo que é (*quale* ou *poión*). No vocabulário medieval, a *qualitas* é um acidente que modifica a substância e pode variar, ao passo que o *quale*, embora também seja acidental (no sentido de que não define a essência da coisa), não pode variar nem ser subtraído à substância. Edith Stein, ao servir-se desse vocabulário, dá como

ANEXO II

exemplo uma casa azul: temos aí o fato de a casa ser azul e o fato de a casa ter, necessariamente, cor. Assim, o azul é uma qualidade (*qualitas*) da casa, ao passo que o fato de ter cor é uma determinação (*quale*) que integra a estrutura da casa (cf., por exemplo, *Potência e Ato*, Capítulo 2, Seção 3).

QUIDITAS (QUIDIDADE) – *ver* QUID, QUOD (*WAS*).

QUID, QUOD (*WAS*): formas pronominais latinas, no gênero neutro, do pronome interrogativo que na forma masculina é *quis* e na forma feminina é *quae*. O correspondente mais direto em português seria: *que...*? Em alemão, o correspondente em geral é: *was...*? Na literatura latina, *quid* é pronome substantivo, ou seja, um pronome que tem valência de nome, tem sentido sem que apareça o substantivo ao qual se refere. Por exemplo, em latim se diz: *Quid est?* (*Que existe?* ou *O que existe?*). Por sua vez, *quod* é pronome adjetivo, ou seja, só aparece junto com o substantivo ao qual se refere. Por exemplo, em latim se diz: *Quod flumen?* (*Que rio?*). Desse uso sintático, *quid* e *quod* entraram na linguagem filosófica tanto para referir-se à identidade de algo, àquilo que uma coisa é, como para referir-se ao fato de que uma coisa existe. Daí a criação medieval do termo *quiditas* (quididade) para traduzir a perífrase aristotélica *tò tì én eînai*, que é uma forma de designar a essência de algo como resposta à pergunta *O que esse algo é?* Assim, quando em filosofia se fala de *quid* ou *quod*, pretende-se remeter a algo que existe ou àquilo que esse algo é (ou seja, um ser determinado). Em termos mais próximos à fenomenologia, *quid* e *quod* designam uma unidade de sentido (uma coisa, como uma rosa, é um *quid*; uma cor, como o vermelho, é um *quid*; alguém, como Maria, é um *quid*; enfim, tudo que oferece sentido para consciência é um *quid*). E todas essas ocorrências de *quid* podem ser trocadas, em geral, por *quod*. Em português, ambas as formas também podem ser traduzidas simplesmente por "algo", ou, para o bem da maior clareza, por "ser algo" ou "ser coisa" pois a ideia veiculada é de que tudo o que se apresenta à consciência é sempre um "algo" com uma identidade determinada. Edith Stein prefere empregar diretamente a forma alemã *Was*, grafada com maiúscula, para referir-se ao que a coisa é e ao fato de que a coisa existe como

156   PESSOA HUMANA E SINGULARIDADE EM EDITH STEIN

algo determinado. Por exemplo, diz ela: "As determinações de espécie e de gênero são algo que 'convém' à coisa; seu 'ser algo' (*Wassein*) é 'na' coisa, não é a coisa mesma. Mas esse 'ser em' (*In-sein*) é diferente do 'ser a coisa'; com relação ao 'ser algo', isso é de importância fundamental, pois o 'ser algo' assume em si o 'ser assim' (*Sosein*); cada 'assim' particular e cada 'ser assim' encontram no 'ser algo' seu lugar de destino" (*Ser Finito e Ser Eterno*, Parte IV, Seção 2, Item 10). Ver abaixo o uso que Edith Stein faz do termo *Wie* (*Quomodo*).

QUOMODO (*WIE*): advérbio de modo ou conjunção subordinativa conformativa, isto é, termo que (i) pode modificar o sentido do verbo, indicando o modo como o verbo é praticado ou sofrido (por exemplo, *Como você chegou até aqui?*), ou (ii) introduzir uma oração subordinada na qual se exprime uma conformidade de pensamento com o que é dito na oração principal (por exemplo, *Isso disse Pedro, como se lê no processo*). Na linguagem filosófica moderna, *quomodo* é pouco usado, pois os autores preferem usar as formas correspondentes em suas próprias línguas. Assim, em português emprega-se diretamente o termo *como*; em alemão, *wie*. Em geral, esses termos são substantivados, ou seja, aparecem como tendo sentido próprio. Por exemplo, podemos dizer: "Ignoro como a substância possui acidentes". Em alemão, quando substantivado, *wie* grafa-se com maiúscula: *Wie*. Procurando estabelecer uma contraposição entre o *Was* (o que a coisa é) e o *Wie* (como a coisa é), Edith Stein diz: "'Coisa' é uma forma com relação a esta coisa determinada, e 'cor' é uma determinação do conteúdo de algo que corresponde à estrutura da coisa: uma realização da forma vazia; um preenchimento da forma vazia 'qualidade'. A cor realiza-se ou completa-se por sua determinação específica para dar esta cor determinada, e toda a forma de coisa realiza-se e determina-se nesta coisa mais determinada pela determinação de seu *que* (*Was*) e de seu *como* (*Wie*), que já são esboçados nela" (*Ser Finito e Ser Eterno*, Parte IV, Seção 3, Item 18).

ULTIMA REALITAS ENTIS (REALIDADE ÚLTIMA DO ENTE): Expressão de Duns Escoto para designar o ato pelo qual o ente é o que ele é como indivíduo. Enquanto as soluções para o problema da

ANEXO II

individuação insistiam, em geral, em saber se o ente se torna individual pela matéria ou pela forma, Duns Escoto prefere dizer que o que torna individual um ente é o modo como ele se realiza individualmente como ente, incluindo suas dimensões materiais e formais; é o seu modo único e irrepetível de realizar a natureza de sua espécie. No esquema lógico da predicação por gêneros e espécies (segundo o modelo aristotélico), cada nível superior (os gêneros e as espécies) é determinado por uma diferença específica, reduzindo-se ao nível que o segue imediatamente. Assim, o gênero "animado" (que inclui animais e plantas) é reduzido a "animal" pelo acréscimo da diferença "sensível"; a espécie "animal", por sua vez, é reduzida a "ser humano", pelo acréscimo da diferença "racional". Observa-se que a entidade determinante, a diferença específica, por exemplo, está em ato com relação àquela entidade que ela determina, a qual se encontra em potência. Assim, por exemplo, a diferença em ato "racionalidade" reduz a espécie "animal", que estava em potência com relação a ela. Duns Escoto compara esse comportamento dos gêneros e espécies com a ação da istidade (*haecceitas*), que é a última diferença do ente. Por essa comparação, vê-se que, quando se chega ao indivíduo (Sócrates, por exemplo, ou João, ou qualquer outro), o que determina e reduz a espécie não pode ser uma diferença (porque isso produziria uma outra espécie) nem a natureza, nem a forma, nem a matéria ou os acidentes (pois tanto a forma como a matéria são partes do ente, o que faz ver como seria impossível que uma parte possa produzir o modo de ser do todo). Se o processo de divisão é interrompido, é porque o indivíduo não está mais em potência, para ser atualizado por nenhum ato; ele mesmo é ato, é realidade, ou, como diz Duns Escoto, é a *ultima realitas entis*. Isso quer dizer que todos os predicados implicados no indivíduo (no caso de Sócrates, o ser animado, animal, racional, e toda essa realização no sujeito Sócrates, bem datado no tempo e situado no espaço) encontram-se realizados em ato e contractos na sua individualidade. Por fim, vale notar que, justamente porque não exprime a essência do indivíduo (já expressa pela espécie), a diferença individual ou *ultima realitas entis* não é um *quid*, um algo, nem um ente, mas um *quale*, um como, uma determinação última da essência. Nesse sentido de contraposição com a quididade (dada pela natureza), a *haecceitas* pode ser vista como uma qualidade, a atualidade última do indivíduo. Por essa razão, o pensamento de Duns Escoto, sobretudo da perspectiva da *ultima realitas entis*, é confortavelmente acomodável aos interesses da fenomenologia (em muitos aspectos, mais do que o pensamento tomista), permitindo a Edith Stein, por exemplo, dizer que o que individua o ente, na consciência, é o próprio ente, em seu ato de ser um indivíduo.

ULTIMA SOLITUDO (SOLITUDE ÚLTIMA): Expressão de Duns Escoto que Edith Stein, nas *Contribuições para a Fundamentação Filosófica da Psicologia e das Ciências do Espírito*, traduz por *unaufhebbaren Einsamkeit*, "insuprimível solitude/solidão". Corresponde à *ultima realitas entis* (supra).

Anexo III

OBRAS DE E SOBRE EDITH STEIN
PUBLICADAS NO BRASIL

A lista dos títulos aqui indicados não é exaustiva. Mencionam-se os trabalhos mais divulgados, principalmente na Plataforma Lattes do CNPq (www.lattes.cnpq.br). As interpretações contidas nos referidos títulos não correspondem necessariamente à posição do autor e dos editores deste livro.

De Edith Stein

A Ciência da Cruz. Trad. Beda Kruse. São Paulo: Loyola, 2004.
O Mistério de Natal. Trad. Hermano José Cürten. Bauru: Edusc, 2000.
A Mulher: Sua Missão Segundo a Natureza e a Graça. Trad. Alfred J. Keller. Bauru: Edusc, 1999.
A Oração da Igreja. Trad. da Companhia das Virgens. Rio de Janeiro: Agir, 1958.
O Que é Filosofia? Uma Conversa Entre Edmund Husserl e Tomás de Aquino. Trad. Marcia Sá Cavalcante Schuback. *Scintilla: Revista de Filosofia e Mística Medieval*. Curitiba: Faculdade de Filosofia São Boaventura, v. 2, n. 2, jul/dez, 2005. Disponível em: <http://www.saoboaventura.edu.br/galeria/getImage/45/4773138785371750.pdf>.
Teu Coração Deseja Mais: Reflexões e Orações. Trad. Ênio Paulo Giachini. São Paulo: Vozes, 2012.

160 PESSOA HUMANA E SINGULARIDADE EM EDITH STEIN

2. Sobre Edith Stein

CACHO, Gabriel. *Edith Stein na Câmara de Gás: Teatro*. Trad. Manuel Bandeira. São Paulo: Vozes, 1965.

CHRISTIAN, Feldeman. *Edith Stein: Judia, Ateia e Monja*. Bauru: Edusc, 2001.

FLACH, José Arvedo. *Edith Stein: Judia, Católica, Filósofa*. Canoas: Salles, 2006.

GYRÃO, Maria Lúcia Sales. *Justiça a Edith Stein*. Rio de Janeiro: Fábrica de Livros do SENAI, 2010.

KAWA, Elisabeth. *Edith Stein: A Abençoada pela Cruz*. Trad. Edson Gil. São Paulo: Quadrante, 1999.

KUNSCH, Dimas Antonio. *Edith Stein*. São Paulo: Salesiana, 2007.

MAHFOUD, Miguel; MASSIMI, Marina (orgs.). *Edith Stein e a Psicologia: Teoria e Pesquisa*. Belo Horizonte: Artesã, 2013.

MIRIBEL, Elisabeth. *Edith Stein: Como o Ouro Purificado pelo Fogo*. Aparecida: Santuário, 2001.

OLIVEIRA, Maria de Lourdes Ganzarolli. *Edith Stein e o Sentido da Vida*. Rio de Janeiro: Presença, 1989.

PEDRA, José Alberto. *Edith Stein: Uma Santa em Auschwitz*. Curitiba: Rosário, 1998.

SAVIAN FILHO, Juvenal. *O Toque do Inefável: Apontamentos sobre a Experiência de Deus em Edith Stein*. Bauru: Edusc, 2000.

SAVIAN FILHO, J. (org.); ALES BELLO, Angela; BARREIRA, Cristiano. *Empatia: Edmund Husserl e Edith Stein: Apresentações Didáticas*. São Paulo: Loyola, 2014.

SCIADINI, Patrício. *Edith Stein*. São Paulo: Loyola, 1999.

_____. *Edith Stein Diz…* São Paulo: Loyola, 2004.

_____. *Edith Stein: Perder Para Ganhar*. Fortaleza: Shalom, 2007.

SCIADINI, Patrício; TUROLLO GARCIA, Jacinta. *Edith Stein: Holocausto Para seu Povo*. São Paulo: Loyola, 1987.

TUROLLO GARCIA, Jacinta. *Edith Stein e a Formação da Pessoa Humana*. São Paulo: Loyola, [s.d.].

_____. *Santa Edith Stein: Da Universidade aos Altares*. Bauru: Edusc, 1998.

3. Teses e Dissertações

CARDOSO, Carolina de Resende Damas. *Contribuições de Edith Stein Para a Epistemologia das Ciências e Para a Psicologia Científica*. Dissertação de Mestrado, Departamento de Psicologia, Ribeirão Preto, Universidade de São Paulo, 2012.

CARNEIRO, Suzana Filizola Brasiliense. *A Articulação entre Escola e Comunidade do Entorno em um Projeto de Literatura Marginal: Um Olhar Fenomenológico*. Dissertação de Mestrado, Departamento de Psicologia, São Paulo, Pontifícia Universidade Católica de São Paulo, 2011.

CARVALHO SILVA, Luís Carlos. *A Empatia e o Diálogo Judaico-Cristão em Edith Stein*. Dissertação de Mestrado, Departamento de Ciências da Religião, Juiz de Fora, Universidade Federal de Juiz de Fora, 2013.

COELHO, Kátia Gardênia Silva. *A Liberdade na Relação Indivíduo e Comunidade Segundo Edith Stein*. Dissertação de Mestrado, Departamento de Filosofia, Fortaleza, Universidade Estadual do Ceará, 2012.

ANEXO III

COELHO JUNIOR, Achilles Gonçalves. *As Especificidades da Comunidade Religiosa: Pessoa e Comunidade na Obra de Edith Stein*. Dissertação de Mestrado, Departamento de Psicologia Social, Belo Horizonte, Universidade Federal de Minas Gerais, 2006.

DALABENETA, Eduardo. *A Liturgia da Igreja em Edith Stein*. Dissertação de Mestrado, Departamento de Teologia, São Paulo, Pontifícia Universidade Católica de São Paulo, 2013.

DEMARCHI, Luciana. *A Concepção Sobre Ser Humano Para o Discente do Curso de Administração: Aproximações com a Fenomenologia de Edith Stein*. Dissertação de Mestrado, Departamento de Administração, São Bernardo do Campo, Universidade Metodista, 2013.

FARIAS, Moisés Rocha. *A Empatia Como Condição de Possibilidade Para o Agir Ético*. Dissertação de Mestrado, Departamento de Filosofia, Fortaleza, Universidade Estadual do Ceará, 2012.

FERNANDES, Márcio Luiz. *As Vivências de Imigrantes e de seus Descendentes: Análise Fenomenológica das Cartas*. Tese de Doutorado, Departamento de Psicologia, Ribeirão Preto, Universidade de São Paulo, 2007.

KUSANO, Mariana Bar. *A Antropologia de Edith Stein: Entre Deus e a Filosofia*. Dissertação de Mestrado, Departamento de Ciências da Religião, São Paulo, Pontifícia Universidade Católica de São Paulo, 2009.

LAUFER, Albertina. *O Processo de Individuação do Ser Humano: Evidências em Carl Gustav Jung e Edith Stein*. Dissertação de Mestrado, Departamento de Teologia, Curitiba, Pontifícia Universidade Católica do Paraná, 2013.

MENDES, Everaldo. *Existência do Estado em Edith Stein: um Estudo Ontoteológico da Vida Associada*. Dissertação de Mestrado, Departamento de Teologia, Curitiba, Pontifícia Universidade Católica do Paraná, 2013.

NOVINSKY, Ilana Waingort. *Edith Stein (1891-1942) em Busca da Verdade em Tempos Sombrios*. Tese de Doutorado, Departamento de História Social, São Paulo, Universidade de São Paulo, 2012.

OLIVEIRA, André Luiz. *Investigando uma Clínica Originada no Diálogo entre Edith Stein e Donald Winnicott*. Dissertação de Mestrado, Departamento de Psicologia, São Paulo, Universidade de São Paulo, 2013.

PARISE, Maria Cecília Isatto. *As Colorações da Alma na Análise da Pessoa Humana em Edith Stein*. Dissertação de Mestrado, Departamento de Filosofia, Guarulhos, Universidade Federal de São Paulo, 2014.

PERETTI, Clélia. *Edith Stein e as Questões de Gênero: Perspectiva Fenomenológica e Teológica*. Tese de Doutorado. Departamento de Teologia. São Leopoldo: Escola Superior de Teologia, 2009.

POSSANI, Tânia. *A Experiência de "Sentir Com" no Acompanhamento Terapêutico: A Clínica do Acontecimento*. Dissertação de Mestrado, Departamento de Psicologia Clínica, São Paulo, Universidade de São Paulo, 2011.

ROCHA, Magna Celi Mendes da. *Psicologia e Educação em Edith Stein: Fundamentos Antropológicos Para uma Prática Inclusiva*. Tese de Doutorado, Departamento de Psicologia da Educação, São Paulo, Pontifícia Universidade Católica de São Paulo, 2010.

SBERGA, Adair Aparecida. *A Formação da Pessoa em Edith Stein: Contribuição Para a Construção de Itinerários Educativos Para Crianças, Adolescentes e Jovens*. Tese de Doutorado, Departamento de Psicologia, Ribeirão Preto, Universidade de São Paulo, 2013.

162   PESSOA HUMANA E SINGULARIDADE EM EDITH STEIN

SILVA, Nara Helena Lopes Pereira. *Saúde Mental na Estratégia Saúde da Família: Uma Compreensão a partir da Fenomenologia de Edith Stein.* Tese de Doutorado, Departamento de Psicologia, São Paulo, Universidade de São Paulo, 2011.

4. Iniciação Científica

FAUSTINO, Natália Gomes. *Santidade e Humanização: Contribuições de Edith Stein Para a Compreensão e Vivência da Santidade Cristã Hoje.* Iniciação Científica. Departamento de Teologia, Rio de Janeiro, Pontifícia Universidade Católica do Rio de Janeiro/CNPq, 2009.

NUNES, Inaê Proença. *A Fenomenologia da Corporeidade em Edith Stein: Buscando Contribuições Para a Educação Física.* Iniciação Científica. Departamento de Psicologia, Ribeirão Preto, Universidade de São Paulo, 2010.

OTTONI, Giovanna Pereira. *Uma Análise Ontológica da Experiência de Dor em Atletas Lesionados: Contribuições da Fenomenologia de Edith Stein à Psicologia.* Iniciação científica. Departamento de Psicologia, Ribeirão Preto, Universidade de São Paulo/Fapesp, 2013.

PIORNO, Yan. *A Mística na Contemporaneidade: Edith Stein.* Iniciação científica. Departamento de Teologia, Rio de Janeiro, Pontifícia Universidade Católica do Rio de Janeiro/CNPq, 2010.

PONTES, Danilo Cunha. *A Constituição do Ser Humano no Pensamento Fenomenológico de Edith Stein.* Iniciação Científica. Departamento de Filosofia, São João Del Rey, Universidade Federal de São João Del Rey, 2012.

_____. *A Empatia Como Condição e Possibilidade de Conhecimento do Sujeito Psicofísico em Edith Stein.* Iniciação Científica. Departamento de Filosofia, São João Del Rey, Universidade Federal de São João Del Rey, 2013.

ROCHA, Rafael Carneiro. *A Questão do Ser Individual em Tomás de Aquino e Edith Stein.* Iniciação Científica. Departamento de Filosofia, Goiânia, Universidade Federal de Goiás, 2013.

SILVA, Daiana Priscila. *Uma Leitura da obra "O Problema da Empatia" de Edith Stein.* Iniciação Científica. Departamento de Filosofia, Guarulhos, Universidade Federal de São Paulo/CNPq, 2012.

5. Monografias

AZEREDO, Jéferson. *A Concepção de Ser Finito e Ser Eterno em Edith Stein.* Trabalho de Conclusão de Curso, Departamento de Filosofia, Brusque, Centro Universitário de Brusque, 2005.

BARCELOS, D'Artagnan Almeida. *Edith Stein: Da Fenomenologia à Mística.* Trabalho de Conclusão de Curso, Departamento de Filosofia, São João Del Rey, Universidade Federal de São João Del Rey, 2009.

BARRETO, Luiz. *O Conhecimento da Cruz em Edith Stein.* Trabalho de Conclusão de Curso. Departamento de Filosofia, Brusque, Faculdade São Luiz, 2003.

BASTOS, Diego Martins. *O Pensamento Filosófico de Edith Stein: A Presença da Mulher na Filosofia.* Trabalho de Conclusão de Curso, Departamento de Filosofia, Lorena, Centro Universitário Salesiano, 2009.

BAVARESCO, Gilson. *A Concepção de Espírito em Edith Stein: Um Estudo a partir da Obra Der Aufbau der menschlichen Person.* Trabalho de Conclusão

ANEXO III

de Curso. Departamento de Filosofia, Caxias do Sul, Universidade de Caxias do Sul, 2013.

CARMO, Jovane Rosa. *A Empatia em Edith Stein Como Fundamento de uma Ética na Vida Coletiva*. Trabalho de Conclusão de Curso. Departamento de Filosofia, Petrópolis, Universidade Católica de Petrópolis, 2013.

CARVALHO, Ramires Santos Teodoro de. *Análise sobre a Visão de Edith Stein e Paulo Freire sobre a Mulher Educadora*. Trabalho de Conclusão de Curso. Departamento de Pedagogia. Ribeirão Preto, Faculdade Bandeirantes, 2010.

CARVALHO, Virgílio Lima. *A Relação entre Corporeidade e Espiritualidade, Segundo Edith Stein*. 2011. Trabalho de Conclusão de Curso. Departamento de Filosofia, Brusque, Faculdade São Luiz, 2011.

DALABENETA, Eduardo. *Ontologia Teorrelacional: Fundamentos da Experiência de Deus na Relação com o Mundo e com o Outro na Vida de Edith Stein*. Trabalho de Conclusão de Curso. Departamento de Filosofia, Brusque, Faculdade São Luiz, 2002.

DALDOCE JÚNIOR, Dilson Oliveira. *O Problema da Empatia em Edith Stein*. Trabalho de Conclusão de Curso. Departamento de Filosofia, Brusque, Faculdade São Luiz, 2008.

FURIATTI FILHO, Marco Aurélio. *Concepção de Homem em Edith Stein*. Trabalho de Conclusão de Curso. Departamento de Filosofia, Belo Horizonte, Pontifícia Universidade Católica de Minas Gerais, 2000.

GIBELATO, Rodrigo Eduardo. *A Abertura do Ser Humano à Transcendência Segundo Edith Stein*. Trabalho de Conclusão de Curso. Departamento de Filosofia, Brusque, Faculdade São Luiz, 2010.

GOTO, Natália Barreiros Genari. *O Sentido da Escola na Formação Humana: Legado Pedagógico de Edith Stein*. Trabalho de Conclusão de Curso. Departamento de Pedagogia, Belo Horizonte, Pontifícia Universidade Católica de Minas Gerais, 2009.

FAUSTINO, Natália Gomes. *Santidade Cristã Hoje: Uma Reflexão Teológica e o Testemunho de Edith Stein*. Trabalho de Conclusão de Curso. Departamento de Teologia, Rio de Janeiro, Pontifícia Universidade Católica do Rio de Janeiro, 2010.

LEITE, Cynthia. *A Vida e a Obra de Edith Stein – Santa Teresa Benedita da Cruz – À Luz de Sören Kierkegaard*. Monografia de Especialização em Psicologia Clínica, Rio de Janeiro, Instituto de Psicologia Fenomenológico- -Existencial, 2008.

MENDES, Adenilton Reis Pereira. *Edith Stein e a Busca pelo Sentido do Ser: O Itinerário da Existência rumo ao Ser Eterno*. Trabalho de Conclusão de Curso. Departamento de Filosofia, Belo Horizonte, Instituto Santo Tomás de Aquino, 2013.

MORAES, Jonas Carvalho. *A Cruz em Edith Stein*. Trabalho de Conclusão de Curso. Departamento de Teologia, Belo Horizonte, Faculdade Jesuíta, 2011.

RABELO, A.A. *A Concepção de Deus na Obra "Ser Finito e Ser Eterno" de Edith Stein*. Trabalho de Conclusão de Curso. Departamento de Filosofia, Caxias do Sul, Universidade de Caxias do Sul, 2010.

SAMOEL, P.S. Aguilar. *A Formação da Mulher na Filosofia de Edith Stein*. Trabalho de Conclusão de Curso, Departamento de Filosofia, Curitiba, Pontifícia Universidade Católica do Paraná, 2012.

164   PESSOA HUMANA E SINGULARIDADE EM EDITH STEIN

SANTANA, Tiago Vicente. *A Concepção de Corporeidade em Edith Stein*. Trabalho de Conclusão de Curso. Departamento de Filosofia, Brusque, Faculdade São Luiz, 2008.

SILVA, E.E. *Edith Stein: A Formação Humana e o Significado do Trabalho*. Monografia de Especialização. Departamento de Filosofia, Recife, Universidade Federal de Pernambuco, 2010.

SILVA, J. Carvalho da. *A Especificação da Antropologia: Entre Deus e a Filosofia na obra de Edith Stein*. Trabalho de Conclusão de Curso. Departamento de Ciências da Religião, Rio Claro, Faculdades Integradas Claretianas 2012.

TAVARES, Severino. *O Problema da Empatia em Edith Stein*. Monografia de Especialização. Departamento de Filosofia, Rio de Janeiro, Universidade do Estado do Rio de Janeiro, 2005.

VIEIRA, Francisco Reinaldo Franco. *O Desenrolar do Pensamento Filosófico de Edith Stein da Universidade ao Carmelo*. 2001. Trabalho de Conclusão de Curso. Departamento de Filosofia, Lorena, Centro Universitário Assunção, 2001.

VIEIRA, Machado Silva. *Investigações Fenomenológicas em Edith Stein*. Trabalho de Conclusão de Curso. Departamento de Filosofia, Salvador, Faculdade de São Bento da Bahia, 2011.

XAVIER, B. *A Antropologia de Edith Stein*. Trabalho de Conclusão de Curso. Departamento de Filosofia, Belo Horizonte, Pontifícia Universidade Católica de Minas Gerais, 2001.

ZANINI, Flávia Emília. *A Filosofia Feminista de Edith Stein*. Trabalho de Conclusão de Curso. Departamento de Filosofia, Piracicaba, Universidade Metodista, 2001.

6. Artigos e Capítulos de Livros

Não se mencionam aqui os vários artigos que compõem a coletânea *Edith Stein e a Psicologia: Teoria e Pesquisa*, organizado por Miguel Mahfoud e Marina Massimi, mas o leitor consultará com grande proveito esse volume, que conta com textos de, entre outras áreas, filosofia, psicologia e educação, escritos não apenas por pesquisadores graduandos e pós-graduandos, mas também por professores como Cristiano Barreira (USP de Ribeirão Preto), Paulo Coelho Castelo Branco (UFBA), Sávio Passafaro Peres (PUC-SP), entre outros.

ALBUQUERQUE, Hélio. Judaísmo e Cristianismo em Edith Stein. *Coletânea*. Rio de Janeiro, v. 2, n. 4, 2003.

ANTÚNEZ, Andrés Eduardo Aguirre. A Clínica Psicológica Refletida a partir de Edith Stein: Humanologia. *Kairós*. Fortaleza, v. 8/2, jul-dez, 2011.

_____. A Corporeidade na Fenomenologia de Edith Stein. In: LANGE, E.S. Neves; TARDIVO, L.S.P. Cury (orgs.). *Corpo, Alteridade e Sintoma: Diversidade e Compreensão*. São Paulo: Vetor, 2011.

BINGEMER, Maria Clara Lucchetti. Edith Stein, Profetisa do Amor Inclusivo. In: BINGEMER, Maria Clara Lucchetti; YUNES, Eliane (orgs.). *Profetas e Profecias*. São Paulo: Loyola, 2002.

FAITANIN, Paulo Sérgio. A Individuação da Pessoa em Edith Stein: O Legado de Husserl e de Tomás de Aquino. In: *Coletânea*. Rio de Janeiro, v. 2, n. 4, 2003.

ANEXO III

FERNANDES, Márcio Luiz. As Reflexões de Conrad-Martius e Edith Stein sobre as Ciências Humanas e as Ciências da Natureza. In: SANCHES, M.A. (org.). *Criação e Evolução: Diálogo entre Teologia e Biologia.* São Paulo: Ave Maria, 2013.

FONTES, André Ricardo Cruz. A Fenomenologia do Direito de Edith Stein. *Caderno de Fenomenologia e Direito.* Rio de Janeiro, v. 1, 2010.

GRZIBOWSKI, Silvestre; MASLOWSKI, A.A. Fenomenologia em Edith Stein: A Questão da Empatia. In: BIELOHOUBEK, I. (org.). *Interlocução de Saberes.* Santo Ângelo: Furi, 2013. V. 9.

GYRÃO, Maria Lúcia Sales et al. Direitos Humanos e Cidadania: Edith Stein. *Revista da Faculdade de Direito Cândido Mendes.* Rio de Janeiro, a. 16, 2011.

JOSGRILBERG, Rui Souza. Vivência Filosófica e Espiritualidade Cristã em Edith Stein. *Notandum* (USP). São Paulo, v. 16, 2013.

MAGALHÃES, Francisco Lisboa. A Concepção de Estado no Pensamento de Edith Stein. *Kairós.* Fortaleza, v. 8/2, jul/dez, 2011.

MAHFOUD, Miguel. Centro Pessoal e Núcleo Comunitário Segundo Edith Stein: Indicações Para Estudo Sobre Família. In: MOREIRA, Lúcia; CARVALHO, Ana Maria Almeida (orgs). *Família, Subjetividade, Vínculos.* São Paulo: Paulinas, 2007.

_____. Unidade da Pessoa Segundo Edith Stein: Contribuições à Educação Para a Nutrição. *Psicologia USP.* São Paulo, v. 19, n. 4, dez. 2008.

MAHFOUD, Miguel; GASPAR, Y.E. Pessoa em Ação: Um Percurso a Partir das Elaborações de Stein e Wojtyla. *Memorandum.* Belo Horizonte, v. 17, 2009.

MARTINS, Antonio Henrique Campolina. Da Monstração Fenomenológica à Demonstração Lógica (Apresentando Edith Stein). In: DREHER, L.H. (org.). *A Essência Manifesta: A Fenomenologia nos Estudos Interdisciplinares da Religião.* Juiz de Fora: Editora da UFJF, 2003.

MATTHIAS, Ursula Anne; FARIAS, Moisés Rocha. A Alma Feminina na Obra "A Mulher" de Edith Stein. *Revista de Filosofia do Mestrado Acadêmico em Filosofia da Universidade Estadual do Ceará.* Fortaleza, v. 3, n.6, 2006.

MENDES, Everaldo Santos. A Noção de Estado em Edith Stein. In: VV.AA. *Direito Canônico: Coletânea de Artigos.* Belo Horizonte: Pontifícia Universidade Católica de Minas Gerais, 2011.

_____. Psicologia Existencial Fenomenológica e Mística: Um Estudo da "Existência" Humana em Edith Stein. *Kairós.* Fortaleza, v. 8/2, 2011.

MENDONÇA, Terezinha Estarque. Madre Tereza de Calcutá e Edith Stein: Duas Mulheres, Um Mesmo Amor. In: BINGEMER, Maria Clara Lucchetti; YUNES, Eliane (orgs.). *Profetas e Profecias.* São Paulo: Loyola, 2002.

MODERNO, João Ricardo Carneiro. Edith Stein: Teoria Filosófica do Estado. *Carta Mensal.* Brasília, v. 703, 2013.

_____. Teoria do Estado e Liberdade Econômica em Edith Stein. In: CARVALHO, P. Barros. *Derivação e Positivação no Direito Tributário.* São Paulo, Noeses, 2013.

PONZILACQUA, M.H. PEREIRA. Intersubjetividade e Direito no Século XXI: A Contribuição de Simone Weil e Edith Stein. In: FURLAN, V.C. Pereira (org.). *Sujeito no Direito: História e Perspectivas Para o Século XXI.* Curitiba: CRV, 2013.

PERETTI, Clélia. A Mulher no Contexto Histórico Contemporâneo de Edith Stein. *Relegens Threskeia: Estudos e Pesquisa em Religião.* Curitiba, v. 2, n. 2, 2013.

_____. Gênero: Perspectivas Antropológicas e Fenomenológicas em Edith Stein. *Estudos Teológicos.* São Leopoldo, v. 50, n. 1, 2010.

166   PESSOA HUMANA E SINGULARIDADE EM EDITH STEIN

_____. Pedagogia da Empatia e o Diálogo com as Ciências Humanas em Edith Stein. *Revista da Abordagem Gestáltica*. Goiânia, v. 16, n. 2, jul/dez, 2010.

_____. Perspectivas Fenomenológicas e Teológicas das Questões de Gênero em Edith Stein. *Kairós*. Fortaleza, v. 8/2, jul/dez, 2011.

ROMANO, Rita de Cássia Vieira Gomes. O Estado sob uma Perspectiva Fenomenológica: uma Leitura de Edith Stein. *Cadernos da EMARF: Fenomenologia e Direito*. Rio de Janeiro, v. 2, out. 2009/mar. 2010.

SANTOS, Gilfranco Lucena. Motivação e Liberdade: A Superação do Determinismo Psicofísico na Investigação Fenomenológica de Edith Stein. *Kairós*. Fortaleza, v. 8, 2011.

_____. Edith Stein: Uma Filósofa no Século XX. *Minerva*. Recife, a. V, n. 15, 2000.

SANTOS, Maria Célia dos. O Envolvimento do Ser Infinito no Ser Finito: Uma Abordagem sobre o Sentido do Ser em Edith Stein. *Kairós*. Fortaleza, v. 8/2, jul/dez, 2011.

SAVIAN FILHO, Juvenal. Experiência Mística e Filosofia em Edith Stein. *Agnes: Cadernos de Pesquisa em Teoria da Religião*. São Paulo, Pontifícia Universidade Católica de São Paulo, n. 6, 2007.

_____. Experiência Mística e Filosofia em Edith Stein (versão revista e ampliada). *Kairós*. Fortaleza, v. 8/2, jul/dez, 2011.

_____. Idealismo e Realismo em Edith Stein. *Revista de Filosofia São Boaventura*. Curitiba: Instituto de Filosofia São Boaventura, v. 6, n. 2, 2014.

_____. Sentido e Possibilidade de uma Filosofia Cristã Segundo Edith Stein. *Coletânea*. Rio de Janeiro, a. 2, fasc. 4, 2003.

_____. *Fé e Razão: Uma Questão Atual?* São Paulo: Loyola, 2005.

SILVA, Nara Helena Lopes Pereira; CARDOSO, Carmen Lúcia. Contribuições da Fenomenologia de Edith Stein Para a Atuação do Psicólogo nos Núcleos de Apoio à Saúde da Família (NASF). *Revista Latinoamericana de Psicopatologia Fundamental*. São Paulo, v. 16, n. 2, jun., 2013.

SILVA, Ursula Rosa. Intersubjetividade e Empatia no Olhar de Edith Stein. In: SILVA, U.R. et al. (orgs.). *Gênero, Arte e Memória: Ensaios Interdisciplinares*. Pelotas: Editora da UFPEL, 2009.

SOARES, Marly Carvalho. A Especificidade do Ser Feminino no Pensamento de Edith Stein. *Kairós*. Fortaleza, v. 8/2, jul/dez, 2011.

SOLON, A.M. A Fenomenologia do Estado, Direito e Religião Segundo Edith Stein. *Ciências da Religião – História e Sociedade*. São Paulo, v. 4, n. 1, 2006

_____. Estado, Direito e Religião no Pensamento de Edith Stein. In: VV.AA *Direito, Ciência e Arte*. Campinas: Edicamp, 2001.

SOUSA, Maria Celeste de. A Relação Fundamental Entre Indivíduo e Sociedade em Edith Stein. *Kairós*. Fortaleza, v. 8/2, jul/dez, 2011.

SZYMANSKI, Heloísa; CARNEIRO, Suzana Filizola Brasiliense. A Contribuição da Fenomenologia de Edith Stein Para a Compreensão de um Projeto Educativo Que Articula Escola e Bairro. *Memorandum*. Belo Horizonte, v. 23, 2012.

VARGAS, Carlos Eduardo de C. A Clarificação Fenomenológica de Edith Stein Ponte Epistemológica entre a Antropologia Filosófica e a Teologia Simbólica. *Interações: Cultura e Comunidade*. Uberlândia, v. 7, n. 12, jul/dez 2012

ANEXO III

7. TEXTOS ON-LINE

Entre outros recursos *on-line*, há vários vídeos com apresentações de Angela Ales Bello no Brasil, com tradução simultânea da Prof.ª Dra. Ir. Jacinta Turollo Garcia, além do minicurso ministrado por Francesco Alfieri (origem deste livro) e vários outros tipos de vídeos. Uma pesquisa rápida, por meio dos motores de busca à disposição na *web*, permite encontrar com facilidade essas apresentações. Também merecem especial menção aqui os vários cursos sobre Edith Stein ministrados por Gilberto Safra, do Instituto de Psicologia da USP, e disponibilizados em DVD pelas Edições Sobornost. Há também o DVD produzido pela Nato4Motion, com uma apresentação de Edith Stein feita por Maria Clara L. Bingemer.

ALES BELLO, Angela. A Questão do Sujeito Humano: Edmund Husserl e Edith Stein. *Sociedade de Estudos e Pesquisa Qualitativos*. Disponível em: < http:// www.sepq.org.br/IVsipeq/anais/artigos/119.pdf>. Acesso em: 8 abr. 2014.

_____. Teologia Negativa, Mística, Hilética Fenomenológica: A Propósito de Edith Stein. *Memorandum*. Belo Horizonte, out. 2012. Disponível em: <http://www.academia.edu/2006952/Teologia_negativa_mistica_hiletica_fenomenologica_a_proposito_de_edith_stein>. Acesso em: 8 abr. 2014.

AZEREDO, Jeferson Luís. Edith Stein: Concepções de Ser Finito e Ser Eterno, Significados e Manifestações. *Caminhando, v. 16, n. 2*. São Paulo, jul-dez. 2011. Disponível em: <http://www.metodista.br/revistas/revistas-metodista/index.php/CA/article/viewArticle/4013>. Acesso em: 11 mar. 2014.

BARREIRA, Cristiano. A Alteridade Subtraída: O Esvaziamento do Outro no Karatê e na Redução Fenomenológica. *Mnemosine*. Disponível em: <http://mnemosine.com.br/ojs/index.php/mnemosine/article/view/94>. Acesso em: 9 abr. 2014.

BOFF, Clodovis. Quando a "Questão da Mulher" é Bem Colocada. *Pistis Praxis*. Disponível em: <http://www2.pucpr.br/reol/index.php/pistis?dd99=pdf&dd1=6043>. Acesso em 9 abr. 2014.

BRAGA, Marta. Edith Stein: Como Ouro Purificado pelo Fogo. *Aquinate*. Disponível em: <http://www.aquinate.net/portal/Tomismo/Tomistas/santa--edith-stein.php>. Acesso em: 9 abr. 2014.

CARDOSO, Carolina de Resende Damas; MASSIMI, Marina. Contribuições de Edith Stein Para a Fundamentação da Psicologia Clínica. *Psicologia em Pesquisa*. Universidade Federal de Juiz de Fora. Disponível em: <http://www.ufjf.br/psicologiaempesquisa/files/2013/12/v7n2a06.pdf> Acesso em: 9 abr. 2014.

CARNEIRO, Suzana Filizola Brasiliense. Vivência Comunitária em Edith Stein. *Kairós*. Disponível em: <http://www.catolicadefortaleza.edu.br/wp-content/uploads/2013/12/08-Suzana-Filizola-Viv%C3%AAncia-comunit%C3%A1ria-em-Edith-Stein-ok-pags.-271-a-288.pdf>. Acesso em: 9 abr. de 2014.

CAVALLARI, Marcelo Musa. Uma Vida Filosófica. *Dicta & Contradicta*. Disponível em: <http://www.dicta.com.br/edicoes/edicao-4/uma-vida-filosofica>. Acesso em: 9 abr. 2014.

168   PESSOA HUMANA E SINGULARIDADE EM EDITH STEIN

COURTINE-DENAMY, Sylvie. Arendt e o Imperativo de Estar Presente (Sobre Hannah Arendt, Edith Stein e Simone Weil). *Revista IHU on line*. Disponível em: <http://www.ihuonline.unisinos.br/index.php?option=com_con tent&view=article&id=624&secao=206>. Acesso em: 9 abr. 2014.

COURTOIS, Renê. Edith Stein, Filha de Israel. *Quadrante*. Disponível em: <http://www.quadrante.com.br/artigos_detalhes.asp?id=141&cat=1>. Acesso em: 9 de abr. 2014. Extraído de LELOTTE, F. *Convertidos do Século XX*. Rio de Janeiro: Agir, 1960.

DALABENETA, Eduardo. Uma Mulher nas Entrelinhas do Concílio: Análise de um Fragmento Eclesiológico de Edith Stein. *Atualidade Teológica* (PUC-RJ). Disponível em: <http://www.maxwell.lambda.ele.puc-rio.br/20483/20483. PDFXXvmi>. Acesso em: 9 abr. 2014.

GUERRA FILHO, Willis Santiago. A Empatia em Edith Stein. *Instituto dos Advogados Brasileiros*. Disponível em: <http://www.iabnacional.org.br/article. php3?id_article=1645> Acesso em: 8 abr. 2014.

MANCINI, Cláudia. Edith Stein e o Segredo do Natal. *Libertà e persona*. Disponível em: <http://www.aleteia.org/pt/estilo-de-vida/noticias/edith-stein--e-o-segredo-do-natal-5282485638266880>. Acesso em: 9 abr. 2014.

MAHFOUD, Miguel. Formação da Pessoa e Caminho Humano: Edith Stein e Martin Buber. *Memorandum*, 8, Belo Horizonte, 2005. Disponível em: <http://www.fafich.ufmg.br/~memorandum/artigos08/mahfoud02.htm>. Acesso em: 8 abr. 2014.

_____. Unidade da Pessoa Segundo Edith Stein: Contribuições à Educação Para a Nutrição. *Psicologia USP*. Disponível em: <http://www.redalyc.org/ pdf/3051/305123730003.pdf>. Acesso em: 9 abr. 2014.

PEDRA, José Alberto. O Significado do Trabalho Para Edith Stein. *XIX Congresso da Ordem dos Carmelitas Descalços Seculares*. Disponível em: <http://oscd. blogspot.com.br/2008/08/significado-do-trabalho-para-edith.html>. Acesso em: 9 abr. 2014.

PERETTI, Clélia. A Mulher no Contexto Histórico Contemporâneo de Edith Stein. *Relegens Threskeia*. Disponível em: <http://ojs.c3sl.ufpr.br/ojs/index. php/relegens/article/view/35567/21960>. Acesso em: 9 abr. 2014.

RAVAZZANO, Pedro. A Razão Sobrenatural em John Henry Newman e Edith Stein. *Centro Interdisciplinar de Ética e Economia Personalista*. Disponível em: <http://www.cieep.org.br/?page=2&content=7&id=81>. Acesso em: 9 abr. 2014.

SANTOS, Gilfranco Lucena. Motivação e Liberdade: A Superação do Determinismo Psicofísico na Investigação Fenomenologia de Edith Stein. *Kairós*. Disponível em <http://www.catolicadefortaleza.edu.br/wp-content/uplo ads/2013/12/ 04-Gilfranco-Lucena-Motiva%C3%A7%C3%A30-e-Liberdade -E.-Stein-ok-pags.-216-a-234.pdf>. Acesso em: 9 abr. 2014.

SANTOS, Ivanaldo. O Tomismo Fenomenológico de Edith Stein. *Notandum* v. 30. Porto. Disponível em: <http://www.hottopos.com/notand30/101 -107Ivanaldo.pdf>. Acesso em: 8 abr. 2014.

SILVA, Adson Manoel Bulhões. O Papel da Mulher na Sociedade Moderna n Concepção de Edith Stein. *Estação*. Disponível em: <http://www.fpa.ed br/wp-content/uploads/2013/01/REVISTA-ESTA%C3%87%C3%83O-ANO-I -N%C3%9AMERO-I.pdf>. Acesso em: 9 abr. 2014.

ANEXO III 169

SAVIAN FILHO, Juvenal. Para Edith Stein, o Indivíduo é Dotado de Dignidade Inegociável. *Zenit*. Brasília, 07 out. 2013. Disponível em: <http://www. zenit.org/pt/articles/para-edith-stein-a-pessoa-e-um-individuo-dotado--de-uma-dignidade-inegociavel>. Acesso em: 8 abr. 2014.

_____. Edith Stein e a Psicologia: Teoria e Pesquisa. *Zenit*. São Paulo, 29 nov. 2013. Disponível em: <http://www.zenit.org/pt/articles/edith-stein-e-a--psicologia-teoria-e-pesquisa>. Acesso em: 8 abr. 2014.

SOLON, Ari Marcelo. Fenomenologia do Estado, Direito e Religião em Edith Stein. In: *Ciências da Religião: História e Sociedade*. Disponível em: <http:// www.ufjf.br/psicologiaempesquisa/files/2013/12/v7n2a06.pdf>. Acesso em: 8 abr. 2014.

VAN BREDA, Herman Leo; BOEHM, Rudolf. O Arquivo de Husserl em Lovaina. *Revista Portuguesa de Filosofia*. Disponível em: <http://www.jstor.org/dis cover/10.2307/40333505?uid=2&uid=4&sid=21103640062171>. Acesso em: 9 abr. 2014.

VARGAS, Carlos Eduardo. A Clarificação Fenomenológica de Edith Stein. *Interações: Cultura e Comunidade*. Disponível em: <http://periodicos.pucminas. br/index.php/interacoes/article/view/6150/5704>. Acesso em: 9 abr. 2014.

VITALE, G. Quatro Mulheres Judias Diante do Mal: Simone Weil, Edith Stein, Hannah Arendt e Etty Hilesum. *L'osservatore romano*. Disponível em: <http://www.osservatoreromano.va/pt/news/quatro-mulheres-judias--diante-do-mal#.UoVPxvldXlY>. Acesso em: 9 abr. 2014.

8. Tradução Espanhola DAS Obras Completas DE Edith Stein

Como à maioria do público brasileiro a língua espanhola é mais acessível do que o alemão, o francês, o inglês e o italiano, citamos aqui a edição Monte Carmelo da tradução espanhola das *Obras Completas de Edith Stein*, lembrando, porém, aos iniciantes que um trabalho acadêmico rigoroso sobre o pensamento steiniano requer frequentar a edição alemã, inclusive porque todas as traduções feitas até agora em todas as línguas contêm erros que comprometem o sentido original do texto de Edith Stein.

STEIN, E. *Obras Completas, v. 1: Escritos Autobiográficos y Cartas*. Traduzidos do alemão por Jesús García Rojo; Ezequiel García Rojo; Francisco Javier Sancho Fermín; Constantino Ruiz-Garrido. Vitoria: El Carmen / Madrid: Espiritualidad / Burgos: Monte Carmelo, 2002.

_____. *Obras Completas, v. 2: Escritos Filosóficos: Etapa Fenomenológica (1915– 1920)*. Trad. Constantino Ruiz Garrido; José Luis Caballero Bono. Vitoria: El Carmen / Madrid: Espiritualidad / Burgos: Monte Carmelo, 2005.

_____. *Obras Completas, v. 3: Escritos Filosóficos: Etapa de Pensamento Cristiano (1921–1936)*. Trad. Alberto Pérez; José Mardomingo; Constantino Ruiz Garrido. Vitoria: El Carmen / Madrid: Espiritualidad / Burgos: Monte Carmelo, 2007.

_____. *Obras Completas, v. 4: Escritos Antropológicos y Pedagógicos: Magisterio de Vida Cristiana (1926–1933)*. Trad. Francisco Javier Sancho; José

170   PESSOA HUMANA E SINGULARIDADE EM EDITH STEIN

Mardomingo; Constantino Ruiz Garrido; Carlos Díaz; Alberto Pérez; Gerlinde Follrich de Aginaga. Vitoria: El Carmen / Madrid: Espiritualidad / Burgos: Monte Carmelo, 2003.

_____. *Obras Completas, v. 5: Escritos Espirituales*. Trad. Francisco Javier Sancho; Julen Urkiza. Vitoria: El Carmen / Madrid: Espiritualidad / Burgos: Monte Carmelo, 2004.

9. Exposições de Conjunto do Pensamento de Edith Stein

Infelizmente, não dispomos ainda, em língua portuguesa, de uma apresentação de conjunto academicamente satisfatória sobre o pensamento de Edith Stein. Indicamos, aqui, três títulos já clássicos, em língua estrangeira, que são os melhores a cumprir essa função:

GUILEAD, Reuben. *De la phénoménologie à la science de la croix*. Paris/Louvain: Nauwelaerts, 1974.

MACINTYRE, Alasdair. *Edith Stein: A Philosophical Prologue (1913-1922)*. Nova York: Rowman & Littlefield, 2005.

SHARKEY, Sarah Borden. *Edith Stein*. New York: Continuum, 2004.

10. Bibliografia Steiniana no Mundo

Para o registro da maior parte da bibliografia steiniana mundial, publicada entre 1942 e 2012 (salvo teses, dissertações e monografias), consultar:

ALFIERI, Francesco. *Die Rezeption Edith Steins: Internationale Edith–Stein–Bibliographie (1942–2012)*. Festgabe für M. Amata Neyer OCD, Sondernummer des Edith Stein Jahrbuches. Würzburg: Echter Verlag GmbH, 2012.

Bibliografia

1. TABELA DE CORRESPONDÊNCIAS

Para facilitar a consulta do leitor iniciante, traduzimos no quadro abaixo os títulos das obras de Edith Stein citadas neste livro.

Título em alemão	Título traduzido
...us dem Leben einer jüdischen Familie und ...itere autobiographische Beiträge	Da Vida de uma Família Judia
...iträge zur philosophischen Begründung der ...ychologie und der Geisteswissenschaften	Contribuições para a Fundamentação Filosófica da Psicologia e das Ciências do Espírito
...r Aufbau der menschlichen Person	A Estrutura da Pessoa Humana
...e Frau	A Mulher
...ıe Untersuchung über den Staat	Uma Investigação sobre o Estado
...ıführung in die Philosophie	Introdução à Filosofia
...dliches und ewiges Sein	Ser Finito e Ser Eterno
...euzeswissenschaft	A Ciência da Cruz
...enz und Akt	Potência e Ato
...s ist der Mensch	O que é o Homem
...s ist Philosophie? Ein Gespräch zwischen ...ınund Husserl und Thomas von Aquino	O que é filosofia? Uma conversa entre Edmund Husserl e Tomás de Aquino
...t und Person	Mundo e Pessoa
...n Problem der Einfühlung	O Problema da Empatia

172 PESSOA HUMANA E SINGULARIDADE EM EDITH STEIN

2. OBRAS DE EDITH STEIN

Edição "Edith Steins Werke" (ESW)

Kreuzeswissenschaft: Studie über Johannes a Cruce. ESW 1. Louvain/Freiburg/
Basel/Wien: Herder, 1983.
Endliches und ewiges Sein: Versuch eines Aufstiegs zum Sinn des Seins. ESW 2.
Louvain/Freiburg/Basel/Wien: Herder, 1950.
Der Hl. Thomas von Aquin Untersuchungen über die Wahrheit. ESW 3-4. Louvain/
Freiburg/Basel/Wien: Herder, 1952 e 1955.
Die Frau: Ihre Aufgabe nach Natur und Gnade. ESW 5. Louvain/Freiburg/Basel/
Wien: Herder, 1959.
Welt und Person: Beitrag zum christlichen Wahrheitsstreben. ESW 6. Louvain/
Freiburg/Basel/Wien: Herder, 1962.
*Aus dem Leben einer jüdischen Familie: Das Leben Edith Steins. Kindheit und
Jugend.* ESW 7. Louvain/Freiburg/Basel/Wien: Herder, 1987.
Selbstbildnis in Briefen: Erster Teil 1916-1933. ESW 8. Louvain/Freiburg/Basel/
Wien: Herder, 1998.
Selbstbildnis in Briefen: Zweiter Teil 1934-1942. ESW 9. Louvain/Freiburg/Basel/
Wien: Herder, 1976.
Heilim Unheil: Das Leben Edith Steins. Reife und Vollendung. ESW 10. Louvain/
Freiburg/Basel/Wien: Herder, 1983.
Verborgenes Leben: Hagiographisch Essays. Meditationen. ESW 11. Louvain/Frei-
burg/Basel/Wien: Herder, 1987.
Ganzheitliches Leben: Schriften zur religiösen Bildung. ESW 12. Louvain/Freiburg/
Basel/Wien: Herder, 1990.
Einführung in die Philosophie. ESW 13. Louvain/Freiburg/Basel/Wien: Herder,
1991.
Briefe an Roman Ingarden 1917-1938. ESW 14. Louvain/Freiburg/Basel/Wien: Herder,
1991.
Erkenntnis und Glaube. ESW 15. Louvain/Freiburg/Basel/Wien: Herder, 1993.
Der Aufbau der menschlichen Person. ESW 16. Louvain/Freiburg/Basel/Wien: Her-
der, 1994.
Was ist der Mensch? Eine theologische Anthropologie. ESW 17. Louvain/Freiburg/
Basel/Wien: Herder, 1994.
Potenz und Akt: Studien zu einer Philosophie des Seins. ESW 18. Louvain/Frei-
burg/Basel/Wien: Herder, 1998.

Edição "Edith Stein Gesamtausgabe" (ESGA)

Aus dem Leben einer jüdischen Familie und weitere autobiographische Beiträge.
ESGA 1. Freiburg/Basel/Wien: Herder, 2002.
Selbstbildnis in Briefen I: 1916-1933. ESGA 2. Freiburg/Basel/Wien: Herder, 2000
Selbstbildnis in Briefen II: 1933-1942. ESGA 3. Freiburg/Basel/Wien: Herder, 2006
Selbstbildnis in Briefen III: Briefe an Roman Ingarden. ESGA 4. Freiburg/Basel/
Wien: Herder, 2001.
Zum Problem der Einfühlung. ESGA 5. Freiburg/Basel/Wien: Herder, 2008.

Beiträge zur philosophischen Begründung der Psychologie und der Geisteswissenschaften. ESGA 6. Freiburg/Basel/Wien: Herder, 2010.

Eine Untersuchung Über den Staat. ESGA 7. Freiburg/Basel/Wien: Herder, 2006.

Einführung in die Philosophie. ESGA 8. Freiburg/Basel/Wien: Herder, 2004.

Beiträge zur Phänomenologie und Ontologie. ESGA 9. Freiburg/Basel/Wien: Herder, 2014.

Potenz und Akt: Studien zu einer Philosophie des Seins. ESGA 10. Freiburg/Basel/Wien: Herder, 2005.

Endliches und Ewiges Sein: Versuch eines Aufstieg zum Sinn des Seins. ESGA 11-12. Freiburg/Basel/Wien: Herder, 2006.

Die Frau: Fragestellung und Reflexionen. ESGA 13. Freiburg/Basel/Wien: Herder, 2000.

Der Aufbau der menschlichen Person: Vorlesung zur philosophischen Anthropologie. ESGA 14. Freiburg/Basel/Wien: Herder, 2004.

Was ist der Mensch? Theologische Anthropologie. ESGA 15. Freiburg/Basel/Wien: Herder, 2005.

Bildung und Entfaltung der Individualität: Beiträge zum christlichen Erziehungsauftrag. ESGA 16. Freiburg/Basel/Wien: Herder, 2001.

Wege der Gotteserkenntnis: Studie zu Dionysius Areopagita und Übersetzung seiner Werke. ESGA 17. Freiburg/Basel/Wien: Herder, 2007².

Kreuzeswissenschaft: Studie über Johannes vom Kreuz. ESGA 18. Freiburg/Basel/Wien: Herder, 2013

Geistliche Texte I: Eingeführt und bearbeitet von Ulrich Dobhan. ESGA 19. Freiburg/Basel/Wien: Herder, 2009.

Geistliche Texte II. ESGA 20. Freiburg/Basel/Wien: Herder, 2007.

Übersetsungen von John Henry Newman: Die Idee der Universität. ESGA 21. Freiburg/Basel/Wien: Herder, 2004.

Übersetzung von John Henry Newman: Briefe und Texte zur ersten Lebenshälfte (1801-1846). ESGA 22. Freiburg/Basel/Wien: Herder, 2009.

Übersetzung: Des Hl. Thomas von Aquino Untersuchungen über die Wahrheit: Quaestiones disputatae de veritate 1. ESGA 23. Freiburg/Basel/Wien: Herder, 2008.

Übersetzung: Des Hl. Thomas von Aquino Untersuchungen über die Wahrheit. Quaestiones disputatae de veritate 2. ESGA 24. Freiburg/Basel/Wien: Herder, 2008.

Übersetzung von Alexandre Koyré: Descartes und die Scholastik. ESGA 25. Freiburg/Basel/Wien: Herder, 2005. (Co-autoria de Hedwig Conrad-Martius).

Übersetzung: Thomas von Aquin, Über das Seiende und das Wesen. De ente et essentia: mit den Roland-Gosselin-Exzerpten. ESGA 26. Freiburg/Basel/Wien: Herder, 2010.

Miscellanea thomistica: Übersetzungen. Abbreviationen. Exzerpte aus Werken des Thomas von Aquin und der Forschungsliteratur. ESGA 27. Freiburg/Basel/Wien: Herder, 2013.

174 PESSOA HUMANA E SINGULARIDADE EM EDITH STEIN

Outras edições das obras consultadas de Edith Stein (por ordem cronológica)

Mein erstes Göttinger Semester: Nümberger Liebhaberausgaben. Heroldsberg: Glock u. Lutz, 1979.

Das Weihnachtsgeheimnis. Bonn: Borromäusvereins; Frankfurt am Main: G. Kaffke, 1978.

Wege zur inneren Stille. Frankfurt am Main: G. Kaffke, 1975.

Teresa von Avila. Frankfurt am Main: G. Kaffke, 1975.

Gedichte und Gebete aus dem Nachlass. Frankfurt am Main: G. Kaffke, 1975.

Beiträge zur philosophischen Begründung der Psychologie und der Geisteswissenschaften. In: *Jahrbuch für Philosophie und phänomenologische Forschung*, v. V. Halle / Tübingen: Max Niemeyer, 1970.

Briefausiese 1917-1942: Mit einem Dokumentenanhang zu ihrem Tode. Edição do Kloster der Karmelitinnen Maria Von Frieden Köln. Freiburg: Herder, 1967.

Sancta discretio. In: *Erbe und Auftrag*. Beuron: 1962. [s.n.]

Briefe an Conrad-Martius mit einem Essay über Edith Stein. H. Conrad-Martius (ed.); München: Kösel, 1960.

Das Gebet der Kirche. Paderborn: Bonifacius-Druckerei, 1937.

Theresia von Jesus. Costanza: Kanisius, 1934.

La Phénoménologie. In: *Journée de la Société Thomiste*, 1932, Juvisy. Paris: Cerf, 1932.

Das Ethos der Frauenberufe. Augusta: Haas und Grabherr, 1931.

Der Intellekt und die Intellektuellen. In: *Das Heilige Feuer*. Frankfurt am Main: G. Kaffke, 1978.

Husserls Phänomenologie und die Philosophie des heiligen Thomas von Aquino: Versuch einer Gegenüberstellung. In: *Festschrift Edmund Husserl zum 70 Geburtstag: Jahrbuch für Philosophie und Phänomenologische Forschung. Ergänzungsheft*. Tübingen: Max Niemeyer, 1929.

Eine Untersuchung über den Staat. In: *Jahrbuch für Philosophie und phänomenologische Forschung*, v. 7. Halle/Tübingen: Max Niemeyer, 1925.

Zum Problem der Einfühlung. Halle: Buchdruckerei des Waisenhauses, 1917.

Consultas a obras de Edith Stein em outros idiomas:

Correspondance (1917-1933), v. 1. Trad. Cécile Rastoin. Paris: Ad Solem/Cerf/Carmel, 2009.

Introduzione alla filosofia. Trad. Anna Maria Pezzella. Roma: Città Nuova, 2001.

Il castello dell'anima: Riflessioni sul Castello Interiore di S. Teresa d'Avila. Firenze: OCD, 1981.

3. OUTRAS OBRAS

GOTO, Tommy Akira. *Introdução à Psicologia Fenomenológica de Edmund Husserl*. São Paulo: Paulus, 2008.

ALES BELLO, Angela. Il "singolo" e il suo volto. In: VINCI, Daniele. *Il volto ne pensiero contemporaneo*. Trapani: Il Pozzo di Giacobbe, 2010.

BIBLIOGRAFIA   175

_____. *Introdução à Fenomenologia*. Trad. Jacinta Turolo Garcia e Miguel Mahfoud. Bauru, São Paulo: Edusc, 2006.

_____. *L'universo nella coscienza: Introduzione alla fenomenologia di Edmund Husserl, Edith Stein, Hedwig Conrad-Martius*. Pisa: ETS, 2003.

_____. Persona. In: Istituto della Enciclopedia Italiana. *Enciclopedia del corpo*. Roma: Treccani, 2000.

_____. Status quaestionis. In: ALES BELLO, Angela; MANGANARO, Patrizia (eds.), *...E la coscienza? Fenomenologia, psicopatologia, neuroscienze*. Bari: Laterza, 2012.

ALES BELLO, Angela; ALFIERI, Francesco; SHAHID, Mobeen (orgs.). *Edith Stein – Hedwig Conrad-Martius: Fenomenologia, metafisica, scienze*. Bari: Laterza, 2010.

ALFIERI, Francesco. *Die Rezeption Edith Steins: Internationale Edith-Stein-Bibliographie (1942-2012)*. Festgabe für Maria Amata Neyer, OCD. Würzburg: Echter, 2012. (Sondernummer des Edith Stein Jahrbuches).

_____. *La presenza di Duns Scoto nel pensiero di Edith Stein: La questione dell'individualità*. Prólogo de H.-B. Gerl-Falkovitz, prefácio de A. Ales Bello, posfácio de G. D'Onofrio. Brescia: Morcelliana, 2014.

ARENDT, Hannah. *La banalità del male: Eichmann a Gerusalemme*. Trad. Pietro Bernardini. Milano: Feltrinelli, 2007.

ARISTÓTELES, *Metaphysica (Translatio media)*. Edição de G. Vuillemin-Diem. Leiden: E.J. Brill, 1976.

_____. *Metafísica*. Trad. Leonel Vallandro. Porto Alegre: Globo, 1960.

BEDOS-REZAK, Brigitte Miriam; IOGNA-PRAT, Dominique (orgs.). *L'Individu au Moyen-Âge: Individuation et individualité avant la Modernité*. Paris: Aubier, 2005.

BOÉCIO. *De consolatione philosophiae & Opuscula theologica*. Edição de Claudio Moreschini. Leipzig: K.G. Saur, 2000.

_____. *Escritos (Opuscula sacra)*. Trad. Juvenal Savian Filho. São Paulo: Martins Fontes, 2005.

BONO, José Luís Caballero. *Edith Stein (1891-1942)*. Madri: Ediciones del Orto, 2001.

BORDEN SHARKEY, Sarah. *Edith Stein*. New York: Continuum, 2004.

_____. *Thine Own Self: Individuality in Edith Stein's Later Writings*. Washington: The Catholic University of America Press, 2010.

BOTTIN, Francesco. Tommaso d'Aquino, Duns Scoto e Edith Stein sull'individuazione. In: *Il Santo: Rivista francescana di Storia Dottrina Arte*, Padova, v. 44, 1, jan-mar, 2009.

BOULNOIS, Olivier. Heidegger, l'ontothéologie et les structures médiévales de la métaphysique. In: *Quaestio: Annuario di storia della metafisica*, 1, 2001.

_____. *La Destruction de l'analogie et l'instauration de la métaphysique. Duns Scot sur la connaissance de Dieu et l'univocité de l'étant*. Paris: PUF, 1988.

_____. Quand commence l'ontothéologie? Aristote, Thomas d'Aquin et Duns Scot. *Revue Thomiste*, v. 1, 1995.

CHENU, Marie-Dominique. *O Despertar da Consciência na Civilização Medieval*. Trad. Juvenal Savian Filho. São Paulo: Loyola, 2006.

CONRAD-MARTIUS, Hedwig. Die Transzendentale und die ontologische Phänomenologie. In: *Edmund Husserl 1859-1959*. Haag: Martinus Nijhoff, 1959.

_____. *Metaphysische Gespräche*. Halle: Max Niemeyer, 1921.

_____. *Dialoghi metafisici*. Trad. Anselmo Caputo. Lecce: Besa, 2006.

176 PESSOA HUMANA E SINGULARIDADE EM EDITH STEIN

DILTHEY, Wilhelm. *Einleitung in die Geisteswissenschaften: Versuch einer Grundlegung für das Studium der Gesellschaft und der Geschichte.* Gesammelte Schriften. Leipzig: B.G. Teubner, 1992.

_____. *Introduzione alle scienze dello spirito: tentativo di fondazione per lo sviluppo della società e della storia.* Trad. G.A. De Toni. Milano: Bompiani, 2007.

DUNS ESCOTO. *Le Principe d'individuation (De principio individuationis).* Paris: Vrin, 2005.

_____. *Ordinatio.* Civitas Vaticana: Typis Vaticanis, 1973.

_____. *Prólogo da Ordinatio.* Trad. Roberto Hoffmeister Pich. Porto Alegre: Editora da PUCRS, 2003.

_____. *Quaestiones super librum secundum et tertium de anima.* New York: The Franciscan Institute St. Bonaventure University, 2006. (Opera Philosophica, V).

ERRICO, Rosa. La fenomenologia di Edith Stein e la filosofia di san Tommaso d'Aquino. Tentativo di un confronto. In: CESARONE; Virgilio et alii (eds). *Saperi in dialogo: Dieci anni di ricerca.* Napoli: Liguori, 2004.

GRACIA, Jorge J.E. (ed.). *Individuation in Scholasticism: The Later Middle Ages and the Counter-Reformation (1150-1650).* Albany: State of New York Press, 1994.

GREDT, Joseph. *Die aristotelisch-thomistische Philosophie.* Freiburg: Herder, 1935.

_____. *Elementa philosophiae aristotelico-thomisticae.* Barcelona: Herder, 1911.

GUILEAD, Reuben. *De la phénoménologie à la science de la croix.* Paris/Louvain: Nauwelaerts, 1974.

HUSSERL, Edmund. *A Crise das Cências Europeias e a Fenomenologia Transcendental: Uma Introdução à Filosofia Fenomenológica.* Trad. Diogo Falcão Ferrer. Rio de Janeiro: Forense Universitária, 2012.

_____. *Die Krisis der europäischen Wissenschaften und die transzendentale Phänomenologie: Eine Einleitung in die phänomenologische Philosophie.* Haag/Dordrecht/Boston/Lancaster: Martinus Nijhoff, 1976.

_____. *Formale und transzendentale Logik: Versuch einer Kritik der logischen Vernunft, Gesammelte Werke,* v. 17. Haia/Dordrecht/Boston/Lancaster: Martinus Nijhoff, 1974.

_____. *Idee per una fenomenologia pura e per una filosofia fenomenologica. Libro primo: Introduzione generale alla fenomenologia pura.* Trad. Enrico Filippini. Torino: Einaudi, 2002.

_____. *Idee per una fenomenologia pura e per una filosofia fenomenologica. Libro secondo: Ricerche fenomenologiche sopra la costituzione. Libro terzo: La fenomenologia e i fondamenti delle scienze.* Trad. Enrico Filippini. Torino: Einaudi, 2002.

_____. *Ideias Para uma Fenomenologia Pura e Para uma Filosofia Fenomenológica: Introdução Geral à Fenomenologia Pura.* Trad. Márcio Suzuki. Aparecida: Ideias & Letras, 2006.

_____. *Investigações Lógicas.* Trad. Pedro Alves e Carlos Morujão. São Paulo: Forense Universitária, 2014.

_____. *Logica formale e trascendentale.* Trad. Guido Davide Neri. Bari: Laterza, 1966.

_____. *Logische Untersuchungen, Zweiter Band: Untersuchungen zur Phänomenologie und Theorie der Erkenntnis.* Haia/Dordrecht/Boston/Lancaster: Martinu Nijhoff, 1984.

_____. Natur und Geist. In: *Gesammelte Werke: Aufsätze und Vorträge (1911 1921).* Haia/Dordrecht/Boston/Lancaster: Martinus Nijhoff, 1986.

BIBLIOGRAFIA 177

_____. *Philosophie der Arithmetik: Psychologische und Logische Untersuchungen.* Erster Band. Halle-Saale: C.E. M. Pfeffer (Robert Stricker), 1891.

_____. Sexta Investigação Lógica. *Husserl.* Trad. Zeljko Loparic e Andréa Altino Loparic. São Paulo: Abril Cultural, 1984. (Coleção Os Pensadores).

_____. *Vorlesungen über Ethik und Wertlehre.* Dordrecht: Kluwer, 1988.

JAEGERSCHMIDT, Adelgundis. Gespräche mit Edmund Husserl (1931-1936). *Stimmen der Zeit: Die Zeitschrift für christliche Kultur*, v. 199, 1981.

KANT, Immanuel. *Prolegômenos a Toda Metafísica Futura Que Queira Apresentar-se Como Ciência.* Trad. Artur Morão. Lisboa: Edições 70 [s.d.].

KOYRÉ, Alexandre. *Essai sur l'idée de Dieu et les preuves de son existence chez Descartes.* Paris: Ernest Leroux, 1922.

LIBERA, Alain de. *Arqueologia do Sujeito, v. 1: Nascimento do Sujeito.* Trad. Conceição Murad. São Paulo: Editora FAP-Unifesp, 2013.

LYOTARD, Jean-François. *La Phénoménologie.* Paris: PUF, 1954.

MACINTYRE, Alasdair. *Edith Stein: A Philosophical Prologue (1913-1922).* Nova York: Rowman & Littlefield, 2005.

MANSER, Gallus. *Das Wesen des Thomismus.* Friburgo: St. Paulsdruckerei, 1935.

MARIANI, Emanuele. *Nient'altro che l'essere: ricerche sull'analogia e la tradizione aristotelica della fenomenologia.* Tese de doutorado, Université de Paris-Sorbonne & Università di Salento, Paris, 2010. Disponível em: <http://www.e-sorbonne.fr/sites/www.e-sorbonne.fr/files/theses/these-E-mariani_.pdf>.

MESSNER, Reinhold. Das Individualprinzip in skotistischer Schau. In: *Wissenschaft und Weisheit* I, Jahrgang 1, Heft 1, 1934.

MONTICELLI, Roberta. Persona e individualità essenziale: Un dialogo con Peter Van Inwagen e Lynne Baker. In: CAPPUCCIO, Massimiliano (ed.). *Neurofenomenologia: Le scienze della mente e la sfida dell'esperienza cosciente.* Milano: Mondadori, 2006.

MOURA, Carlos Alberto Ribeiro de. *Crítica da Razão na Fenomenologia.* São Paulo: Edusp/Nova Stella, 1989.

OWENS, Joseph. Thomas Aquinas. In: GRACIA, Jorge J.E. (ed.). *Individuation in Scholasticism: The Later Middle Ages and the Counter-Reformation (1150-1650).* Albany: State University of New York Press, 1994.

PARK, Wosuk. Common Nature and haecceitas. In: *Franziskanischen Studien,* v. 71, 1989.

PEZZELLA, Anna Maria. *L'antropologia filosofica di Edith Stein: Indagine fenomenologica della persona umana.* Roma: Città Nuova, 2003.

POUIVET, Roger. *Après Wittgenstein, Saint Thomas.* Paris: PUF, 1997.

PRZYWARA, Erich. *Analogia entis: Metaphysik. Ur-struktur und All-rhitmus.* Munique: Kösel/Pustet, 1932.

RAHNER, Karl. *Geist in Welt: Zur Metaphysik der endlichen Erkenntnis nach Thomas von Aquin.* München: Kösel, 1957.

_____. *Hörer des Wortes: Zur Grundlegung einer Religionsphilosophie.* München: Kösel/Pustet, 1941.

ROESSNER, Martina. Duns Scot et la phénoménologie. In: DREYER, M. et al. (orgs.). *La Réception de Duns Scot.* Münster: Aschendorff, 2013.

SALANSKIS, Jean-Michel. *Husserl.* Trad. Carlos Alberto Ribeiro de Moura. São Paulo: Estação Liberdade, 2006.

178 PESSOA HUMANA E SINGULARIDADE EM EDITH STEIN

SANCHO FERMÍN, Francisco Javier. Edith Stein y la fenomenología: Contexto biográfico. In: STEIN, E. *Obras Completas,* v. 2. Trad. Francisco Javier Sancho. Burgos: Monte Carmelo, 2011.

SAVIAN FILHO, Juvenal. A Metafísica de Boécio e a Noção de *haecceitas* em Duns Escoto. *Signum.* São Paulo, v. 11, 2011.

_____. Idealismo e Realismo em Edith Stein. *Revista de Filosofia São Boaventura,* v. 6, n. 2. Curitiba: Instituto de Filosofia São Boaventura, 2014.

SCHELER, Max. *Der Formalismus in der Ethik und die materiale Wertethik.* Halle: Max Niemeyer, 1927.

SOKOLOWSKI, Robert. *Introdução à Fenomenologia.* Trad. Alfredo de Oliveira Moraes. São Paulo: Edições Loyola, 2004.

SONDAG, Gérard. *Duns Scot: La Métaphysique de la singularité.* Paris: Vrin, 2005.

STEGMÜLLER, Wolfgang. Fenomenologia Metódica: Edmund Husserl (Trad. Carlos Alberto Ribeiro de Moura). *A Filosofia Contemporânea,* v. 1. São Paulo: EPU, 2002.

TOMÁS DE AQUINO. *Commenti a Boezio.* Edição bilíngue de Pasquale Porro. Milão: Rusconi, 1997.

_____. *Commento alle senteze di Pietro Lombardo.* Edição bilíngue de Lorenzo Perotto. Roma: Studio Domenicano, 2000. V. 4

_____. *Suma Contra os Gentios.* Trad. Odilão Moura. Porto Alegre: EST / Sulina / Editora da UCS, 1990.

_____. *Summa theologiae: Editio Leonina.* Roma: San Paolo, 2000.

UWE MÜLLER, Andreas; NEYER, Maria Amata. *Edith Stein, une femme dans le siècle.* Trad. Françoise Toraille. Paris: Lattès, 2002.

VAZ, Henrique Cláudio de Lima. *Contemplação e Dialética nos Diálogos Platônicos.* Trad. Juvenal Savian Filho. São Paulo: Loyola, 2012.

Colaboradores

CLIO FRANCESCA TRICARICO é mestre em filosofia pela Universidade São Judas Tadeu e membro do Grupo de Pesquisa O Pensamento de Edith Stein, do Programa de Pós-Graduação em Filosofia da Universidade Federal de São Paulo e do Grupo de Fenomenologia e Hermenêutica da Universidade São Judas Tadeu. O foco de sua pesquisa tem sido o pensamento contemporâneo (principalmente em torno da consciência e da identidade), dedicando-se recentemente à interpretação da física quântica por Edith Stein e Hedwig Conrad-Martius.

GILFRANCO LUCENA DOS SANTOS é doutor em filosofia pela Universidade Federal de Pernambuco e professor da Universidade Federal do Recôncavo Baiano. Sua pesquisa tem se concentrado no pensamento de Martin Heidegger e Edith Stein, como também na releitura de Platão e Aristóteles da perspectiva de questões contemporâneas (principalmente fenomenológicas, hermenêuticas e matemáticas).

JUVENAL SAVIAN FILHO é doutor em filosofia pela Universidade de São Paulo, pós-doutor pela Universidade de Paris IV (Sorbonne), professor da Universidade Federal de São Paulo e coordenador do Grupo de Pesquisa O Pensamento de Edith Stein, sediado na mesma universidade. Sua pesquisa tem se concentrado em formas de pensamento desenvolvidas na Idade Média e na continuidade delas na contemporaneidade.

MARIA CECÍLIA ISATTO PARISE é mestre em filosofia pela Universidade Federal de São Paulo e membro do Grupo de Pesquisa O Pensamento de Edith Stein, do Programa de Pós- -Graduação em Filosofia da Universidade Federal de São Paulo. Desenvolveu estudos sobre Hegel na Universidade de Paris I (Sorbonne). Vem pesquisando a antropologia filosófica de Edith Stein, principalmente na correlação entre alma, liberdade e transcendência.

MARIANA BAR KUSANO é mestre em filosofia pela Pontifícia Universidade Católica de São Paulo, doutoranda em filosofia pela Universidade Federal de São Paulo e membro do Grupo de Pesquisa O Pensamento de Edith Stein, do Programa de Pós- -Graduação em Filosofia da Universidade Federal de São Paulo. Pesquisa a antropologia filosófica e a ontologia de Edith Stein, dedicando-se ao problema da origem das espécies segundo o pensamento steiniano.

FILOSOFIA NA PERSPECTIVA

ocialismo Utópico
Martin Buber (DO31)

sofia em Nova Chave
Susanne K. Langer (DO33)

re
Gerd A. Bornheim (DO36)

ísível e o Invisível
M. Merleau-Ponty (DO40)

guagem e Mito
Ernst Cassirer (DO50)

e Realidade
Mircea Eliade (DO52)

nguagem do Espaço e do Tempo
Hugh M. Lacey (DO59)

tica e Filosofia
Mikel Dufrenne (DO69)

menologia e Estruturalismo
Andrea Bonomi (DO89)

abala e seu Simbolismo
Gershom Scholem (D128)

Diálogo e do Dialógico
Martin Buber (D158)

Filosófica do Mundo
Max Scheler (D191)

ecimento, Linguagem, Ideologia
Marcelo Dascal (org.) (D213)

Notas para uma Definição de Cultura
T. S. Eliot (D215)

Dewey: Filosofia e Experiência Democrática
Maria Nazaré de C. Pacheco
Amaral (D229)

Romantismo e Messianismo
Michel Löwy (D234)

Correspondência
Walter Benjamin e Gershom
Scholem (D249)

Isaiah Berlin: Com Toda a Liberdade
Ramin Jahanbegloo (D263)

Existência em Decisão
Ricardo Timm de Souza (D276)

Metafísica e Finitude
Gerd A. Bornheim (D280)

O Caldeirão de Medéia
Roberto Romano (D283)

George Steiner: À Luz de Si Mesmo
Ramin Jahanbegloo (D291)

Um Ofício Perigoso
Luciano Canfora (D292)

O Desafio do Islã e Outros Desafios
Roberto Romano (D294)

Adeus a Emmanuel Lévinas
Jacques Derrida (D296)

Platão: Uma Poética para a Filosofia
  Paulo Butti de Lima (D297)
Ética e Cultura
  Danilo Santos de Miranda (D299)
Emmanuel Lévinas: Ensaios e Entrevistas
  François Poirié (D309)
Preconceito, Racismo e Política
  Anatol Rosenfeld (D322)
Razão de Estado e Outros Estados da Razão
  Roberto Romano (D335)
Lukács e Seus Contemporâneos
  Nicolas Tertulian (D337)
Homo Ludens
  Joan Huizinga (E004)
Gramatologia
  Jacques Derrida (E016)
Filosofia da Nova Música
  T. W. Adorno (E026)
Filosofia do Estilo
  Gilles Geston Granger (E029)
Lógica do Sentido
  Gilles Deleuze (E035)
O Lugar de Todos os Lugares
  Evaldo Coutinho (E055)
História da Loucura
  Michel Foucault (E061)
Teoria Crítica I
  Max Horkheimer (E077)
A Artisticidade do Ser
  Evaldo Coutinho (E097)
Dilthey: Um Conceito de Vida e uma Pedagogia
  Maria Nazaré de C. P. Amaral (E102)
Tempo e Religião
  Walter I. Rehfeld (E106)
Kósmos Noetós
  Ivo Assad Ibri (E130)
História e Narração em Walter Benjamin
  Jeanne Marie Gagnebin (E142)
Cabala: Novas Perspectivas
  Moshe Idel (E154)
O Tempo Não-Reconciliado
  Peter Pál Pelbart (E160)
Jesus
  David Flusser (E176)
Avicena: A Viagem da Alma
  Rosalie Helena de S. Pereira (E179)
Nas Sendas do Judaísmo
  Walter I. Rehfeld (E198)
Cabala e Contra-História: Gershom Scholem
  David Biale (E202)
Nietzsche e a Justiça
  Eduardo Rezende Melo (E205)
Ética contra Estética
  Amelia Valcárcel (E210)

O Umbral da Sombra
  Nuccio Ordine (E218)
Ensaios Filosóficos
  Walter I. Rehfeld (E246)
Filosofia do Judaísmo em Abraham Joshua Heschel
  Glória Hazan (E250)
A Escritura e a Diferença
  Jacques Derrida (E271)
Mística e Razão: Dialética no Pensamento Judaico. De Speculis Heschel
  Alexandre Leone (E289)
A Simulação da Morte
  Lúcio Vaz (E293)
Judeus Heterodoxos: Messianismo, Romantismo, Utopia
  Michael Löwy (E298)
Estética da Contradição
  João Ricardo Carneiro Moderno (E313)
Pessoa Humana e Singularidade em Edith St
  Francesco Alfieri (E328)
Ética, Responsabilidade e Juízo em Hannah Arendt
  Bethania Assy (E334)
Arqueologia da Política: Leitura da Repúblic Platônica
  Paulo Butti de Lima (E338)
A Presença de Duns Escoto no Pensamento e Edith Stein: A Questão da Individualidade
  Francesco Alfieri (E340)
Ensaios sobre a Liberdade
  Celso Lafer (ELO38)
O Schabat
  Abraham J. Heschel (ELO49)
O Homem no Universo
  Frithjof Schuon (ELO50)
Quatro Leituras Talmúdicas
  Emmanuel Levinas (ELO51)
Yossel Rakover Dirige-se a Deus
  Zvi Kolitz (ELO52)
Sobre a Construção do Sentido
  Ricardo Timm de Souza (ELO53)
A Paz Perpétua
  J. Guinsburg (org.) (ELO55)
O Segredo Guardado
  Ili Gorlizki (ELO58)
Os Nomes do Ódio
  Roberto Romano (ELO62)
Kafka: A Justiça, O Veredicto e a Colônia F
  Ricardo Timm de Souza (ELO63)
O Culto Moderno dos Monumentos
  Alois Riegl (ELO64)
A Filosofia do Judaísmo
  Julius Guttmann (PERS)

Averróis: A Arte de Governar
Rosalie Helena de Souza Pereira (PERS)
Testemunhas do Futuro
Pierre Bouretz (PERS)
Na Senda da Razão: Filosofia e Ciência no Medievo Judaico (PERS)
Rosalie Helena de Souza Pereira (org.) (PERS)
O Brasil Filosófico
Ricardo Timm de Souza (K022)
Diderot: Obras I – Filosofia e Política
J. Guinsburg (org.) (T012-I)
Diderot: Obras II – Estética, Poética e Contos
J. Guinsburg (org.) (T012-II)
Diderot: Obras III – O Sobrinho de Rameau
J. Guinsburg (org.) (T012-III)
Diderot: Obras IV – Jacques, o Fatalista, e Seu Amo
J. Guinsburg (org.) (T012-IV)
Diderot: Obras V – O Filho Natural
J. Guinsburg (org.) (T012-V)
Diderot: Obras VI (1) – O Enciclopedista – História da Filosofia I
J. Guinsburg e Roberto Romano (orgs.) (T012-VI)
Diderot: Obras VI (2) – O Enciclopedista – História da Filosofia II
J. Guinsburg e Roberto Romano (orgs.) (T012-VI)
Diderot: Obras VI (3) – O Enciclopedista – Arte, Filosofia e Política
J. Guinsburg e Roberto Romano (orgs.) (T012-VI)
Diderot: Obras VII – A Religiosa
J. Guinsburg (org.) (T012-VII)
Platão: República – Obras I
J. Guinsburg (org.) (T019-I)

Platão: Górgias – Obras II
Daniel R. N. Lopes (introdução, trad. e notas) (T019-II)
Protágoras de Platão
Daniel R. N. Lopes (introdução, trad. e notas) (T019-III)
Hegel e o Estado
Franz Rosenzweig (T021)
Descartes: Obras Escolhidas
J. Guinsburg, Roberto Romano e Newton Cunha (orgs.) (T024)
Spinoza Obra Completa I: (Breve) Tratado e Outros Escritos
J. Guinsburg, Newton Cunha, Roberto Romano (orgs.) (T029)
Spinoza Obra Completa II: Correspondência Completa e Vida
J. Guinsburg, Newton Cunha, Roberto Romano (orgs.) (T029)
Spinoza Obra Completa III: Tratado Teológico-Político
J. Guinsburg, Newton Cunha, Roberto Romano (orgs.) (T029)
Spinoza Obra Completa IV: Ética e Gramática Hebraica
J. Guinsburg, Newton Cunha, Roberto Romano (orgs.) (T029)
Lessing: Obras
J. Guinsburg (org.) (T34)
Políbio (História Pragmática)
Breno Battistin Sebastiani (T35)
Cabala, Cabalismo e Cabalistas
Moshe Idel et al. (EJ01)
As Ilhas
Jean Grenier (LSC)

Este livro foi impresso na cidade de Cotia,
nas oficinas da Meta Brasil,
para a Editora Perspectiva.